Nietzsche
ou
la « sagesse sauvage »

Ouverture philosophique

Collection dirigée par, Dominique Chateau,
Jean-Marc Lachaud et Bruno Péquignot

Une collection d'ouvrages qui se propose d'accueillir des travaux originaux sans exclusive d'écoles ou de thématiques.

Il s'agit de favoriser la confrontation de recherches et des réflexions, qu'elles soient le fait de philosophes « professionnels » ou non. On n'y confondra donc pas la philosophie avec une discipline académique ; elle est réputée être le fait de tous ceux qu'habite la passion de penser, qu'ils soient professeurs de philosophie, spécialistes des sciences humaines, sociales ou naturelles, ou... polisseurs de verres de lunettes astronomiques.

Dernières parutions

Yann FACHE, *Métaphysique du quelque chose. Enquête sur une occasion manquée*, 2016.
Philippe FLEURY, *Désenchantement et mondialisation*, 2016.
Julie RUOCCO, *Et si jouer était un art ? Notre subjectivité esthétique à l'épreuve du jeu vidéo,* 2016
Anne BOUILLON, *Gilles Deleuze et Antonin Artaud. L'impossibilité de penser*, 2016.
Fabrice JAMBOIS, *Deleuze et la mort, Chemins dans l'anti-Œdipe*, 2016.
Paul DUBOUCHET, *L'esprit du catholicisme d'apres René Girard*, 2016.
Nikolaos FOUFAS, *Marx et la Grèce antique, La lutte des classes dans l'Antiquité*, 2016.
Bruno TRENTINI, *Interpréter l'art*, 2016.
Michel FATTAL, *Augustin, penseur de la raison ? (*Lettre *120, à Consentius),* 2016.
Fabrice MOUSSIESSI, *Penser l'épistémologie non classique des mathématiques chez Imré Lakatos,* 2016.
Gérard GOUESBET, *Violences des Hommes*, 2016.
Dominique CHATEAU, *Ontologie et représentation*, 2016
Philippe FLEURY, *Walter Benjamin, Un itinéraire philosophique*, 2016.
Paul DUBOUCHET, *Le « scandale Joseph de Maistre »*, 2016.

Bertrand Dejardin

Nietzsche
ou
la « sagesse sauvage »

L'Harmattan

Du même auteur
chez L'Harmattan

L'immanence ou le sublime, Observations sur les réactions de Kant face à Spinoza dans la Critique de la faculté de juger, 2001.

Pouvoir et impuissance, Philosophie et politique chez Spinoza, 2003.

Terreur et corruption, Essai sur l'incivilité chez Machiavel, 2004.

L'art et le sentiment, Ethique et esthétique chez Kant, 2008.

L'art et la raison, Ethique et esthétique chez Hegel, 2008.

L'art et la vie, Ethique et esthétique chez Nietzsche, 2008.

L'art et l'illusion, Ethique et esthétique chez Freud, 2009.

Ethique et esthétique chez Spinoza, Liberté philosophique et servitude culturelle, 2012.

5-7, rue de l'Ecole-Polytechnique, 75005 Paris

http://www.harmattan.fr
ISBN : 978-2-343-10800-1
EAN : 9782343108001

Pour Maxime-Jude de K.

« Nous pouvons vivre comme les dieux à la vie facile si nous savons nous laisser vivement ravir par la vérité. » NIETZSCHE, *FP.*, III, I, 1876-1878, 17 [74], p. 365.

Avant-propos

> « Que l'on considère dans l'histoire d'un peuple les époques où le savant apparaît sur le devant de la scène : ce sont des temps de lassitude, souvent de crépuscule, de déclin - qu'ont désertés la force débordante, la certitude de la vie, la certitude de l'avenir. » NIETZSCHE, *Généalogie de la morale*, « Que signifient les idéaux ascétiques », § 25.

Chez Nietzsche, comme chez Spinoza, on trouve une passion philosophique qui est intransigeante en ce qu'elle refuse de faire du savoir un pouvoir. Les lignes qui suivent sont donc une ovation faite à cette façon de penser à la fois sage et sauvage ; sage car il y a chez Nietzsche une exigence de vraie connaissance qui ne se relâche jamais et sauvage car, de cette exigence, découle une rébellion contre la dictature des « savants ». Ceux-ci, ainsi nommés dans un texte tragi-comique des *Fragments posthumes*, ont en commun de ne pas voir que leur savoir les représente eux et eux seuls sans jamais mettre réellement au jour ce dont ils parlent avec autorité[1]. Ces maîtres à penser ne semblent pas non plus se douter que toute science, avant d'être vraie, est morale, ou, pour être plus précis, que le critère déterminant du savoir est en premier lieu éthique car tout savant est d'abord un croyant qui ne se risque pas à penser par-delà bien et mal. Or, pour Nietzsche, la pensée ne commence à se déployer vraiment qu'une fois franchie cette limite prohibitive : le vrai est au-delà de l'interdit, et sans une passion philosophique qui le transgresse, aucune connaissance vraie n'est possible. Mais une fois les limites de la bienséance épistémologique franchies, le sage perd en pouvoir ce qu'il gagne en puissance, puissance surhumaine toutefois qui le condamne, s'il veut survivre, à porter le « masque de la médiocrité ».

***

Cet ouvrage sur Nietzsche n'a aucune prétention exégétique et il ne pourrait rivaliser avec les publications des experts qui ont souvent guidé ma lecture du corpus nietzschéen. On ne trouvera ici qu'un texte dont le seul contenu est de décrire ce que Nietzsche m'a donné à penser, sans autre prétention.

***

Nous tenons à remercier Madame A.Tk. qui a eu la patience de relire minutieusement ces lignes. Sans son assistance, ce travail n'aurait pu être achevé.

---

[1] *FP.*, II*, Eté 1872 - hiver 1873-1874, 29 [13], p. 361.

Toutes les citations de Nietzsche, sont extraites des *Œuvres philosophiques complètes,* textes établis par G.Colli et M.Montinari, Gallimard, Paris.

Celles de *Ainsi parlait Zarathoustra* proviennent du texte traduit par Geneviève Bianquis, aux éditions GF-Flammarion, 2006, Paris

Abréviations :

A.	*Aurore*
Ant.	*Antéchrist*
Cid.	*Crépuscules des idoles*
Cin.	*Considérations inactuelles*
EH.	*Ecce Homo*
GM.	*Généalogie de la morale*
GS.	*Gai savoir*
HH.	*Humain, trop humain*
Ntr.	*Naissance de la tragédie*
PBM.	*Par-delà bien et mal*
VO.	*Le voyageur et son ombre*
VP.	*La volonté de puissance*
Z.	*Ainsi parlait Zarathoustra*

La volonté de vérité

> « Ils sont encore loin d'être des esprits libres car ils croient encore à la vérité. » *Généalogie de la morale*, « Que signifient les idéaux ascétiques », § 24

> « Ce qui a besoin d'être prouvé, ne vaut pas grand-chose. » *Le problème de Socrate*, § 5.

Il y a deux vérités chez Nietzsche : il existe une vérité idéale, logique, dialectique, faite de certitudes, d'exactitudes, déployée par des jugements et des raisonnements cohérents, vérité qui est également idéale en ce qu'elle donne une forme représentative, objective, définitive aux choses qu'elle conçoit. Cette vérité constitue la forme universelle du savoir scientifique, de ce savoir dont personne ne conteste ni l'importance ni l'utilité. Et il existe une autre vérité, la vérité dionysiaque de l'apparence. La première est sans commune mesure avec la seconde. Il n'y a pas de compromission possible entre l'acquiescement – le « oui » de Nietzsche – à la vie et le refus des idéalistes de voir ce qu'elle est. Certes, par moments, la vérité tragique, lorsqu'elle se donne comme l'inversion des valeurs auxquelles l'homme civilisé sacrifie son existence, semble être la négation de la vérité idéale qui nie la vie : le déni du déni de la réalité. Mais la pensée de Nietzsche ne procède pas d'un refus, d'une réaction, d'une « objection »[1] ; elle provient d'une vision claire de ce qu'est le monde ; elle surgit spontanément de la puissance qui le constitue, puissance à laquelle le sage dionysiaque acquiesce sans réserve. La philosophie de Nietzsche est d'abord une affirmation et c'est à partir d'elle que, contre toute la logique des esprits captieux, il assume la tragédie du sage sauvage qui sait qu'il ne vaincra jamais ni les idéalistes ni la crainte qui les hante d'où procède leur volonté d'une vérité qui falsifie intentionnellement le réel. L'insurrection héroïque du philosophe contre le faux est vouée à l'échec, et cela d'autant plus qu'en acquiesçant à ce qui est, le philosophe tragique accepte que la négation de la vie se réitère aussi éternellement que la résistance dionysiaque au déni du réel : jamais la pensée de la vie n'aura raison de la raison qui la nie, car la raison est du côté des nihilistes. Ces thèmes nietzschéens sont sans doute bien connus, mais il importe de les conserver à l'esprit.

L'erreur de la vérité et la vérité de l'erreur

Accorder une valeur à la vérité scientifique est une erreur, erreur qui, selon Nietzsche, est due au platonisme qui « renversait le concept de "réalité" et disait : "ce que vous tenez pour réel est une erreur et nous nous rapprochons d'autant plus de la vérité que nous nous rapprochons de l'" idée" . Comprend-on cela ? Ce fut le plus grand rebaptisage ! et comme il a été repris par le christianisme, nous ne percevons plus cette chose étrange. Au fond, en artiste qu'il était, Platon a préféré le paraître à l'être : et donc le mensonge, l'invention à la vérité, l'irréel à l'existant, mais il était si persuadé de la valeur de

---

[1] P.WOTLING, *Nietzsche et le problème de la civilisation*, p. 147.

l'apparence qu'il lui attachait tous les attributs "être ", "causalité" et "bonté", "vérité", bref, tout ce à quoi l'on attache de la valeur. Le concept de valeur lui-même, pensé comme cause : premier point de vue. L'idéal, doté de tous les attributs qui font honneur : deuxième point de vue. »[1] La volonté de vérité consiste donc à vouloir une valeur qui se substitue à ce qui est ; chez Nietzsche, vouloir la vérité, dans une perspective platonicienne, consiste à ne pas vouloir savoir. En effet, la volonté de vérité idéale, vérité de valeur en laquelle se condensent les attributs d'être, de cause et de bonté, recouvre le réel d'un tissu de concepts dont la trame est si serrée qu'elle voile complètement la nature des choses que seul un esprit dionysiaque peut connaître, à savoir la « nature artiste » : « ce qui se révèle ici, dans le tressaillement de l'ivresse, c'est, en vue de la suprême volupté et de l'apaisement de l'Un originaire, la puissance artiste de la nature tout entière. Ce qui est pétri ou sculpté, c'est l'argile la plus noble, le marbre le plus précieux, l'homme lui-même, et sous les coups de ciseaux du démiurge dionysiaque retentit l'appel des Mystères d'Eleusis : vous vous jetez à terre, millions d'êtres ? O monde, pressens-tu ton créateur? »[2] Chez les Grecs présocratiques se sont « développées les pulsions artistiques de la nature. »[3] A travers l'art s'exprime, « sans la médiation de l'artiste », la force naturelle de la vie qui « cherche au contraire à anéantir toute individualité pour la délivrer en un sentiment mystique d'unité. »[4] L'art, spécialement l'art tragique, permet de retrouver « l'Un originaire » ou « ce magma chaotique qui est celui des

---

[1] *FP.*, XII, Automne 1885 - automne 1887, 7 [2], p. 252. *A.*, V ., § 448, p. 239 : « Platon a pris la fuite devant la réalité et ne voulut contempler les choses que comme de pâles images pensées », telle serait donc la définition de l'idée chez Platon.

[2] *Ntr.*, § 1, pp. 45-6.

[3] *Ntr.*, § 2, p. 46.

[4] *Ntr.*, § 2, p. 46.

origines »[1]. La performance esthétique en devient « la dilacération du *principium individuationis* »[2]. Par la danse – agitant « tous les membres rythmiquement » – l'être humain se laisse transir par les rythmes sauvages des forces qui secouent le monde et il parvient alors à un « dessaisissement de soi »[3]. C'est en cela qu'il est une œuvre d'art lui-même : « l'homme n'est plus artiste, il est devenu œuvre d'art »[4]. Par la danse, l'homme et la nature ne font alors qu'un, c'est-à-dire une même et unique apparence, celle de la réalité : « Pour autant qu'il est artiste, le sujet s'est déjà délivré de sa volonté individuelle pour devenir en quelque sorte ce médium par l'entremise duquel le seul sujet qui existe véritablement fête sa délivrance dans l'apparence. »[5]

C'est avec Socrate, selon Nietzsche, avec le penseur subjectiviste du « connais-toi toi-même », que la sagesse dionysiaque disparaît en même temps que la « consolation métaphysique » selon laquelle « l'art est ce qui représente l'espoir d'une future destruction des frontières de l'individuation et le pressentiment joyeux de l'unité restaurée. »[6] Une nouvelle éthique apparaît : « Sa loi suprême (celle de Socrate) s'énonce à peu près ainsi : "Tout, pour être beau, doit être rationnel", formule qu'il faut comprendre en parallèle avec l'adage socratique : "Seul celui qui sait est vertueux". »[7] Cette morale subvertit subvertit totalement le rapport de l'homme au monde mais en même temps celui de l'homme avec lui-même : « Alors que chez tous les hommes productifs l'instinct est une

---

[1] *Ntr.*, § 12, p. 96.
[2] *Ntr.*, § 2, p. 48.
[3] *Ntr.*, §2, p. 49.
[4] *Ntr.*, § 1, p. 45.
[5] NIETZSCHE, « Dédicace à Richard Wagner » in *Naissance de la tragédie*, p. 40, voir aussi « Essai d'autocritique », Ibid. p. 30 .
[6] *Ntr.*, § 10, p. 84.
[7] *Ntr.*, § 12, p. 94.

force affirmative et créatrice, et que la conscience prend une allure critique et dissuasive, l'instinct, chez Socrate, se fait critique, et la conscience créatrice. »[1] La pensée va donc devenir législatrice en ce sens que, réduite à la conscience de soi, elle veut imposer ce qui est vrai pour elle à la nature et ainsi la corriger ou la cultiver. Socrate – le « type de l'homme théorique »[2] – est en effet pour Nietzsche, « celui qui voulait corriger l'existence. »[3] Cette Cette volonté de correction ou de domination est une détermination morale qui subordonne le savoir à la représentation d'une vérité idéale ; elle n'a cessé de contaminer la pensée jusqu'à Kant et Schopenhauer. Mais, plus grave encore, avec Kant, elle pervertit l'être humain qui s'arroge le droit de se concevoir lui-même comme sujet transcendantal.

L'homme idéal

Il faut se souvenir que pour Kant, penser c'est juger[4], c'est-à-dire relier ce qui doit l'être en fonction des catégories de l'entendement. La possibilité que se forment des jugements synthétiques *a priori,* inconditionnés par la sensibilité, confirme l'autonomie de la raison. Elle est d'autant plus autonome que les objets phénoménaux procèdent des formes *a priori* de la sensibilité : tous les objets sont spatiaux ou temporels, mais ni l'espace ni le temps ne sont des objets perceptibles. La *Critique de la raison pure* a un double effet : le premier est de mettre en évidence le fait que la science rationnelle décrit des phénomènes dont elle a préalablement rendu possible l'existence conformément à ses catégories ; l'homme rationnel ne trouve rien dans le monde phénoménal que sa

[1] *Ntr.*, § 13, p. 99.
[2] *Ntr.*, § 15, p. 105.
[3] *Ntr.*, § 13, p. 98.
[4] KANT, *Prolégomènes*, § 22, p. 77-8.

raison n'y ait d'abord déposé. Il y est chez lui, entouré d'objets qu'il connaît et dont il peut comprendre les mouvements, ce qui engendre un sentiment de vénération[1] pour la position centrale que son savoir lui permet d'occuper face aux phénomènes naturels.

Le second effet de la rationalité critique d'elle-même est de provoquer une crise de la raison en ce qu'elle ne pense plus le réel ou l'Etre, mais seulement la représentation des phénomènes. Ce que la raison gagne en certitude formelle, elle le perd en vérité réelle, autant sur la nature ou la puissance que sur elle-même, car ce que la *Critique* met au jour ce sont les possibilités cognitives d'un sujet transcendantal, mais non celles d'un être vivant immergé dans le chaos éternel[2]. Or, ce sujet inconditionné est l'expression même d'une volonté falsificatrice, d'une volonté qui veut se persuader qu'il existe une vérité grâce à laquelle l'être humain peut se sublimer, se transcender et conserver, face au déterminisme de la nature, une autonomie réelle, laquelle n'est, pour Nietzsche, que formelle, c'est-à-dire fictive. C'est en ce sens que Kant est le « grand malheur de la philosophie moderne »[3], lui qui a déployé les « deux idées les plus monstrueuses enfantées par le XVIII^{em} siècle »[4], à savoir que « c'est le sujet qui crée le monde qui nous concerne un tant soit peu », l'autre idée étant que la raison constitue volontairement la société dans laquelle nous vivons. Il s'agit de deux « farces

---

[1] KANT. *Critique de la raison pratique*, p. 173 : « Deux choses remplissent le cœur d'une admiration et d'une vénération toujours nouvelles et toujours croissantes, à mesure que la réflexion s'y attache et s'y applique: le ciel étoilé au-dessus de moi et la loi morale en moi.»

[2] « Le caractère de l'ensemble du monde est de toute éternité celui du chaos, en raison non pas de l'absence de nécessité mais de l'absence, d'ordre, d'articulation, de forme de beauté, de sagesse ... », *GS.,* § 109, p. 138.

[3] *FP.*, XIV, Début 1888 - début janvier 1889, 18 [14], p.283.

[4] *FP.*, XIV, Début 1888 - début janvier 1889, 15 [53], p. 204.

lourdes de conséquences » dont la pire est sans doute que la nature soit « niée » et « qu'un concept de prétendu savoir doive se substituer à la Nature, et, comme un créateur, veuille construire et donner forme », forme immuable puisque cette création du sujet procède de « la haine du devenir ». La subjectivité transcendantale est sous-tendue par une morale nihiliste ; ce qui est nié c'est le devenir que le sujet n'ose plus observer scrupuleusement. Cette négation est rendue possible en substituant à la nature des objets formés par le sujet transcendantal. Telle apparaît la révolution soi-disant copernicienne de Kant, en vertu de laquelle l'objet « se règle sur la nature de notre pouvoir d'intuition », ce qui permet de « connaître quelque chose *a priori.* »[1] En faisant tourner autour de lui les phénomènes objectifs, Kant se crée un monde connaissable, prévisible, normalisé et régularisé au centre duquel se trouve un créateur rationnel, à la fois théorique et pratique : le sujet transcendantal et la personne humaine, la grande personne par excellence, celle qui assure le règne de ses fins[2]. En effet, la théorie rationnelle est une

---

[1] KANT, *Critique de la raison pure,* « Préface de la seconde édition » : « La signification de ce qu'il faut entendre par révolution copernicienne est l'idée qu'il n'y a pas d'objet qui ne soit objet pour un sujet. L'essence de la connaissance tient à ce rapport du sujet et de l'objet. » M.MEYER, *Science et métaphysique chez Kant,* p. 139 et suiv.

[2] *CRPra*, p.141 : « Que dans l'ordre des fins, l'homme (et avec lui tout être raisonnable) soit une fin en soi, c'est-à-dire qu'il ne puisse jamais être employé par personne (même pas par Dieu) simplement comme moyen sans être en même temps une fin pour lui-même; que par conséquent, l'humanité dans notre personne, doive nous être sacrée pour nous-mêmes, c'est ce qui va de soi, puisque l'homme est le sujet de la loi morale, partant de tout ce qui est saint en soi, de ce qui permet seul d'appeler sainte en général une chose qui est considérée par rapport à lui et en accord avec lui. Car cette loi morale se fonde sur l'autonomie de sa volonté comme d'une volonté libre qui, d'après

pratique morale qui subordonne ce qui existe à cette subjectivité transcendantale grâce à laquelle l'homme refoule le sentiment d'être un « fragment de la fatalité »[1]. Ce qui est créé, c'est-à-dire voulu en pratique, c'est une théorie qui complaise au sujet, qui le rassure, qui le confirme dans sa dignité. C'est ce que Nietzsche dénonce avec son allégorie du miroir qui fait penser à celle de la caverne chez Platon puisqu'on y retrouve le même phénomène mental : la préférence de l'être humain pour la simulation de la vérité.

Le miroir aux certitudes

> L'être qui se représente est certain, voire notre unique certitude[2]

Le sujet aime l'ordre, la logique, les causes, bref tout ce qui concourt à la régularité. Il la trouve dans la représentation réflexive, c'est-à-dire dans un miroir dans lequel n'apparaît que ce qui est certain :

> Dans ce miroir, tout se déroule avec régularité, une chose en suit toujours une autre – nous nommons cela cause et effet, mais nous ne pouvons rien comprendre, parce que nous voyons seulement les images de la cause et de l'effet. Nous parlons comme s'il y avait des choses existantes, et notre science parle seulement de telles choses. Mais il n'y a de chose existante que dans l'optique humaine : nous ne pouvons nous en dégager.[3]

L'intelligibilité et la certitude scientifiques, c'est-à-dire la régularité, conditionnent donc l'existence des choses qui

---

ses lois générales, doit pouvoir nécessairement s'accorder avec ce à quoi elle doit se soumettre. »

[1] *Cid.*, « les quatre grandes erreurs » § 8, p. 95 : «Quelle est notre seule doctrine ? (...) On est nécessaire, on est un fragment de fatalité, on fait partie d'un tout, on est dans le tout.»

[2] *FP.*, V, Eté 1881 - été 1182, 11 [325], p. 433.

[3] *FP.*, IV, Début 1880 - Printemps 1881, 6 [433], p. 555.

sont subordonnées à « l'optique humaine ». Lorsqu'il s'agit de décrire le pouvoir heuristique des sciences, Nietzsche semble se référer à Protagoras pour qui l'homme est la mesure de toute chose : « L'homme comme mesure des choses, c'est également la pensée de la science. Toute loi naturelle est en dernier recours une somme de relations anthropomorphiques. Particulièrement le nombre : la décomposition de toutes les lois en quantités, leur traduction en formules numériques est une métaphore. »[1] En effet, le monde que nous croyons connaître est une représentation idéale qui trouve son origine, non dans un pouvoir de déchiffrer réellement les lois de la nature, mais dans celui de chiffrer l'univers, de le recouvrir de relations rationnelles qui se substituent à la réalité : « Toutes les relations importantes pour nous sont celles de figures reflétées dans le miroir, non les vraies. Les distances sont les distances optiques dans le miroir, non les vraies. "Il n'y a pas de monde quand il n'y a pas de miroir" est une absurdité. Mais toutes nos relations, aussi exactes soient-elles, sont des descriptions de l'homme, non du monde : ce sont les lois de cette optique suprême au-delà de laquelle il nous est impossible d'aller. Ce n'est pas une apparence ni une illusion, mais une écriture chiffrée où s'exprime une chose inconnue très lisible pour nous, faite pour nous : notre position humaine envers les choses. C'est ainsi que les choses nous sont dissimulées. »[2] Plus le savoir est consistant, logique, systématique plus il est dissimulateur : « l'homme nous cache les choses »[3]. Le monde n'existe alors que comme représentation, comme reflet du sujet qui projette sur le miroir qu'il tient devant lui tout ce qu'il souhaite savoir et comprendre. Ce monde devient concevable et, de ce fait, vrai, ou exact, pour cette raison

[1] *FP.*, II *, Eté 1872 - hiver 1873-1874, 19 [237], p. 245.
[2] *FP.*, IV, Début 1880 - Printemps 1881, 6 [429], p. 556.
[3] *FP.*, IV, Début 1880 - Printemps 1881, 6 [432], p. 555.

que la représentation réfléchie est d'une telle perfection, d'une telle intelligibilité que le monde et le miroir se confondent dans une totale adéquation : « Nous ne voyons pas le miroir autrement que le monde qui s'y reflète »[1]. Dit autrement, le miroir ne se différencie plus de l'image qu'il nous renvoie, et comme ce qu'il reflète est le monde, le miroir disparaît en tant que tel pour ne plus laisser place qu'à ce qu'il expose : un univers fait de « relations importantes », qu'on appelle aussi lois de la nature. Face à ses représentations, le sujet scientifique ne peut que se réjouir, car il se trouve en face de l'image la plus vraisemblable de l'univers. C'est en cela aussi que la représentation en miroir n'est ni fausse ni inadéquate bien qu'elle nous dissimule les choses ; l'homme ne peut pas se tromper dès l'instant où, critique de la rationalité pure, il comprend que les objets qu'il contemple seront toujours adéquats à ses facultés de connaître puisque c'est d'elles qu'ils procèdent. Le phénomène naturel est l'œuvre ou la mesure de l'être humain.

Toutefois les limites de la représentation phénoménale apparaissent très vite : le monde en miroir, le *cosmos*, l'univers imaginaire n'est possible qu'à une condition dont il faut rappeler l'importance : le monde représenté doit être ordonné, normalisé, légalisé : « Lorsque Kant dit : "L'entendement ne puise pas ses lois la nature, mais les prescrit à celle-ci ", c'est on ne peut plus vrai relativement au concept de nature que nous sommes forcés de rattacher à celle-ci (nature = monde comme représentation, c'est-à-dire comme erreur), mais qui ne représente que la sommation d'une quantité d'erreurs de l'entendement. A un monde qui n'est pas notre représentation, les lois numériques sont tout à fait inapplicables : elles n'ont cours que dans le monde de l'homme. »[2] Les lois de la nature

---

[1] *FP.*, IV, Début 1880 - Printemps 1881, 6 [431], p. 555.
[2] *HH.*, I, § 19, p. 47.

sont donc prescrites par le sujet transcendantal, celui que Nietzsche appelle le « cerveau » [1] ou la « machine à concepts »[2] : « nous sommes le *cosmos*, dans la mesure où nous l'avons conçu et rêvé »[3]. Mais cette représentation du monde est une nature normalisée, ce qui implique que, sans un ordonnancement rationnel de la nature, celle-ci ne pourrait être représentée et conçue. Ordre et représentation sont structurellement liés : aucune image du monde n'est possible si elle n'est pas conforme aux lois de l'entendement qui ont la caractéristique, comme toutes les lois, d'être générales, c'est-à-dire applicables à tous les objets, et cela de manière répétitive : c'est le propre des lois civiles comme des lois numériques d'être systématiquement utilisables pour tous les cas ou pour tous les phénomènes qui peuvent être conçus et représentés par elles.

A l'inverse, le chaos, la contingence, l'illégalité, le hasard – c'est-à-dire ce qui ne se produit qu'une fois ou très rarement [4] – la démesure numérique sont indéchiffrables, inimaginables, imprésentables, impensables et inconcevables, du moins par un sujet transcendantal ou par une grande personne, c'est-à-dire par un « intellect châtré »[5].

La suffisance du sujet

> « De l'origine de notre notion de «connaissance ». L'explication suivante m'a été suggérée dans la rue : j'entendais un homme du peuple dire : "il m'a reconnu" et je me demandais aussitôt : qu'est-ce que le peuple peut bien entendre par connaissance ? Que

---

[1] *A.*, V, § 48, p. 251.
[2] *FP.*, XIV, Début 1888 - début janvier 1889, 15 [50], p. 203.
[3] *FP.*, IV, Début 1880 - Printemps 1881,6 [80], p. 479.
[4] ARISTOTE, *Meta.*, E 2, 1026 b 30 : « ce qui n'est ni toujours, ni le plus souvent, nous disons que c'est par accident. »
[5] *GM.*, « Que signifient les idéaux ascétiques? », § 12, p. 307.

> veut-il, quand il veut de la "connaissance" ? Rien d'autre que ceci : ramener quelque chose d'étranger à quelque chose de connu. Et nous autres philosophes aurions-nous entendu davantage par le terme : connaissance ? Le connu signifie : ce à quoi nous sommes assez habitués pour ne plus nous en étonner, (...) Honte à la suffisance de ceux qui prétendent connaître ! Qu'on examine sous ce rapport les principes et les solutions qu'ils proposent aux énigmes du monde ! [1]

L'allégorie du miroir est en fait la critique de la *Critique de la raison pure* ; pour Nietzsche, le sujet ne peut être critique de lui-même comme s'il était le juge impartial de ses propres facultés de connaître et le seul à pouvoir fixer le pouvoir qu'elles lui confèrent[2]. Descartes et Spinoza l'avaient bien compris puisque l'un et l'autre recourent, certes de manière différente, à Dieu pour justifier qu'un concept expose la vérité d'une chose existant hors de l'entendement ; sans cette caution divine, l'entendement est incapable par lui-même de s'assurer que les choses de la nature existent bel et bien comme il les conçoit. Dieu leur est apparu comme nécessaire pour transgresser le stade du miroir et pour croire résolument que les idées claires et distinctes sont vraies pour soi et hors de soi[3]. C'est ce que Kant a refusé de faire[4] : Dieu n'est pas nécessaire pour justifier la vérité des jugements

---

[1] *GS.*, V § 355, p. 255.
[2] *FP.,* XII, Automne 1885 - automne 1887, 5 [11], p. 190; *FP.*, XIV, Début 1888 - début janvier 1889, 14 [25], p. 35.
[3] *FP.*, XI, Automne 1884 - automne 1885, 36 [30], p. 295 : « On est injuste envers Descartes lorsqu'on qualifie de peu sérieux son appel à la véracité de Dieu. En fait, c'est seulement en admettant un Dieu moral et toujours égal à lui-même que la "vérité" et la recherche de la vérité sont *à priori* capables d'avoir un sens et de promettre le succès. Si ce Dieu est mis de côté. il est permis de poser la question de savoir si d'être trompé ne fait pas partie des conditions de la vie. »
[4] L'esthétique transcendantale évacue la théologie naturelle : *Critique de la raison pure.*, § 8, p. 74.

synthétiques *a priori*. Il s'ensuit que les objets de sciences, c'est-à-dire de la physique mathématique, sont des phénomènes et que les lois de la nature sont des lois de l'entendement pour la nature et non l'inverse, laquelle nature est réduite à n'être qu'un phénomène spatial dont la possibilité – et non la nécessité – procède de la faculté inconditionnée du sujet transcendantal de produire *a priori* des formes constantes – l'espace et le temps – dont il éprouve *a posteriori* la sensation. Kant ne dépasse pas le stade du miroir.

Nietzsche pointe le vice profond de la *Critique de la raison pure* : contrairement à ce qu'a voulu croire Kant, le sujet transcendantal n'a, en fait, pas la puissance requise pour affirmer que les objets de la raison sont des phénomènes du sujet et que l'Etre en tant que tel est une idée directrice, et non un prédicat réel [1] : en ce qui concerne l'opposition entre la "chose en soi" et le phénomène", Nietzsche rappelle que « nous sommes loin de "connaître" assez, pour nous autoriser aussi ne serait-ce qu'à faire une telle distinction. »[2]. Pour affirmer que le phénomène spatio-temporel est l'horizon indépassable du sujet, il faudrait se situer en-dehors de la relation sujet-phénomène, soit en la surplombant, soit en voyant qu'en-dehors des contours du miroir, il n'y a rien à connaître. Si le regard de l'entendement se fixe exclusivement dans le miroir phénoménal, il est impossible d'affirmer avec certitude que la représentation est celle d'un objet, et non un projet du sujet :

> Il faudrait savoir ce qu'est l'être pour décider si ceci ou cela est réel (par ex. les faits de conscience ; de

[1] « L'être n'est pas un prédicat réel », *Critique de la raison pure*, Deuxième division, Livre II, Chap III, Quatrième section « De l'impossibilité d'une preuve ontologique de l'existence de Dieu », p. 429.

[2] *GS.*, V, § 354, p. 255.

> même ce qu'est la certitude) ; ce qu'est la connaissance et autres choses semblables. Comme nous ne le savons pas, une critique de la faculté de connaître est dépourvue de sens : comment l'outil pourrait-il se critiquer lui-même ; s'il ne peut justement se servir que de soi pour faire cette critique? Il ne peut même pas se définir lui-même .[1]

Autrement dit, en restant dans une réflexion de l'objet, l'entendement ne sait pas si ce qu'il croit savoir avec certitude existe vraiment, c'est-à-dire autrement que comme une projection de la raison sur le miroir qu'elle tient devant elle, pas plus du reste que l'entendement ne sait ce qu'est un miroir. Tout le criticisme kantien est donc congédié à cause de sa suffisance égocentrique : « n'est-il pas très invraisemblable que l'organe de la connaissance puisse se "critiquer" lui-même, alors qu'on est devenu méfiant envers les résultats antérieurs de la connaissance. » [2] Pour faire bref, les jugements, et spécialement les jugements synthétiques *a priori*, sont « faux », bien qu'ils soient les plus « indispensables à notre espèce »[3]. Et cela par trois fois : ils sont faux parce que ce sont des jugements, lesquels supposent l'unité du sujet qui demeure identique à lui-même[4] ; parce qu'ils sont *a priori*, c'est-à-dire catégoriquement inconditionnés, alors que la vraie pensée est instinctive – comme moment d'une volonté de puissance qui n'appartient pas au sujet – ; et parce qu'ils synthétisent, c'est-à-dire affirment l'universelle vérité d'une liaison entre un sujet et un prédicat alors que,

---

[1] *FP.*, XII, Automne 1885 - automne 1887, 2 [87], p. 111. « Kant n'avait pas le droit de distinguer le "phénomène" et la "chose en soi". » 5 [4], p. 187.

[2] *FP.*, XII, Automne 1885 - automne 1887,1 [60], p. 35.

[3] *PBM.*, § 4, p. 24.

[4] «Toute science de la nature suppose malgré elle l'unité du sujet, son éternité et son immutabilité. » *FP.*, II *, Eté 1872 - hiver 1873-1874, 27 [37], p. 335.

dans le monde tragique, n'existent que des relations contingentes.

Il faut donc aborder le problème de la connaissance par-delà les certitudes scientifiques associées aux jugements synthétiques *a priori* : « il est temps enfin de remplacer la question kantienne : " Comme les jugements synthétiques *a priori* sont-ils possibles " par cette autre question : " Pourquoi est-il nécessaire de croire en ces jugements ?", autrement dit, de comprendre que la conservation d'être de notre espèce exige que nous y ajoutions foi.»[1] La science rationnelle est une question de survie, non pas seulement parce qu'elle apporte des solutions pratiques qui protègent l'espèce humaine, mais parce qu'elle conforte l'homme dans la foi en son pouvoir de connaître. Cette confiance en soi élève l'être humain au rang insigne de sujet autonome en le situant au centre d'un monde qu'il conçoit et croit connaître avec certitude ce qui constitue, certes, une perspective métaphysique et une évaluation morale rassurantes, mais totalement fictives.

Si Nietzsche croit pouvoir affirmer que la connaissance rationnelle est une réflexion du sujet, c'est parce qu'il sait qu'il y a autre chose à penser que ce qui se réfléchit dans le miroir de la connaissance. Le miroir lui-même ne se réfléchit pas comme miroir, il ne réfléchit pas la réflexion en tant que telle et il n'avertit pas le sujet qu'il ne lui donnera à contempler que ce qu'il projette sur lui : « Si nous cherchons à contempler le miroir en soi, nous ne découvrons rien que des choses. Si nous voulons saisir les choses, nous n'atteignons finalement rien d'autre que le miroir.»[2] Le miroir est silencieusement complaisant. Le miroir ment. C'est en pensant à cette autre chose, la chose non réfléchie, qu'une différence radicale apparaît, permettant d'affirmer qu'en-dehors du phénomène objectif

---

[1] *PBM.*, § 11, 30.

[2] *FP.*, IV, Début 1880 - Printemps 1881, 6 [433], p. 555.

qui miroite devant le savant, il existe une réalité qui peut être connue. Mais comme elle est en-dehors du miroir, elle sort de la juridiction des jugements scientifiques.

Pour se rendre compte des limites de la connaissance intellectuelle et de la supercherie en quoi consiste la connaissance objective, Nietzsche a dû voir au-delà du miroir, il a dû renoncer à ses évaluations rassurantes et comprendre que la raison pure – prétendument inconditionnée – ne connaît rien et ne se connaît pas elle-même, sinon elle cesserait de croire que le monde se conforme à ses facultés et à ses catégories. Si la raison se comprenait elle-même en se voyant sans la réflexion rassurante que lui offre le miroir, elle cesserait d'être dupe de son pouvoir. Comment pourrait-elle croire en sa capacité de construire une science dès l'instant où elle prend conscience que la connaissance objective des phénomènes et la représentation intellectuelle du monde ne sont qu'une invention du sujet.

La superstition du sujet

Si l'homme de science se fait quelques illusions sur la réalité des phénomènes qu'il se représente, il se trompe encore plus sur lui-même : le sujet transcendantal s'imagine être autonome dans la mesure où la connaissance rationnelle des objets n'est pas conditionnée par ceux-ci et dans la mesure également où les catégories de l'entendement ne sont pas innées, renvoyant alors leur présence en l'être humain à la volonté d'une divinité bienveillante. Or, si l'être humain pense, il ne pense ni ce qu'il veut ni quand il veut. La liberté de penser n'existe pas chez Nietzsche et elle est définitivement contestée dans ce texte bien connu :

> Pour ce qui est de la superstition des logiciens, je ne me lasserai jamais de souligner un petit fait que ces esprits superstitieux ne reconnaissent pas

> volontiers : à savoir qu'une pensée se présente quand "elle" veut, et non pas quand "je" veux ; de sorte que c'est falsifier la réalité que de dire : le sujet "je" est la condition du prédicat "pense".[1]

La liberté de penser est une fiction ; seul un sujet transcendantal s'imagine penser ce qu'il veut comme il le veut et quand il le veut. En fait, il refoule l'évidence que la pensée est dépendante d'un sujet fini qui pense ce que la vie lui impose de croire, selon des modalités auxquelles l'éducation, les coutumes et le sens commun l'ont habitué, à quoi s'ajoute cet autre fait qu'un grand nombre de circonstances peut conditionner l'apparition ou la disparition d'idées ou tout simplement empêcher un être vivant d'avoir la moindre activité intellectuelle. Une expérience simpliste permet de se rendre compte que la liberté de penser est une illusion ; cette même liberté à l'origine de la pensée comme du choix de son objet est incapable d'exercer son pouvoir de manière négative : qui a jamais eu la liberté de ne pas penser, c'est-à-dire à la fois ou séparément de ne pas penser en acte ou de congédier discrétionnairement telle pensée embarrassante ? Du reste, comment pourrait-on être libre de pas penser sans penser en même temps que l'on pense ne pas penser et comment pourrait-on penser que l'on ne pense plus telle pensée sans justement y penser à nouveau ? Le sujet n'est pas maître de lui au point de faire surgir ou de faire cesser toute pensée au moment où il le veut et de prendre conscience en même temps qu'il ne pense plus ou qu'il n'a plus telle idée en tête. En d'autres termes, la liberté de penser est une pensée de cette liberté qui précède la pensée dite libre, pensée première dont l'objet est la liberté de penser et dont peut se demander si cette pensée primaire est elle-même libre ou non : l'homme est-il libre de penser qu'il pense librement ?

---

[1] *PBM,* « Des préjugés des philosophes », § 17, p. 35. Voir *FP.*, Automne 1880, 6 [297], p. 526.

Il faut toutefois observer que cette question est un dilemme insoluble : ou bien le sujet pense librement qu'il est libre de penser, mais cette liberté est limitée par le fait il est incapable de s'empêcher de penser ; ou bien il pense librement qu'il ne l'est pas et, dans ce cas, il est tout juste libre de penser qu'il ne pense pas librement. La liberté de penser est, quelle que soit la façon dont on la conçoit, une pensée qui se nie elle-même.

Chez Nietzsche, la pensée n'est pas une action, encore moins une action délibérée ; sacrifier à l'illusion qu'elle pourrait l'être ou croire à la liberté de penser relèvent de la superstition du sujet qui consiste à déguiser l'être humain en souverain. Le terme même de « superstition » semble bien choisi puisqu'il renvoie à ces procédures psychologiques par lesquelles l'être humain tente de surmonter sa déréliction dans un monde chaotique indifférent à son destin. Et l'artifice par excellence consiste à imaginer qu'une autonomie souveraine est possible, fût-elle celle d'un sujet transcendantal, sinon transcendant, comme celui de Kant, une sorte demi-dieu qui se représente, non comme le créateur du monde mais comme le formateur inconditionné du phénomène naturel et plus encore du phénomène culturel parce qu'il détient les facultés qui suffisent à les former.

Avec Nietzsche, le penseur n'est pas libre ; par contre, la pensée, celle qui n'est pas subordonnée aux croyances d'un sujet – encore moins à ses raisonnements – est libre ; la pensée libre n'est pas l'exploit d'un être intelligent, la pensée n'est pas une activité intellectuelle, voire scientifique. Penser ne consiste pas à avoir des idées car penser n'est pas de l'ordre de l'avoir ; de plus, la pensée libre n'a pas d'objets particuliers – idéaux, formes ou concepts – dont la possession conditionnerait son existence et sa véracité ; pour l'esprit libre – celui qui ne croit pas à la vérité objective – ce n'est pas le réel qui est adéquat à l'intellect, mais l'individu qui est adéquat au réel, adéquat parce qu'il lui est immanent et conscient de l'être. C'est à ce moment que la liberté, la conscience et la pensée ne font qu'un, moment où un individu est dans le vrai auquel il acquiesce. Le sujet transcendantal ne pense pas : il conçoit un objet mais ne se mesure pas à l'inconcevable réalité, au magma chaotique. Pour penser la vérité, pour penser en vérité, il faut renoncer à connaître objectivement et axiomatiquement, renoncer à cette pudique distance qui sépare le sujet et son objet ; il faut suspendre le pouvoir du juge face à son justiciable : il faut être dans le vrai, dans ce qui ne se laisse déterminer par aucune catégorie de l'entendement, dans ce qui déborde toute conclusion judicative, dans ce qui ne ressemble à aucune simulation imaginaire. La vraie connaissance de la vérité suppose de s'être affranchi de l'imagination, mais aussi de l'objectivité et de la subjectivité simultanément. (Que serait un sujet sans objet à maîtriser, que serait un sujet vide ; que reste-t-il d'un objet si aucun sujet n'en détermine la consistance ?)

Une autre vérité que la vérité superstitieuse ou idéale semble requise, une vérité qui ne veut rien dire parce qu'elle ne correspond à aucun vouloir dire, à aucune intention, à aucune invention : une vérité tragique qui conduit à accepter que penser n'apporte pas de réponses ; au contraire, l'acte de penser en vérité provoque des questionnements infinis alors qu'une réponse idéale l'étouffe. La vérité n'est ni une chose ni une qualité d'une chose, mais la réalité même de la pensée libre : la vérité consiste à être dans le vrai et être dans le vrai n'implique pas nécessairement que l'on soit en possession d'une connaissance certaine, mais seulement d'une vraie connaissance : penser n'est ni un acte judiciaire ni l'exploit d'un tribunal comme le croyait Kant pour qui le sujet transcendantal est un juge suprême qui prononce un jugement dernier selon lequel ce qui est catégoriquement vrai est vrai en tant que phénomène objectif. La vérité représentée procède donc d'une double falsification qui consiste à réduire le réel à un objet phénoménal et le sujet à une instance autonome et cela afin que Kant soit « plus heureux dans les problèmes de la métaphysique en supposant que les objets doivent se régler sur notre connaissance »[1]. C'est précisément cette supposition que tout se règle selon notre connaissance qui donne naissance au sujet transcendantal, une grande personne abstraitement heureuse qui s'imagine avoir la faculté de se soustraire au déterminisme de la nature, d'agir selon sa volonté et d'édifier un monde culturel qui assure ses fins.

La désillusion salutaire

En tout premier lieu, Nietzsche congédie la philosophie de la connaissance parce que, comme philosophie « in extremis », elle est totalement moribonde : « Réduire la philosophie à la "théorie de la connaissance", en faire littéralement une timide doctrine du doute et de l'abstention, une philosophie qui ne franchit même pas le seuil de son domaine et se refuse misérablement d'y pénétrer, ce n'est rien d'autre qu'une philosophie *in extremis*, à l'article de la mort, à l'agonie, un objet pitoyable. Comment une pareille philosophie pourrait-elle régner! »[2] La philosophie de la connaissance – on devine qu'il s'agit de la *Critique de la raison pure* – radote dans l'abstraction formelle, confinée dans l'idéalité soi-disant pure alors qu'elle est avant tout étouffante. La philosophie de la connaissance est le délire d'un cerveau désincarné, une philosophie de la retenue ou de l'abstention qui ne risque pas de déranger le troupeau des savants et des belles personnes cultivées.

---

[1] KANT, *Critique de la raison pure*, Préface de la seconde édition.
[2] *PBM.*, « nous les savants », § 204, p. 120

Toutefois, du congédiement de toute philosophie de la connaissance, il ne faut pas conclure à l'absence de toute forme de philosophie sur le savoir. Au contraire, on trouve chez Nietzsche et de manière constante, un questionnement sur la valeur de la connaissance scientifique. Cependant, il ne faut pas confondre sciences et philosophie des sciences : si Nietzsche révoque la philosophie de la connaissance scientifique et logique – non les sciences elles-mêmes –, on ne peut en déduire qu'il renonce à toute forme de savoir alors que son œuvre est une « une ovation à la connaissance »[1] mais selon une connaissance qui porte sur ce que la philosophie et la science ne veulent pas admettre, à savoir que le sujet pensant n'est pas un être idéal : « Gardons-nous donc mieux dorénavant, Messieurs les philosophes, de ces vieilles et dangereuses fables conceptuelles qui ont inventé un sujet de la connaissance étranger au temps, sans volonté ni douleur ; gardons-nous des tentacules de concepts contradictoires tels que "raison pure", "spiritualité absolue", "connaissance en soi" (...) Eliminer la volonté, écarter tous les sentiments sans exception, à supposer que cela soit possible : comment donc ? Ne serait-ce pas là châtrer l'intellect. »[2] Ce n'est pas tant la connaissance qui pose problème que l'éthique du savant qui la produit. Nietzsche ne conteste ni la vérité ni l'utilité des sciences modernes dont la consistance est bâtie sur les mathématiques et l'expérimentation, la science des petites formules et des petits faits[3] ; en revanche il dénonce leur prétention à dominer le monde réel[4], la vie et le destin de

---

[1] *HH.*, I, § 292, p. 218.
[2] *GM.*, « Que signifient les idéaux ascétiques? », § 12, p. 309.
[3] *GM.*, § 24, p. 337.
[4] *PBM.*, § 14, p. 32 : « la physique n'est, elle aussi, qu'une interprétation du monde, une adaptation du monde (à notre propre entendement, si j'ose dire) et non pas une explication du monde ... » *FP.*, XII, Automne 1885 - automne 1887, 2 [148], p. 14 :

l'être humain face au magma chaotique et au hasard qu'aucun théorème ne pourra maîtriser. Nietzsche ne tente ni de réhabiliter la science d'Aristote pour qui la connaissance vraie était la connaissance de la cause essentielle des choses [1] ni de restaurer le principe scolastique selon lequel *nihil est in intellectu quod prius non fuerit in sensu*, principe issu lui aussi des *Seconds Analytiques* [2]. Nietzsche n'oppose pas aux sciences formalisées par les mathématiques une saisie immédiate des essences grâce à l'intuition [3], comme le Stagirite pensait pouvoir le faire.

Il n'est pas non plus un romantique pour qui l'intensité d'une émotion suffirait à valider la connaissance d'une vérité supérieure à toutes autres[4]. La critique des sciences

---

« l'interprétation est un moyen en elle-même de se rendre maître de quelque chose. »

[1] « Nous estimons posséder la science d'une chose d'une manière absolue, et non pas, à la façon des Sophistes, d'une manière accidentelle quand nous croyons que nous connaissons la cause par laquelle la chose est, que nous savons que cette cause est celle de la chose et qu'en outre il n'est pas possible que la chose soit autre qu'elle n'est » ARISTOTE, *Sec. Anal.*, I, 2.

[2] *Sec. Anal.,* I, 18, 81 a 40/95 « La perte d'un sens implique la perte de la science qui y correspond ».

[3] « "les connaissances dans l'éclair", les "intuitions", ne sont pas des connaissances mais des représentations d'une extrême vivacité ; aussi étrangères à la vérité qu'une hallucination » *FP.*, IV, Début 1880 - Printemps 1881, 4 [321], p. 444. On ne peut être plus éloigné d'Aristote : « Quand l'une des choses spécifiquement indifférenciées s'arrête dans l'âme, on se trouve en présence d'une première notion universelle .... l'intuition étant au contraire (de l'opinion, de la science ou du raisonnement) toujours vraie » *Sec. Anal.,* II, 100a, 15 à100b, 5.

[4] « Je me réjouis que la nature ne soit pas romantique : la fiction n'appartient qu'à l'homme : s'en affranchir autant que possible est synonyme de connaître, de retraduire l'homme en termes de nature et de vérité naturelle». *FP.*, Print.-Eté 1878, 27 [49], p. 336. «L'essence du romantisme s'est révélée à moi (c'est le manque d'humanité féconde qui y a proliféré), en même temps que le caractère théâtral des moyens employés, la mauvaise qualité et l'hétérogénéité des

est une critique psychologique axée sur le premier et le plus universel des sentiments humains : la peur[1]. La seule science à laquelle Nietzsche accorde crédit n'a pas pour objet la matière des choses, mais la forme que l'homme donne au réel pour s'en protéger ; cette science est la psychologie ou la *Généalogie de la morale* qui décrit les illusions nécessaires[2] de l'être humain qui préfère toujours la certitude à l'incertitude et choisit instinctivement une connaissance fausse plutôt que l'ignorance totale qui suscite en lui une angoisse horriblement douloureuse :

> Avec l'inconnu, c'est le danger, l'inquiétude, le souci qui apparaissent – le premier mouvement instinctif vise à éliminer ces pénibles dispositions, Premier principe : n'importe quelle explication vaut mieux que pas d'explication du tout. (...) Ainsi, l'instinct de causalité est provoqué, excité par le sentiment de crainte. [3]

Ce que Nietzsche entend par « explication » est cela même qui est produit par l'instinct de causalité sur lequel le philosophe de la connaissance ne semble pas s'interroger : si connaître, comme le voulait Aristote, c'est connaître par les causes, il n'y a aucune raison de ne pas se demander d'où vient cette dilection pour la causalité, qu'elle soit efficiente, formelle, matérielle ou finale. La réponse de Nietzsche est tragiquement simple : il y a une cause, ou mieux invention d'une cause, là où il y a une

---

matériaux, le manque de probité de la formation artistique, la fausseté sans bornes de cette forme d'art ultramoderne, qui tend à être essentiellement de l'art théâtral. L'invraisemblance psychologique de ces prétendus héros et dieux qui sont nerveux, brutaux et raffinés à la fois, comme les plus modernes parmi les peintres et les poètes parisiens! Bref, je les ai tous classés dans la "barbarie" moderne. Mais cela ne touche en rien au dionysisme. » *VP*., Vol.II, III, § 202, p. 84.

[1] *A*., § 144, p.118. A., IV, § 309, p. 199 ; A., IV, § 250, p. 183.

[2] *FP*., XIV, Début 1888 - début janvier 1889, 16 [83], p. 261.

[3] *Cid*., « Les quatre grandes erreurs », § 5, p. 92.

crainte, la fonction instinctive de la cause étant de ne plus voir la cause de la crainte. Mais une cause n'apporte aucune connaissance vraie car, issue de l'angoisse, sa fonction n'est pas d'élucider le réel mais de rassurer l'homme en recouvrant le monde de certitudes morales ou scientifiques qui donnent aux maîtres à penser le sentiment de dominer les choses. La causalité falsifie le réel pour conforter le sujet dans l'idée qu'il se fait de son importante identité.

Toutefois on peut s'interroger sur la démarche nietzschéenne, car il révoque la causalité en vertu d'une cause : la crainte, laquelle dévalue la causalité qui n'apparaît plus comme un moyen de connaître mais comme un réflexe instinctif de défense sans valeur cognitive. Une question apparaît : si l'explication causale est une erreur qui a elle-même une cause, Nietzsche aurait transformé un problème, celui de la valeur de causalité scientifique, en un autre : celui de la valeur de l'interprétation qui reste, elle aussi, soumise à la causalité.

Mais Nietzsche pense comme ses prédécesseurs Héraclite et Spinoza [1]. Comme eux, il sait que la connaissance du réel ne dépend pas d'un raisonnement, mais que, au contraire, c'est la connaissance du réel qui fixe la valeur des raisons de penser. Si, chez Héraclite, le *logos* reste égal à lui-même face au mouvement incessant, il n'y a là aucune contradiction : en effet, on pourrait rétorquer que si tout est en devenir et en mutation, il existe au moins une phrase qui échappe au changement, à savoir la proposition selon laquelle « tout devient» et de ce fait,

[1] « Quand je parle de Platon, de Pascal, de Spinoza et de Goethe, je sais que leur sang coule dans mes veines... » *FP.*, Automne 1881, 122 [52], p. 453 ; « mes prédécesseurs Héraclite, Empédocle, Spinoza, Goethe... » *FP.*, Printemps 1884, 25 [454] p. 151.

tout ne pourrait alors être dit en devenir[1]. Mais, pour Nietzsche, la question n'est pas de savoir si le *logos* demeure immobile face au devenir, mais simplement de rappeler que « Héraclite se borne à décrire le monde existant et le considère avec la satisfaction contemplative avec laquelle l'artiste considère son œuvre en devenir. »[2] Cette satisfaction d'artiste semble surmonter la contradiction entre la pensée stable du devenir et la pensée en devenir : la pensée peut être simultanément pensée du devenir et devenir de la pensée, sans achèvement final ; dit autrement, la pensée *en* devenir ne peut se réduire à n'être qu'un concept ou une idée immuable et figée *du* devenir.

Chez Spinoza, l'autre prédécesseur de Nietzsche, la pensée vraie est avant tout la pensée des choses dans leur essence singulière, pensée qui n'est pas réductible à la rationalité ou à la connaissance du deuxième genre, mais qui se déploie grâce à une science intuitive qui est elle-même une modalité de la pensée infinie, attribut de la substance. Spinoza n'a pas répudié la raison ; il en a limité, bien avant Kant, les prétentions face à la puissance infinie de la nature naturante dont l'homme n'est qu'un mode fini et éphémère.

Nietzsche, à l'instar de ses prédécesseurs, congédie les ratiocinations des fonctionnaires de l'entendement. La pensée du réel est d'une autre rudesse que celle que peuvent produire les raisonnements des logiciens, des superstitieux qui s'imaginent être maîtres et possesseurs de leurs idées comme s'ils en étaient la cause exclusive : la

---

[1] Il s'agit de l'application du paradoxe du menteur qui amuse tous les ratiocineurs. Mais, avec Nietzsche, il n'est pas nécessaire de recourir à une vérité logique pour répudier la vérité de la logique et ses machinations captieuses. Il suffit de voir clair dans ce qui est et d'observer que, tout étant en devenir, la fixité des conclusions logiques est inadéquate au mouvement incessant et imprévisible de la volonté de puissance. L'antithèse de la logique, c'est la vie.

[2] *Ecrits posthumes*, 1870 -1873, p. 232.

pensée n'est pas un exploit logique, et confier la vérité à des syllogismes conduit à falsifier le réel : « Choisir la logique pour unique maîtresse mène au mensonge ; car il n'est pas vrai qu'elle soit la seule maîtresse »[1]. Soit, mais qui est l'autre maîtresse ?

Nietzsche est un philosophe et ce qui lui importe, c'est de voir clair dans ce qui est, car de cette vision claire dépend l'avènement de l'esprit libre :

> on ne doit pas restreindre la notion de "philosophe" au seul philosophe qui écrit des livres, et encore moins à celui qui couche sa philosophie dans des livres. Stendhal nous fournira un dernier trait pour compléter cette esquisse du philosophe à l'esprit libre ; je le souligne pour l'instruction du goût allemand, car il va à l'encontre de ce goût. "Pour être bon philosophe, déclare ce dernier grand psychologue, il faut être sec, clair, sans illusion. Un banquier qui a fait fortune a une partie du caractère requis pour faire des découvertes en philosophie, c'est-à-dire *pour voir clair dans ce qui est.* "[2]

« Voir clair dans ce qui est » : telle est la tâche du philosophe à l'esprit délivré de tout ressentiment et de la crainte des dieux législateurs. Mais voir clair n'implique pas de savoir avec certitude ce qu'il en est de ce qui est. Au contraire, voir clair conduit aussi à voir et à penser qu'il n'y a rien à savoir avec certitude. Mais, chez Nietzsche, ce déficit de science certifiée n'induit aucun scepticisme désespéré : si Nietzsche est sceptique envers les certitudes scientifiques, c'est pour ouvrir la voie à une vérité essentielle et à un *Gai savoir*, une passion philosophique qui va s'affirmer « à coups de marteau » et non plus à coups d'idées ou de syllogismes, ou encore de doctrines avérées et formellement confirmées : l'autre maîtresse est la vie réelle.

---

[1] *VP.*, Vol. I, II, § 273, p.318.

[2] *PBM.*, « L'esprit libre », § 39.

La vie idéale

La question est de restaurer un savoir qui n'a pas été infesté par la théologie chrétienne [1] et par l'idéalisme platonicien qui en a favorisé le développement, idéalisme d'où procède une représentation fictive du monde, de l'être humain et du rapport qui le lie à l'univers. Or, comme on l'a vu, cette fiction trouve son expression la plus forte chez Kant. C'est donc la phénoménologie du sujet qui est en cause dans la critique la plus virulente de Nietzsche contre l'idéalisme et ce qu'il implique : le nihilisme, c'est-à-dire la négation de la vie telle qu'elle est en apparence.

La recherche de la vérité est, chez Nietzsche, une lutte incessante contre le crime que représente l'éthique du nihilisme et du ressentiment, crime contre l'homme en ce que cette disposition est un déni et une condamnation de la vie, et donc de sa vie. L'idéal est une idée morte, une idée vide, une idée de ce qui est au-delà de la vie, une idée transcendantale, située non pas au-delà du miroir, mais au contraire en son centre, où elle focalise tous les regards. En ce sens, l'idéal est faux pour cette raison qu'il ne présente pas ce qui apparaît de manière irréfléchie. Cette falsification pervertit notre rapport au monde et à la vie depuis l'avènement du christianisme. Car, ici, le faux ne procède pas d'une erreur de raisonnement, d'une bévue, d'une distraction ou d'une inexactitude, mais d'une attitude existentielle qui rend impossible de rétablir la vérité après avoir corrigé l'erreur d'où elle provient. La foi, car telle est la cause du faux, ne se corrige pas et ne peut être amendée. La foi n'est pas une erreur, mais une disposition morale qui détermine la représentation du monde à partir de laquelle le croyant juge de toutes choses. Le premier principe de l'idéaliste ou du croyant est que le monde apparent est sans valeur ; pour lui, le vrai monde est invisible ; il n'existe

[1] Voir aussi *VO.*, § 183, p. 256.

que sous la forme d'une idée supposée immuable, à la nécessité intrinsèque de laquelle il ne cesse de croire sans jamais se demander si le monde idéal n'est pas produit par sa croyance en lui. Le monde apparent, sensible, visible devient pour lui un monde trompeur, un simulacre de réalité. La vie mondaine elle-même, contre toute sensibilité et toute raison, est dévaluée au profit d'une autre vie située au-delà : : « Quand on place le centre de gravité de la vie non dans la vie mais dans "l'au-delà" – dans le Néant –, on enlève du même coup tout centre de gravité à la vie : le grand mensonge de l'immortalité personnelle détruit tout ce qui, dans l'instinct, est nature et raison. »[1] La foi, c'est-à-dire la forclusion du visible, est un processus de substitution qui n'est possible que soutenu par un sentiment complexe de culpabilité et de triomphe. Le croyant ne peut subsister contre l'évidence de la vie, il ne peut persévérer dans sa dénégation du réel qu'en triomphant de la contingence et de la tragique imprévisibilité du destin humain, grâce à ce qu'il conçoit au-delà de la vie : « grâce à l'au-delà on peut tuer la vie »[2], la vie telle qu'elle se déroule réellement. Le croyant surmonte sa déréliction dans le monde apparent en le dévaluant et donc en le niant. Il confirme sa victoire sur le réel en condamnant tous ceux qui mettent en doute ses élaborations métaphysiques. Instinctivement, le fidèle culpabilise et poursuit tous ceux qui pensent le réel comme il se donne à voir car, pour le croyant, observer ce qui est et s'en tenir aux apparences n'est pas seulement une erreur, c'est avant tout une faute qui consiste à renier la transposition des valeurs grâce auxquelles il tente de supporter la vie en lui donnant un sens ; le fidèle, contre toute évidence, veut voir au-delà de la vie réelle, une

---

[1] *Ant*, § 43. Chez Epicure « nier l'immortalité était alors le vrai salut » *Ant.*, § 60.
[2] *Ant.*, § 43.

finalité invisible, imperceptible qui lui confère une raison d'être, certes fictive, mais suffisante pour qu'il puisse réprimer ceux qui ne partagent pas son délire, ou, plus odieux encore pour lui, ceux qui y restent indifférents. Tel est le nihiliste idéal.

Or, c'est là où on s'attend le moins à le voir à l'œuvre, que le nihilisme est le plus déterminant, c'est-à-dire chez l'homme cultivé, l'homme de science qui se comporte « comme si l'existence n'était pas une chose terrible et problématique »[1], chez le maître à penser, le bon vivant, le fidèle et plus généralement chez celui qui exerce un pouvoir, alors que c'est peut-être chez l'enfant que le déni de la vie se rencontre le moins avant que l'instruction civilisatrice lui apprenne à ne plus voir ce qui est pour ne plus regarder que ce qui doit être, à savoir le voile culturel que tout sujet érudit tire devant lui afin de garder confiance. En quoi ? En lui ! Ce que le nihiliste et l'ascète nient, c'est que la vie absorbe totalement l'être humain au point que la distinction tellement rassurante entre l'intérieur et l'extérieur n'existe plus. Le royaume imaginaire de l'ascète c'est l'intérieur, l'esprit pur, la forteresse de ses rêves, où il conserve sa grande illusion d'être un sujet autonome capable de connaître tous les objets qu'il conçoit pour les maîtriser. Il refuse d'admettre que la vie n'est pas un objet extérieur au sujet, qu'elle est son destin, son *fatum*. Ce que nie donc le nihiliste, c'est sa propre vie au profit d'une existence personnelle, fictive, culturelle, représentée. Et ensuite, il invente des lois.

Il y a deux formes de nihilisme : le nihilisme ascétique qui nie la valeur de la vie mondaine au profit d'une vie sublime dans l'au-delà et un autre nihilisme, celui de certains philosophes – Epicure, Spinoza, Nietzsche – pour qui il n'y a pas d'autre forme de vie que celle qui apparaît et à laquelle il donc nécessaire d'acquiescer pour la

---

[1] *FP.*, Printemps-automne 1873, 28 [1], p. 349.

connaître en vérité. Ce nihilisme philosophique est la négation du déni de réalité propre aux idéalistes.

L'idéalisme ascétique révèle « le trait fondamental de la volonté humaine : son *horror vacui* : elle a besoin d'un but et plutôt que de ne rien vouloir, elle veut le rien. »[1] Cette volonté ressemble à cette dilection spontanée de l'être humain pour n'importe quelle explication plutôt que pour l'absence d'explication. Or, cette volonté irrépressible de vouloir le rien plutôt que de se dissoudre dans le vide, là où il n'y a rien à vouloir, rien sur lequel elle puisse se fixer, a contaminé la philosophie : « L'idéal ascétique a longtemps servi au philosophe de forme de manifestation, de condition d'existence, (...). Nier le monde, être hostile à la vie, mépriser les sens, se passer d'eux, toute cette manière d'être caractéristique du philosophe qui le fait se tenir à l'écart et qui, se prolongeant jusqu'à notre époque est à peu près parvenue à s'imposer comme l'altitude philosophique par excellence. »[2] Pour l'idéal ascétique, « la vie est un chemin pris par erreur »[3], c'est-à-dire une négation et donc une domination de la vie :

> une vie ascétique est une contradiction de soi : il y règne un ressentiment sans égal, celui d'un instinct insatisfait, d'une volonté de puissance qui voudrait dominer non pas quelque chose dans la vie mais la vie elle-même.[4]

Cependant cette existence ascétique, contraire à la vie, peut prendre l'apparence de la conservation de soi : « l'idéal ascétique a sa source dans l'instinct de défense et de salut d'une vie en voie de dégénération, qui cherche à subsister par tous les moyens et lutte pour son existence ; (...) il en va donc tout à l'inverse de ce que pensent ses

---

[1] *GM.*, « Que signifient les idéaux ascétiques ? », § 1, p. 289.
[2] *Ibid.*, § 10, p. 305.
[3] *Ibid.*, § 11, p. 307.
[4] *Ibid.*

adorateurs, en lui et par lui, la vie lutte avec la mort et contre la mort. »[1] Mais cette conservation de soi qui semble adorer la vie en luttant contre la mort est implicitement un déni de la vie ; elle provient d'une volonté de vivre une vie qui n'existe pas, une vie idéale, sans mort, sans difformité, sans souffrance et sans dilacération de l'individualité. Mais qui sont ces adorateurs de la vie idéale ? La réponse de Nietzsche est horriblement cruelle : ce sont « Les mal-venus, vaincus, hommes brisés de naissance – ce sont eux, les plus faibles, qui plus que quiconque minent la vie parmi les hommes, qui empoisonnent et mettent en question le plus dangereusement notre confiance en la Vie, en l'homme, en nous-mêmes. »[2] Certes l'homme brisé de naissance ne semble ne pas être coupable de sa faiblesse, mais il a préféré se regarder et soupirer : il a « ce regard rentré de l'homme mal conformé dès l'origine, (...) "Puissé-je être quelqu'un d'autre, ainsi soupire ce regard". »[3] Telle est bien la forme native du nihilisme : vouloir être autre, non en se surmontant, mais en déportant la haine de soi vers le fort : « Sur ce terrain du mépris de soi, (...) se trame constamment la conspiration la plus méchante, la conspiration de ceux qui souffrent contre ceux qui sont réussis et vainqueurs, ici la simple vue du vainqueur excite la haine. Et que de mensonges pour ne pas reconnaître que cette haine est de la haine! »[4]

Survient alors le prêtre, le prédicateur, celui qui donne sens, qui fixe les attributs du sujet et qui change la « direction du ressentiment »[5], du regard rentré et de la

---

[1] § 13, p. 310.
[2] § 14, 312.
[3] § 14, p. 312.
[4] *Ibid.*
[5] *PBM.*, § 15., p. 316 : « Bon et méchant... » § 7, p. 231 : « les prêtres, comme on sait, sont les plus méchants – et pourquoi donc ? Parce qu'il

haine de soi qu'il transforme en vengeance : il envoûte ainsi le faible en lui offrant un coupable dénoncé comme étant la cause de sa souffrance, ce qui est d'autant plus aisé que ce détournement correspond à une réaction instinctive : « celui qui souffre cherche instinctivement à sa souffrance une cause (...) un être vivant quelconque sur lequel il puisse, réellement ou en effigie, et sous n'importe quel prétexte, décharger ses passions : car la décharge des passions est, pour celui qui souffre, la meilleure façon de chercher un soulagement, un engourdissement, c'est là le narcotique qu'il recherche inconsciemment contre toute espèce de tourment. Voilà, à mon sens, où se trouve la seule véritable cause physiologique du ressentiment, de la vengeance et de tout ce qui leur est apparenté, à savoir dans le désir d'étourdir la douleur par la passion. » La manœuvre est sordide : elle consiste à pervertir l'instinct naturel par lequel l'être humain cherche à atténuer sa souffrance, non en la guérissant mais en l'idéalisant, car c'est de cela qu'il s'agit : le prêtre ne tente pas de réduire la haine du faible ; il l'oriente et, pour que cette déviation réussisse, il étourdit le faible en lui offrant une cause qui justifie sa haine ; cette cause est un autre être humain mis en effigie qui représente l'image idéale du coupable. La haine de soi devient alors la haine de l'autre, non pas d'un autre faible, mais de l'autre absolument autre, l'autre avec lequel il n'est pas possible de s'associer : le fort. Le grand prédicateur – celui qui apparaît comme le sauveur des faibles –, fédère, rassemble son troupeau autour de la haine du fort : le sauveur, « l'instructeur », le guide spirituel doit « doit défendre son troupeau – contre qui ? Contre les bien-portants, il n'y a aucun doute, et aussi contre l'envie qu'inspirent les bien portants ; il lui faut être l'adversaire et le contempteur naturel de toute santé et de

---

sont les plus impuissants. L'impuissance fait naître en eux la haine la plus intellectuelle et la plus venimeuse qui soit. »

toute puissance, de tout ce qui est rude, sauvage, débridé, dur et violent, comme le sont les bêtes de proie. »[1]

Il apparaît également que la vie idéalisée, la vie commune, se forme selon un processus physiologique identique à celui qui favorise la volonté de vérité, c'est-à-dire la vérité scientifique : « la science comme narcotique : connaissez-vous cela ? » [2]. La vérité voulue est un étourdissement comparable à celui qu'éprouve le faible lorsqu'il invente un exutoire à sa souffrance. La science aujourd'hui « n'est pas le contraire de l'idéal ascétique, mais plutôt sa forme la plus récente et la plus élevée. »[3] Plus clairement encore : « cette volonté absolue de vérité, c'est, qu'on ne s'y trompe pas, la foi dans l'idéal ascétique lui-même »[4]. Et l'on sait ce qu'est cet idéal ascétique : il est ce que voit un « regard rentré » contre toute évidence et plus spécialement contre celle que devrait offrir l'histoire de l'humanité : « La science historique moderne dans son ensemble aurait-elle par hasard montré plus de confiance dans la vie, dans l'idéal ? Aujourd'hui son ambition la plus noble est d'être un miroir. »[5] L'histoire pourrait-elle nier le le déni de vérité de l'ascète ? Pourrait-elle avoir confiance dans son idéal pour y retrouver la vie qu'il renie ? Non ! Le regard réfléchi, contemplateur du miroir, triomphe de tout : l'idéal moral a répondu à la question du faible « pourquoi souffrir »[6] en lui offrant, en guise de narcotique, narcotique, une cause satisfaisante : il suffit de vouloir que le fort, et lui seul, soit coupable pour que la souffrance ait un sens. L'idéal de vérité répond de la même manière, depuis Socrate, à l'autre question : face au « magma

---

[1] § 15, p. 315.
[2] § 23, p. 335.
[3] § 23, p. 335.
[4] § 24, p. 338.
[5] § 26, p. 342.
[6] § 28, p. 346.

chaotique », il faut vouloir la vérité idéale du *cosmos* pour que disparaisse cette nature artiste dans laquelle se défait toute individualité.

L'idéalisation éthique ou scientifique, la négation du réel est un processus mental universel que l'on retrouve chez les faibles d'esprit, ceux qui renoncent à l'esprit libre pour croire en cette apparente et factice liberté de penser – l'autonomie de Kant – en vertu de laquelle ils veulent opiniâtrement ne connaître qu'une vérité de reniement contre cette autre vérité qui n'est l'objet d'aucune volonté, une vérité qui s'impose par elle-même, une vérité tragique ; celle de Dionysos.

Forts et faibles ne se différencient pas en fonction d'une classification sociale : ce n'est pas parce qu'il fait partie du troupeau qu'un homme est faible, c'est au contraire parce qu'il est faible qu'il s'associe à d'autres : « Ne l'oublions pas : par nécessité naturelle les forts ont tendance à se séparer autant que les faibles ont tendance à s'unir »[1]. Forts et faibles s'opposent en vertu d'une détermination éthique ou existentielle ; la volonté de puissance ou la volonté de la vie réelle pour l'un, la volonté de vérité formelle pour l'autre, associée à la volonté de dominer.

Aussi insupportable que soit cette idée pour les humanistes, l'égalité entre les hommes pourrait n'être qu'une représentation sublime et obsessionnelle consistant à refouler l'évidence de la distinction entre faibles et forts. Cette résistance à l'accepter pourrait trouver son origine dans un fait lui aussi nié : cette distinction n'est pas fatale, mais elle procède de la volonté de tout individu qui choisit d'être faible ou d'être fort. Il faut rappeler que la définition du fort comme celle du faible, varie radicalement selon qu'elle est produite par le fort – le seul à savoir ce qu'est la force et à comprendre en quoi consiste le déni de la puissance propre au faible – ou par le faible qui définit le

[1] § 18, p. 324.

fort comme seul un nihiliste peut le faire : en ne voulant rien comprendre à sa tragique réalité pour se protéger lui-même du désir de devenir fort au vrai prix de la force : celui de la souffrance créatrice et donc libératrice[1].

Mais ce que la dénégation du faible comporte également, c'est la sinistre certitude que la distinction entre la force et la faiblesse est injuste. Le faible ne veut pas savoir qu'il n'est pas condamné à vivre dans le déni de vérité et qu'il peut à tout moment franchir la limite du sens commun et prendre la route des solitaires[2]. Pour ne jamais avoir à penser que, s'il est aliéné, c'est parce qu'il a peur de penser librement, il invente le jugement moral, source de toutes les lois grâce auxquelles, pour s'excuser de sa faiblesse, il accuse le fort d'en être la cause, et cela à juste titre : si le faible n'avait pas devant lui la force qu'il envie, il ne souffrirait pas de son renoncement à accueillir cette énigmatique puissance qui la nourrit. Mais comme le faible – craignant l'errance et l'insécurité – se destine à vivre dans l'erreur, il croit se mettre hors cause et se soustraire à la volonté de puissance, il croit pouvoir exister sans vivre, bref il croit, il espère et il ne voit rien. Car la

---

[1] « Créer, c'est se délivrer de la souffrance. Mais la souffrance est nécessaire à ceux qui créent. Souffrir, c'est se transformer. » *FP.*, IX, Eté 1882 - printemps 1884, § 226, p. 223.« La volonté de souffrance, de saisir la profondeur de la douleur en tant que moyen de la métamorphose (...) Nous n'avons pas le droit de n'être que des jouisseurs de l'existence – cela manque de distinction. » *FP.*, IX, Eté 1882 - printemps 1884, 16 [49], p. 539.

[2] Une précision s'impose ici : les faibles ne sont pas les infortunés, dénués de tout. Nietzsche n'oppose pas la force des riches à la faiblesse des pauvres, car la faiblesse dont il est question n'est pas relative à une situation économique, mais à une attitude éthique, à savoir la mentalité misérable du faible, riche ou pauvre. Sur la question de la possession, Nietzsche est clair : « Superstition de la possession – elle ne rend pas plus libre mais plus esclave. » *FP.*, III, 1876-1878, 30 [162], p. 393 ; voir aussi *HH.*, II, § 315, p. 141.

grande croyance du faible, et donc aussi sa vengeance[1], est de dominer le réel en substituant ses lois de la nature et de la culture aux forces imprévisibles du monde dans lequel l'individu est immanent.

Or, pour Nietzsche, plus l'homme étend son pouvoir sur la nature, plus il ressent son impuissance car, que sa domination prenne une des deux formes de la représentation – celle du positivisme[2] ou de l'idéalisme transcendantal –, elle échoue toujours. Les positivistes et les idéalistes sont des poltrons[3] ; ils veulent des certitudes, des assurances figées dans des formes immuables grâce auxquelles ils s'imaginent être capables de conjurer la puissance de la volonté. Le déterministe, qui semble plus proche du réel que l'idéaliste, n'est pas moins délirant en ce qu'il souscrit à la sinistre et démoralisante logique du miroir avec laquelle l'être humain, croyant connaître les phénomènes pour mieux les maîtriser, s'enferme dans un univers normalisé, avec pour conséquence qu'au moment où il croit comprendre logiquement les choses, il les ignore le plus, et ce qu'il gagne en assurance, il le perd en vérité. Les savants, comme les théologiens, croient aux lois. Or, les choses se produisent autrement que selon des lois, et si certains phénomènes semblent se dérouler de

---

[1] *FP.*, XIV, Début 1888 - début janvier 1889, 14 [137], p. 107.

[2] « Contre le positivisme, qui en reste au phénomène : "il n'y a que des faits" j'objecterais : non, justement il n'y a pas de fait, seulement des interprétations. Nous ne pouvons constater aucun *fatum* en soi. » *FP.*, XII, Automne 1885 - automne 1887, 7 [60], p. 304.

[3] L'homme de science n'est pas plus courageux que l'idéaliste : « la superstition des physiciens : là où ils peuvent persévérer, c'est-à-dire là où la régularité des phénomènes permet permet l'utilisation de formules abréviatives, ils pensent qu'il y a eu connaissance. Ils se sentent en sécurité. Mais derrière cette sécurité intellectuelle, il y a l'apaisement de l'anxiété. Ils veulent la règle, parce qu'elle dépouille le monde de son caractère terrifiant. La terreur de l'incalculable comme arrière-instinct de la science. » *FP.*, XII, Automne 1885 - automne 1887, 5 [10], p. 159.

manière régulière, cela provient non d'une mécanique dont la science aurait pu déchiffrer la logique mais de cette habitude funeste qui consiste à croire que n'existe en vérité que ce qui est le plus constant. Or, ni la logique ni un coup de dé, c'est-à-dire le hasard lui-même, n'aboliront le hasard et cela d'autant plus que si un coup de dé abolissait le hasard, ce serait encore par hasard qu'il aurait été anéanti : le hasard demeure invincible. Si toutes les lois de la nature, comme celles de la Cité, sont des projections du sujet, ce qui se réfléchit dans le miroir de la connaissance, semble certes rassurant puisque l'être humain retrouve dans ses représentations tous ses espoirs de vérité et de sécurité, mais la victoire que le sujet moralement et scientifiquement cultivé semble remporter sur l'énigme de la vie est une défaite sublimée. La pensée normative est aliénée à ses propres lois et plus elle croit savoir, moins elle est capable de penser ce qui est. Le faible, depuis Platon, préfère « l'invention à la vérité, l'irréel à l'existant » ; il a donc choisi d'être faible par préférence pour l'espoir qu'offrent ses idéaux. Le faible, un homme de relation et de fidélité, est la victime consentante des tarentules qui, dans le bestiaire de Nietzsche, représentent le logicien subtil qui a recouvert le monde d'une immense toile de concepts[1]. L'araignée captieuse a d'abord rassuré le faible avant de le paralyser et de le fixer à tout jamais dans ses fils, dans ce réseau d'idées générales et universelles qui sont autant de jugements de valeur qui définiront le sens de sa vie. Le faible regrette-t-il jamais de s'être laissé prendre par l'illusion arachnéenne que la liberté et la sécurité étaient compatibles ? La réponse de Nietzsche est terrifiante : il souffrira de sa faiblesse toute sa vie, mais sans le savoir ou sans vouloir le savoir, et cette volonté de ne pas savoir[2] va générer le ressentiment,

---

[1] *A.*, II, § 117, p. 98; § 130, p. 106.
[2] *PBM*, § 24 p. 43.

putréfaction de l'âme, atrophie de la pensée libre, source d'une irritation incessante qui accentue tous les jours un peu plus la démoralisation du faible et qui intensifie l'envie d'imposer sa douleur à ses semblables : sa plainte se transforme en accusation, en vengeance[1], en une haine universelle de la liberté : la puissance, reniée, trompée, bafouée s'éloigne du faible et l'abandonne dans la cité bariolée, repaire de canailles cultivées, de barbares policés qui attendent, juchés sur leur chaire, une victime expiatoire à meurtrir pour leur faire oublier ce doute qui les taraude de n'être que des personnages contre-nature, contre leur propre nature[2]. Car le propre du faible est de vouloir être puissant, d'éprouver un sentiment de domination, sentiment aussi vain que factice pour le surhomme qui sait au contraire que la vraie force consiste à accepter le hasard des faits, la contingence des formes, en renonçant à commander les hommes[3] ou à infléchir le cours des choses. Cet acquiescement qui répugne au faible est en réalité l'acte le plus déterminé, le plus résolu qui soit, un acte que la vraie sagesse rend possible, celle de Dionysos qui a compris la vanité du pouvoir qui consiste d'abord à fixer les idées, à les rendre définitives. La volonté de vérité est en fait sous-tendue par l'obsession de stabilité, d'ordre et de paix. Que serait un idéal s'il se

---

[1] *FP.*, Automne 1883, 16 [17], p. 526 et 16 [29], p. 529 : « Les représailles ne sont que le masque hypocritement vertueux de la "culpabilité" qui se venge ».

[2] *Que signifient...*, § 14, p. 312 « Ils vont parmi nous comme des reproches vivants destinés à nous avertir, comme si la santé, la chance, la force, la fierté, le sentiment de puissance étaient en soi déjà des vices qu'il faudrait un jour expier, expier amèrement : oh combien sont-ils au fond eux-mêmes disposés à faire expier, combien ont-ils soif d'être des bourreaux. Parmi eux, on rencontre en foule des vindicatifs déguisés en juges qui ont comme une bave empoisonnée, le mot " justice" à la bouche. »

[3] « Il appartient à l'humanité d'un maître à penser de mettre ses élèves en garde contre lui-même. » *A.*, V, § 447, p. 238.

modifiait sans cesse et que serait une vérité variant au jour le jour ? Le faible cherche l'immuable au milieu du chaos, immuable qu'il transpose dans un au-delà où il espère le conserver pour l'éternité. Mais pour Nietzsche, la volonté de conservation de l'idée ou de soi, comme seul but de la vie – les buts nous égarent toujours[1] – est une preuve d'impuissance. Le héros, l'immortel, le saint par son oblation, le philosophe par sa liberté ou l'artiste par ses œuvres n'ont que faire de leur vie : « si l'être est faible, il ne cherche qu'à se conserver à tout prix: il n'en ressort en tous cas aucune œuvre dont on pourrait se réjouir »[2]. Une œuvre sans joie est comme un méfait : il ne sert à rien de produire quelque chose de plus sinistre que ce qui existe déjà. Penser tristement, négativement est inutile ; le sombre n'est pas plus vrai que le clair. Seul est vrai ce qui répond au gai savoir, gai savoir qui ne s'adresse pas aux faibles : « Je ne parle pas aux faibles : ils veulent obéir et se précipitent partout dans l'esclavage. Face à la nature impitoyable, nous ne laissons pas de nous éprouver aussi nous-mêmes comme nature impitoyable! Mais j'ai trouvé la force là où on ne la cherche pas, chez des gens simples, doux et affables, sans la moindre inclination à dominer – et inversement, l'inclination à dominer m'est souvent apparue comme un signe interne de faiblesse : ils redoutent leur âme d'esclave et la drapent dans un manteau royal (ils finissent pourtant par devenir les esclaves de leurs disciples, de leur renommée, etc.) »[3] Le pouvoir, l'inclination à dominer, à immobiliser, à faire que tout se tienne bien, est une puissance nourrie de ressentiment, hantée par le besoin de maîtriser le cours des choses mais aussi l'instinct vital des êtres humains. Ici règne la pire des injustices, celle qu'entraîne le triomphe

---

[1] *FP.,* Eté 1872-début 1873, 19 [173], p. 224.

[2] *FP.*, Automne 1873-hiver 1873, 31 [3], p. 471.

[3] *FP.*, IV, Début 1880 - Printemps 1881, 6 [206], p. 509.

de la faiblesse sur la force célébrant « la puissance artiste de la nature tout entière » alors que le pouvoir régulateur cherche à l'effacer. Une norme égalisatrice est la valeur fondatrice des communautés de faibles. Elle ne concerne qu'eux. Les forts sont triplement inégaux ; premièrement en ce qu'ils se distinguent des faibles et deuxièmement en ce qu'ils se différencient entre eux par la singularité de leur pensée et par leur générosité. De plus, la pensée libre qui les anime ne se fixe en aucune attitude morale définitive. Et c'est la troisième cause de leur inégalité : ils ne sont égaux à aucun modèle personnel et en ce sens, on peut dire qu'ils ne ressemblent à rien car chacun d'entre eux reste, en ses actes, sans égal. La pensée libre fait d'eux des originaux, d'imprévisibles excentriques, des individus envers lesquels on ne sait à quoi s'attendre, car eux-mêmes ne le savent pas. Le génie, autre nom du singulier[1], ne sait pas ce qu'il fait et encore moins ce qu'il va faire. Il ne calcule pas car, en lui, fins et moyens ne se séparent plus. Tout est en acte, immédiatement, comme un don irréfléchi à la vie.

La vérité anormale

On devine donc que la vérité dionysiaque, la vérité sans idéal, la vérité philosophique n'intéresse personne ou presque : L'*Antéchrist*, ce livre dont on va voir à quel point il est consacré à la vraie connaissance et à la connaissance du vrai, « est réservé au plus petit nombre », c'est-à-dire à celui qui est « supérieur à l'humanité » et surtout indifférent « au bavardage moderne », subjugué par une idée fausse : celle de progrès[2], idée flatteuse, certes, mais illusoire. En effet, contrairement à l'idée complaisante qu'il a de lui-même, « L'Européen d'aujourd'hui reste, en valeur,

[1] *FP.*, V, Eté 1881 - été 1182,17 [20], p. 550.
[2] *Ant.*, § 4.

bien au-dessous de l'Européen de la Renaissance ». L'homme moderne est protestataire, vindicatif et incapable d'acquiescer à la vie : « Comprendra-t-on un jour, voudra-t-on enfin comprendre, ce qu'était la Renaissance ? L'inversion des valeurs chrétiennes : une tentative, entreprise avec tous les moyens, avec tous les instincts, avec tout le génie possibles, pour faire triompher les valeurs contraires, les valeurs aristocratiques. (...) Or, qu'advint-il ? Un moine allemand, Luther, vint à Rome. Ce moine, avec au corps tous les instincts vindicatifs d'un prêtre manqué, se révolta, à Rome, contre la Renaissance... Au lieu de comprendre, avec une profonde gratitude, le prodigieux événement qui s'était produit, le triomphe remporté sur le christianisme, en son centre même – seule sa haine sut se nourrir à ce spectacle. Un homme religieux ne pense qu'à lui-même. Luther vit la corruption de la papauté, alors que c'est le contraire qui crevait les yeux : l'ancienne corruption, le *peccatum originale*, le christianisme, ne siégeait plus sur le trône du pape! (c'est-à-dire Cesar Borgia) C'était la vie qui y trônait ! Le triomphe de la vie. Le grand oui à toutes les choses élevées, belles, hardies! Et Luther restaura l'Église : il l'attaqua. Il fit de la Renaissance un événement dépourvu de sens, un événement pour rien. »[1] Nietzsche nous dit à la fois que Luther restaure les valeurs chrétiennes opposées aux valeurs aristocratiques en vertu d'une morale propre à l'homme religieux qui, paradoxalement « ne pense qu'à lui-même », parce qu'il est égocentrique et il est égocentrique, non pas égoïste, pour cette raison qu'il est incapable d'acquiescer, de dire oui « au triomphe de la vie ». Dit autrement, la haine du réel est, chez Nietzsche, liée à un amour de soi, mentalité typique du faible c'est-à-dire, selon lui, du chrétien, de l'homme de conviction qui s'emprisonne en lui-même. On devine aussi que le

[1] *Ant.*, § 61.

philosophe ne peut être un égocentrique et qu'il devient alors un excentrique, un spéculateur sans crainte qui ose regarder l'apparence, au contraire de l'homme moderne qui, par faiblesse envers lui-même, se fait des illusions sur sa valeur et sur sa puissance. Qu'il s'imagine être la créature d'une divinité généreuse [1] ou impitoyable – comme celle de Luther – ou encore qu'il pense découler d'une évolution qui confirme la force de l'espèce humaine, ou bien qu'il se canonise lui-même, à l'instar de Kant en tant que sujet transcendantal, dans tous les cas le faible croit, avec une suffisance délirante, être pourvu d'une nécessité inaliénable en tant qu'être humain. Mais en fait les philosophes modernes sont enfermés en eux-mêmes dans une rumination introspective, paralysés face à la vie et à sa cruauté qu'ils craignent par-dessus tout ; ils sont devenus « le perfectionnement du type sacerdotal », une forme morale « héritée des prêtres » qui consiste, contre toute la tradition antique, gréco-romaine à « se mystifier soi-même »[2]. Ces philosophes du sujet ne pensent qu'à eux, n'aiment qu'eux-mêmes et donc, naturellement, n'aiment rien et ne pensent rien. Ils ne connaissent qu'un amour inconsistant sans risque, sans fatalité et donc sans plaisir. Ils n'ont de sentiment que pour eux-mêmes et leurs semblables, un sentiment réflexif, en miroir, et c'est en ce sens qu'ils vivent dans le ressentiment, un sentiment de soi en soi pour soi, un sentiment sans épreuve, sans rebondissement, sans tressaillement, sans extase et sans douleur[3].

Avec Nietzsche, la vraie connaissance suppose l'amour du réel, amour païen, amour antique, aristocratique, qu'une

[1] Dans la théologie de Thomas d'Aquin, Dieu crée le monde par bonté.

[2] *Ant.*, § 12.

[3] *Ant.*, § 30: « la crainte de la douleur, même de l'infiniment petit de la douleur - ne peut finir autrement qu'en religion d'amour », d'amour de soi, s'entend.

religion historique – le christianisme et sa décadence dans la faiblesse – a condamné. Le christianisme prolonge le judaïsme et sa haine de la science, non pas la science réfléchie qui satisfait le sujet, mais la science libératrice qui fête dans l'allégresse les « noces mystérieuses »[1] de l'homme et de la nature : « Le début de la Bible contient toute la psychologie du prêtre. Le prêtre ne connaît qu'un seul grave danger : c'est la science, la saine notion de cause et d'effet. (...) Il ne faut pas que l'homme regarde au-dehors, il faut qu'il regarde en lui-même : il ne faut pas qu'il regarde au fond des choses, avec l'intelligence circonspecte de celui qui veut s'instruire, il faut surtout qu'il ne regarde et ne voie rien du tout : il faut qu'il souffre. Et il faut qu'il souffre de telle sorte qu'il ait à chaque instant besoin du prêtre. A la porte, les médecins! C'est un Sauveur qu'il lui faut. »[2] Celui qui est répudié, outre le médecin, c'est le philologue, déchiffreur d'énigmes et détenteur de « l'art de bien lire » [3] qui va « regarder derrière les Livres Saints » [4] comme le « lecteur philosophe » de Spinoza. C'est à lui cependant qu'appartient la vraie connaissance, et non à l'Ego savant qui se croit affranchi du mysticisme : la science moderne, objective consacre le pouvoir du sujet copernicien, du juge transcendantal à partir duquel elle déploie un univers phénoménal que le maître à penser croit dominer intégralement. Or, chez Nietzsche, la vraie connaissance est tragique parce que transie par la nature artiste, cause unique de toutes les formations morales, scientifiques ou artistiques dont l'être humain est le *médium* passif lorsque,

---

[1] *Ntr.*, § 4, p. 56.

[2] *Ant.*, § 49. Alors que le destin du sage, de Zarathoustra, est de nous sauver des sauveurs *FP.*, IX, Eté 1882 - printemps 1884, 9 [36], p. 369.

[3] *Ant.*, § 52.

[4] *Ant.*, § 47.

par faiblesse, il refuse l'énigme de la vie. On comprend donc ici à quel point la science de la « saine notion de cause et d'effet » requiert la répudiation absolue de la théologie chrétienne, plus peut-être que la dialectique amère de Socrate, de telle sorte que l'homme ne soit plus l'effet d'une cause située au-delà de la vie, d'un Dieu qui, par l'intercession perfide des prédicateurs, lui dicte des lois dont la première de toutes est : « tu ne penseras point »[1].

Le savoir vers lequel tend la pensée de Nietzsche suppose la mort du dieu moral[2], législateur, d'un dictateur métaphysique grâce auquel toutes les régulations inventées par les envoûteurs publics trouvent leur ultime et mystique justification. Il s'agit bien de « voir ce qui est », c'est-à-dire de penser quelle que soit la beauté ou l'horreur de ce que la vérité expose, pour cette seule raison que la connaissance vraie est belle[3] ; et pour ce faire, il faut briser le miroir dans lequel le sujet regarde ce qui n'est qu'en lui. Pour voir ce qui est, pour être dans le vrai, il faut aimer le

---

[1] VIII, *EH.*, « Pourquoi je suis si avisé », § 1, p. 259.

[2] *FP.*, XII, Automne 1885 - automne 1887, 5 [7], p. 213 : « Au fond, seul le Dieu moral est dépassé. » Si seul le dieu moral est dépassé, cela signifierait-il que la question d'un dieu sans morale ne l'est pas : « on pourrait admettre un dieu si l'existence en était démontrable sans qu'un besoin nous le fasse paraître nécessaire» ? *FP.*, III, 1876-1877, 19 [85], p. 406. La question de Dieu doit être confiée aux incroyants, comme le pensait déjà Spinoza : « Quant à savoir ce qu'est Dieu…cela ne relève pas de la foi » (*Tractatus théologico-politicus*, XIV, 11, p. 477.) Nietzsche va dans le même sens, *FP.*, XIII, Automne 1887 - mars 1888, 10 [204], p. 210. Les croyants sont trop faibles pour penser dieu, la nature, la puissance, l'éternel retour. Peut-être qu'un des axes philosophiques de Nietzsche est de penser Dieu par-delà les représentations de la foi et les idéaux abscons des théologiens : « Même si l'on nous prouvait dieu, nous ne saurions pas croire en lui. » *FP.*, XIV, Début 1888 - début janvier 1889, 15 [44], p. 201 : le penser sans croire.

[3] *A.*, Livre cinquième, p. 55 : « La connaissance d'une réalité même la plus laide est belle. ».

réel et non le nier. Inversement, l'erreur naît du ressentiment, de « l'esprit vindicatif »[1] ou de la vengeance du faible dont les seules idées sont toujours liées à la haine, non parce que l'objet de leur idée est haïssable – il est au contraire trop beau pour être vrai – mais parce que leur idée se produit dans la haine et le mensonge, dans une forme de rumination mentale qui trahit la crainte et la répulsion que les idéalistes éprouvent en face la nature apparente. C'est contre eux que Nietzsche écrit :

> Ma formule pour ce qu'il y a de grand dans l'homme est *amor fati* : ne rien vouloir d'autre que ce qui est, ni devant soi, ni derrière soi, ni dans les siècles des siècles. Ne pas se contenter de supporter l'inéluctable, et encore moins se le dissimuler – tout idéalisme est une manière de se mentir devant l'inéluctable – mais l'aimer...[2]

L'acquiescement est le contraire de la rumination mentale propre au faible et à ses ressentiments, pour qui le réel aurait dû être autre que ce qu'il est : « Ruminer c'est-à-dire ne plus penser à rien d'autre qu'à la manière dont les choses se sont passées et n'aurait pas dû se passer »[3]. On devine ici le vice de l'idéaliste : il considère que la vie est injuste parce qu'elle ne répond pas à ce qu'il aurait dû se passer, alors que, pour un sage dionysiaque, les métamorphoses de la volonté de puissance sont la justice même, justice qui ne correspond à aucune des lois que l'idéalisme invente, depuis Socrate, pour « corriger » la nature et lui imposer sa volonté. L'*amor fati*, au contraire, est la négation du déni de l'idéaliste pour qui le devoir-être est plus nécessaire que la factualité brutale et parfaitement apparente, c'est-à-dire le hasard ou la fatalité : la vie.

---

[1] HEIDEGGER, *Qu'appelle-t-on penser* ? p. 65 : « La pensée de Nietzsche est consacrée à la délivrance de l'esprit de vengeance. »

[2] *EH, «* Pourquoi je suis si avisé », § 10, p. 275.

[3] *FP*., Eté 1878, 28 [55], p. 353.

L'idéaliste ment tout en croyant que la sublimité de ses idéaux l'absoudra de son déni de vérité. C'est oublier que seule la vie sanctionne ; elle le fait par hasard comme le donnait à penser le mythe de la Moire[1], et non selon une loi que nul ne serait censé ignorer, que cette loi soit morale ou naturelle, comme celle de l'évolution à laquelle Nietzsche ne croit pas, non pas parce que rien n'évolue, mais parce que tout se modifie de manière erratique[2]. L'idéaliste se croit, par sa seule volonté, capable de faire des miracles : « L'acte d'une volonté libre serait le miracle, la rupture de la chaîne de la nature »[3]. Or, cette ambition n'a qu'un seul effet : concevoir un univers fictif construit sur des normes arbitraires qui séparent ce qui doit être – c'est-à-dire ce qui n'est pas –, à savoir : le bien, de ce qui ne doit pas être : le mal, et qui cependant existe. Cette obstination morale marque la fin du monde pré-socratique où se célébrait la puissance de la nature à laquelle l'homme acquiesçait. Il laisse place à une rumination contrite, vengeresse, revendicative, substituant

---

[1] *FP.*, Eté 1878, 28 [40], p. 352 : « Retrouver la vision antique : la Moire est réellement au-dessus de toutes choses, les dieux sont les représentants des choses réelles ! Se faire antique. », voir aussi A., II, p. 130, p. 106 et la « grande imbécillité cosmique ».

[2] Nietzsche ne nie pas le fait même de l'évolution de l'humanité, mais il nie que son mécanisme puisse être fixé par une loi de la nature – connue de l'être humain – selon laquelle s'opère spontanément la sélection des plus forts. C'est en fait l'inverse qui se produit : « Ce n'est en perfection que croissent les espèces. Les faibles l'emportent de plus en plus sur les forts ; c'est qu'ils ont pour eux le nombre, et c'est aussi qu'ils sont plus intelligents. Darwin a oublié l'esprit (...), or les faibles ont davantage d'esprit. » XIII, *Divagations d'un inactuel*, § 14, p. 116. Sur ces questions, voir notamment : *FP.*, XIV, Début 1888 - début janvier 1889, 14 [123], p. 93.

[3] *FP.*, Juillet-août 1879, 42 [3], p. 437 : « Le libre arbitre, merveilleuse illusion grâce à laquelle l'homme a fait de lui-même un être plus élevé; la noblesse la plus haute, perceptible dans le bien comme dans le mal. Mais déjà animale. Qui s'élève au-dessus, s'élève au-dessus de l'animal et devient une plante consciente. »

la faute au fait, la domination à l'acceptation. C'est à cet univers culturel que la pensée de Nietzsche tente d'échapper, et à la culpabilité qui s'y développe[1], non pour jouir d'une licence hédoniste, mais pour accéder à une passion philosophique et à une épreuve essentielle : celle que connaît un esprit libre.

La grandeur de l'être humain consiste donc à renoncer à la représentation du monde au risque, sinon, de périr d'ennui dans l'abstraction intellectuelle de l'idéalité, dans la normalité des phénomènes réguliers en se déportant vers un au-delà qu'il soit passé, futur ou surnaturel. L'*amor fati* est donc avant tout l'amour de ce qui est présent et apparent.

L'adéquation entre l'intellect et son objet est dépassée par une équivalence de la pensée – non de la logique – et de la vie. Le vrai s'exprime alors par la voix du satyre, de l'homme tel que la pensée dionysiaque le reconnaît, à savoir : « l'archétype même de l'homme, l'expression de ses émotions les plus hautes et les plus fortes. C'était un être inspiré, exalté, que la proximité du dieu transportait d'extase, un compagnon de souffrance, aussi, en qui se répétait la passion du dieu, le messager d'une sagesse venue du plus profond de la nature elle-même et l'emblème de cette toute-puissance sexuelle de la nature que le Grec avait depuis toujours considérée avec stupeur et respect. »[2] La vérité dionysiaque devient ce que seul un « philosophe dansant »[3] est capable de connaître lorsqu'il

---

[1] « nous les Alcyoniens, cherchons de toutes nos forces à extirper (...) du monde la notion de faute et la notion de châtiment... » *FP.*, XIV, Début 1888 - début janvier 1889, 15 [30], p. 190

[2] *Ntr.*, § 7, p. 71.

[3] « Zarathoustra le danseur, Zarathoustra le léger, qui des ailes fait signe, celui qui sait l'art de voler, qui à tous les oiseaux fait signe, prêt et dispos, d'une bienheureuse espièglerie ; Zarathoustra le vrai-disant, Zarathoustra le vrai-dansant ...», in I., *Ntr.*, « Essai d'autocritique », § 7, p. 35. G. DELEUZE, *Nietzsche et la philosophie,* p. 222 : « La

se laisse transir par les forces de la nature ; il se dessaisit alors de soi, de sa subjectivité personnelle prétendument inconditionnée. Mais sa vérité par laquelle s'expose la puissance artistique de l'Un originaire est esthétique. Cette sagesse antique repose sur une critique du nihilisme, de sa philosophie de la connaissance et de moralité qui la sous-tend.

Nietzsche, à l'instar de Spinoza, a vu que connaissance et mode d'existence sont liés entre eux. Or, notre éthique est celle des chrétiens et, de ce fait, notre science est contaminée par leurs impératifs catégoriques grâce auxquels les faibles se sont imposés par ruse ; il s'ensuit que la science est elle-même faible et rusée. Réhabiliter le savoir des Anciens, redonner la parole à Dionysos, entendre à nouveau la vérité tragique consistent à renverser l'épistémologie morale du christianisme. Il s'agit de mettre au jour la négativité morbide, la haine de la vie et la vengeance qui inspirent la normativité scientifique, normativité qui, selon Nietzsche, prend racine dans la dialectique de Socrate, dans l'idéalisme de Platon, causes convergentes du mépris de l'apparence inspirant les apôtres. Venir à bout du ressentiment est toutefois impossible puisque, en vertu de l'éternel retour, cette négation de la vie réapparaîtra toujours tout comme la faiblesse dont elle procède. Le retour de ce qui est éternel et qui existe réellement, la volonté de puissance dont la vie est une des formations, suppose de résister à la morale qui impose éternellement de considérer comme vrai ce qui est au-delà de la réalité vivante. Pour une sagesse tragique, il n'y a pas d'au-delà même si, pour le philosophe, il est évident que la croyance en ce néant réapparaîtra. Toutefois, il est non moins évident que si le nihilisme des faibles

danse affirme le devenir et l'être du devenir ; le rire, les éclats de rire, affirment le multiple et l'un du multiple ; le jeu affirme le hasard et la nécessité du hasard. »

tentera sans cesse de convertir les masses à croire en ce qui n'existe pas, le retour des solitaires sera lui aussi éternel. Mais leur avènement définitif est, en vertu de l'éternel retour, lui aussi impossible : « Jamais encore il n'y eut de surhomme. Nus je les vis tous deux, le plus grand et le plus petit des hommes. Bien trop encore ils se ressemblent. En vérité, même le plus grand, je l'ai trouvé – bien trop humain »[1].

La théorie de la connaissance nietzschéenne apparaît comme la négation du nihilisme ou la dénégation de la néantisation typique de la pensée incapable de penser la vie. Mais cette épistémologie aristocratique est tragique en ce qu'elle sait que son combat est aussi nécessaire que vain, aussi grand que fatal pour celui qui méprise les croyances du troupeau. On ne convertit pas les croyants à la vérité insensée du chaos. On peut tout juste décrire le mécanisme psychologique qui engendre le déni de vérité. Il faut souligner ici l'originalité de Nietzsche : il ne part pas d'une vérité paradigmatique par son contenu et par sa forme pour développer sa théorie de la vérité, mais il décrit une attitude existentielle, typique du faible, qui rend impossible l'accès à la vérité de la vie : ce n'est donc pas la vraie connaissance qui conduit à la connaissance de la

[1] *Z*, « Des prêtres », p. 108. Il est difficile de suivre G.Deleuze lorsqu'il écrit que «L'éternel retour deviendrait contradictoire s'il était le retour des forces réactives. » Op. cit. p. 81. Ce qui serait contradictoire, c'est que l'éternel retour ait une finalité déterminée exclusivement par l'avènement des forces actives, car il resterait à expliquer comment la faiblesse a vu le jour. La nature « gaspille », nous dit souvent Nietzsche, car elle est créatrice et destructrice simultanément ; elle produit, avec la même puissance aveugle, ce qui l'affirme et ce qui la nie, et cela sans fin. Si la pensée de l'éternel retour est libératrice, comme le rappelle Deleuze, p. 80, c'est aussi parce qu'elle affranchit le sage sauvage de l'obligation de participer à l'illusion d'un avenir orienté vers le triomphe de la force contre la faiblesse. L'éternel retour n'est pas l'autre nom d'une évolution sélective.

vérité, mais la vérité elle-même acceptée et assumée qui mène à une connaissance qui est à la fois vraie connaissance et connaissance de la vérité.

Dans cette perspective passionnelle, la vérité la plus claire peut aussi apparaître comme énigmatique. C'est cette connivence tragique entre la vérité et l'énigme que le logicien, le chrétien et le socialiste[1] refusent de toutes leurs âmes. Ils refusent de s'immerger dans le *fatum*, d'être inspirés par leur immanence en lui et refusent donc de savoir vraiment ce qui est. Le ressentiment, qui apparaît comme une répulsion épouvantée face à l'immanence et à l'extase dionysiaque qu'elle engendre, est implicitement transcendantal. L'homme, contrairement au surhomme, préfère le faux à l'incertitude : il recouvre la nature de signes ou de vérités scientifiques pour surmonter ses craintes, craintes propres aux faibles. La science apparaît alors comme leur triomphe : non pas la victoire de la clarté sur l'obscur, de la connaissance sur l'ignorance, mais celle de la faiblesse craintive sur l'insouciance de la force dionysiaque qui acquiesce à la vie et à ses insolubles énigmes, insouciance dont se vengent les esclaves animés par leur ressentiment, par leur négation de la vie et par la honte sublimée d'avoir peur de l'existence et de ses imprévisibles avatars, alors que le sage dionysiaque semble en jouir.

Le plus difficile est de dire ce qui est. Aucune explication de ce qui est n'est possible avant d'avoir décrit le réel. Cependant ce qui subjugue, ce qui rassure, ce qui est glorieux, c'est l'explication ; alors ce qui devait arriver est arrivé : les explications théologiques selon la finalité ou scientifiques selon les causes se sont imposées, recouvrant le réel de croyances sans rapport avec ce qu'il

---

[1] Pour la critique du socialisme dans la pensée de Nietzsche, il faut se rapporter aux pages lumineuses de B. EDELMAN, *Nietzsche, Un continent perdu*, p. 249 et suiv.

fallait décrire. Ce recouvrement est souvent logique et donc intelligible, mais pour intelligible qu'il paraisse, il n'en est pas moins faux ; l'intelligence n'est pas la pensée, la rationalité ne se réduit pas à des raisonnements ; l'intelligence, lorsqu'elle devient objet d'un culte, est l'idole des faibles d'esprit, des intellectuels, de ceux qui supposent que des agencements logiques sont plus réels et donc plus vrais que l'énigmatique puissance de la vie qu'ils redoutent par-dessus tout. Ils vénèrent alors sans réserve la faculté de rêver à l'existence d'un univers légalisé, ordonné et prévisible, bref d'un autre monde.

Penser que l'univers est intelligible et qu'il se lit comme un grand livre de mathématique est une croyance comparable à celle des fidèles en théologie. Le savoir scientifique, comme le théologique, est normalisateur, législateur en ce que sa finalité est de connaître et de fixer les lois de la nature qui permettent non seulement de comprendre les phénomènes naturels mais aussi de les anticiper : le savant devient « comme le maître et possesseur de la nature » selon l'expression – souvent mal interprétée[1] – de Descartes. Cette prétention est congédiée, voire ridiculisée, par Nietzsche : la science est inconsciemment subordonnée à une éthique commune, celle du faible avec ses idéaux ascétiques, incapable d'assumer l'éternel retour du hasard et de la contingence ;

---

[1] En disant « comme maître ... », Descartes indique à suffisance que cette maîtrise et cette possession sont une fiction et que le pouvoir qu'il imagine exercer sur la nature est limité car Descartes sait parfaitement que la connaissance rationnelle des mécanismes de la nature n'aide en rien à vivre. La maîtrise du destin par l'homme de raison est une utopie à laquelle Descartes ne cède pas : « J'ai toujours mis une très grande distinction entre l'usage de la vie et la contemplation de la vérité. Car, pour ce qui regarde l'usage de la vie, tant s'en faut que je pense qu'il ne faille suivre que les choses que nous concevons très clairement. » *Réponses aux secondes Objections,* AT, IX 117.

il veut de l'ordre, ordre public dans la Cité autant qu'ordre mathématique dans la nature. Or, l'ordre est une des apparences du chaos, une des illusions de la vie, laquelle n'a que faire de la vérité et de la liberté d'un sujet qui se croit soustrait au hasard.

Au stade du miroir, la représentation permet de voir autre chose que le magma chaotique que Dionysos osait non seulement regarder en face, mais également célébrer. Mais ce que la représentation donne à voir n'existe pas en réalité. La vérité réfléchie pourrait donc n'être qu'une erreur, non pas parce qu'elle est inadéquate à ce qu'elle représente, mais parce qu'elle est l'idée d'un penseur qui a fixé *a priori* ce qu'il accepte de connaître, à savoir ce qui est régulier. On en vient donc à croire que la vraie connaissance suppose le courage d'affronter ce qui ne laissera jamais réduire à l'état d'idée et qu'il faut, pour voir ce qui est, renoncer aux associations de concepts que la logique rend habituelles. Mais de quoi donc a peur le philosophe de la régularité ? Quelle réalité recouvre-t-il du voile culturel, ce tissu de vérités scientifiques et valeurs esthético-éthiques ? Qu'a-t-il vu qu'il ne veut plus voir ? Est-ce la bonne question ? Peut-être a-t-il vu qu'il n'y avait rien à voir ? Voir le vide, voir qu'il n'y a rien à voir pourrait bien être la vision la plus effrayante de toutes, la plus vertigineuse. Non pas parce que le vide est un trou noir dans lequel il n'y a rien qui puisse retenir l'homme dans sa chute, mais parce que le réel serait au contraire une gangue dense et tumultueuse dans laquelle l'homme ne ressemble à rien, dans laquelle il ne se reconnaît pas, de laquelle ne reviennent ni le reflet de son image ni l'écho de sa voix. Une masse insignifiante, non parce qu'elle n'a aucun sens, mais parce qu'elle en produit surabondamment dans une profusion incessante[1] qui n'autorise pas d'en découvrir un qui soit premier et principal.

Ce que l'homme recouvre de ses vérités certifiées par lui seul est sans doute la dérision de ce à quoi il tient le plus : le sentiment de pouvoir, le sentiment de n'être pas rien, et d'être maître en son monde, d'être chez lui dans son univers[2]. C'est bien ce qu'on lit : « Le sentiment de puissance aujourd'hui est du côté de la science .»[3] Pire encore est cette observation de la monstrueuse falsification à laquelle l'homme moderne consent : « nous nous soumettons afin d'avoir un sentiment de puissance. »[4] A quoi nous soumettons-nous ? A la représentation de la normalité comme idéal du savoir, aux concaténations causales réversibles, à la virtuosité logique, de façon à ne plus avoir à penser le mouvement en acte, la force effective : « Une force en mouvement est une absurdité pour nous. »[5] Le seul mouvement concevable est celui qui a une cause à laquelle il est relié logiquement. La seule force représentable doit être intelligible. Ce que l'homme de science face à son miroir ne voit pas ou ne veut pas voir, c'est qu' « il n'y a aucuns buts dans la nature, il n'y a pas d'esprit, sauf celui des hommes et des êtres apparentés à l'homme, il n'y a pas de miracles et pas de providence, il

---

[1] « Notre *fatum* à nous, c'était la surabondance, la tension, l'accumulation des forces retenues ». VIII, *Ant.*, §1, p. 161.

[2] HEGEL, *Esth.*, I, p. 340 : « l'homme placé au sein du monde qui l'environne doit s'y trouver pour ainsi dire chez lui. » La liberté «consiste, sous son aspect purement formel, en ce que le sujet ne rencontre rien d'étranger, rien qui le limite dans ce qui est en face de lui, mais s'y retrouve lui-même. » *Esth.*, I, p. 161. Le comble de l'idéalisme : « la nature est la fiancée que l'Esprit prend pour épouse. » HEGEL, *Encyclopédie des sciences philosophiques*, II *Philosophie de la nature*, Add. § 246, p. 346

[3] *FP.*, IV, Début 1880 - Printemps 1881, 4 [183], p. 416

[4] *Ibid.* 4 [176], p. 415.

[5] *FP.*, IV, Début 1880 - Printemps 1881, 6 [433], p. 555.

n'y a pas de créateur, pas de législateur, pas de faute, pas de punition. »[1]

Derrière le miroir, il n'y a pas d'ordre logique, théologique, physique. Il n'y a donc pas de lois qui régularisent ce qui s'y passe. Dans un monde sans législateur – qui qu'il soit : Dieu ou le sujet transcendantal – l'être humain perd toute confiance en lui, ce qu'il ne peut supporter. Toutes les inventions seront bonnes qui maintiennent l'illusion que son existence a un sens, une raison d'être. Tel est le but du savant, du logicien et du moraliste – Nietzsche ne les distingue plus –, eux qui, comme de puissants souverains dans leur palais, seraient libres, au contraire de l'ignorant[2]. Le problème est que, chez Nietzsche, l'homme qui ose faire face à un monde imprévisible est plus proche de la vérité et surtout plus génial que le savant qui nie l'énigmatique contingence du réel et ses imprévisibles métamorphoses. C'est en effet le reproche le plus radical fait aux savants :

> Ils ne remarquent pas les grands problèmes de l'existence, et c'est pourquoi ils s'occupent des plus infimes difficultés, c'est-à-dire que sur l'essentiel, ils n'éprouvent aucun besoin de vérité. C'est la raison pour laquelle il n'existe nulle part une République des savants, mais seulement une *ochlocratie des savants.* Le génie d'exception, l'ami de la vérité sont haïs et frappés d'ostracisme, de même l'artiste. [3]

---

[1] *FP.*, IV, Début 1880 - Printemps 1881, 4 [55], p. 389.

[2] C'est bien ce que croyait ce grand idéaliste qu'était HEGEL, *Esth.*, I, p. 163 : « l'homme ignorant n'est pas libre, car il trouve en face de lui un monde étranger, un au-delà et un dehors dont il dépend, sans qu'il l'ait réalisé pour lui-même et sans qu'il séjourne en lui comme dans ce qui lui appartient. »

[3] *FP.*, II *, Eté 1872- Hiver 1873-1874, 29 [10], p. 360. *CI.*, I, § 8, p. 55: « la nature même de l'homme de science, (sans parler de son avatar actuel) recèle un véritable paradoxe : il se comporte comme le plus fier badaud du bonheur, comme si l'existence n'était pas une chose terrible et problématique, mais un bien stable, garanti à tout

Or, l'essentiel, « c'est le magma chaotique » dont nous parlait la *Naissance de la tragédie* et bientôt ce sera la volonté de puissance, puissance sur laquelle le savoir réfléchi n'a aucun pouvoir.

---

jamais. Il ne lui semble pas interdit de perdre une vie entière à des questions dont la résolution ne pourrait réellement intéresser qu'un être assuré de l'éternité. Il est entouré, lui qui n'a reçu que quelques heures de vie, des gouffres les plus horribles, chaque pas devrait lui rappeler: à quoi bon? Où vas-tu? D'où viens-tu? » (Comparez avec les questions de Kant « que puis-je savoir ? Que puis-je faire ? Que m'est-il permis d'espérer ? »)

Le monde du sage sauvage

« Pareille à la voile, frémissante sous l'impétuosité de l'esprit, voyez-la courir sur la mer, ma sagesse, ma sagesse sauvage. » *Ainsi parlait Zarathoustra,* « Des sages illustres », p. 149

Après Nietzsche, qui croit encore à la valeur heuristique de la logique et de ses axiomes, à l'entendement comme faculté de la connaissance, à la déduction comme méthode intelligente et au jugement comme forme de la vérité ? Après Nietzsche, qui confondra encore l'intelligence et la pensée ? Qui peut concevoir que la pensée puisse être la performance d'un « cerveau » ? Qui peut encore croire en la philosophie d'un savant puisque, comme on va le voir, le monde est la volonté de puissance même dont la « structure interne » est une énigme.

La peur de la vérité

La connaissance de la valeur de la vérité est suspendue à la connaissance de l'être humain et des conditions de son existence :

> Vrai signifie "approprié à l'existence de l'homme". Mais comme "nous" connaissons de façon très imprécise les conditions d'existence de l'homme, la distinction entre le vrai et le non-vrai ne peut être

> fondée, au sens strict que sur le succès. Ce par quoi je péris n'est pas vrai pour moi, c'est-à-dire que c'est une fausse relation de mon être aux autres choses. [1]

La vérité peut se présenter comme la conclusion d'un jugement logique, mais cette apparence occulte le fait que toute vérité découle d'une appréciation ou d'une évaluation existentielle. La valeur de vérité, au sens objectif du génitif, semble se réduire à l'adéquation d'une idée à la réalité qu'elle représente ou à la cohérence logique des propositions qui la soutiennent. Mais au sens subjectif du génitif, la valeur de vérité est avant tout une évaluation dont la nécessité n'est nullement gnoséologique. La vérité apparaît donc comme une falsification ou une subversion de la connaissance puisque ce qui est considéré comme vrai, et donc comme indiscutable, ne correspond pas à ce qui existe en réalité ; la vérité est une pure invention qui consiste à attribuer aux choses ce que l'être humain considère *a priori* comme utile, et cela dans le seul but que le monde lui devienne moins étrange et moins inquiétant :

> la nature est toujours sans valeur mais a reçu un jour de la valeur, tel un don, et nous autres nous en étions les donateurs ! C'est nous qui avons créé le monde qui concerne l'homme ! [2]

La connaissance n'est pas une élucidation du réel ; elle répond aux seuls besoins vitaux de l'être humain et à sa recherche permanente de protection : « Nous nous imaginons que la vérité s'affirme peu à peu, mais seul l'homme s'affirme dans sa relation à d'autres forces. »[3] La vérité « n'est au fond qu'un sens de la sécurité », sens que « l'homme a en commun avec l'animal »[4] Et quel animal ! Non pas le singe, mais l'araignée : « nous ne faisons rien

---

[1] *FP*., Automne 180, 6 [421], p. 552.
[2] *GS*.,, IV, § 301, p. 205.
[3] *FP*., Automne 1880, 6 [437], p. 556.
[4] *A*., I, § 26, p. 35.

de plus avec la connaissance que les araignées avec leur toile, leur chasse et leur façon de sucer leurs proies. » L'araignée est une métaphore qui représente l'homme en son monde, installé dans un réseau de finalités qu'il tisse instinctivement pour assurer ses besoins vitaux : « Nous sommes dans notre toile comme des araignées et quoi que nous y prenions, nous ne pouvons prendre que ce qui veut bien se laisser prendre dans notre toile. »[1]. Ce monde est celui dans lequel l'homme ou la personne réalise ses propres finalités – « notre vie dans la toile d'araignée des fins... » – selon le souhait de Kant. Avec la connaissance ou la science, se tisse un voile de finalités qui recouvre le réel en réduisant le monde à ce qui est utile ou à ce que l'être humain, comme tout animal, croit utile à son existence : « nous constatons nos besoins et les moyens de les satisfaire, ce qui englobe le soleil, les étoiles et les atomes : ce sont des voies détournées jusqu'à nous, de même que le refus d'un dieu .»[2]

La connaissance de la nature n'est rien d'autre que la représentation d'un univers conçu à la mesure de l'homme qui lui impose ses limites : « Qu'est-ce donc que la connaissance ? Son présupposé est une limitation erronée selon laquelle il existerait une unité de mesure de la sensation.(...) Si on élimine par la pensée cette limitation, on élimine du même coup la connaissance. »[3] Cette mesure anthropocentrique constitue la réalité même de la connaissance pour laquelle l'idéal de vérité participe à l'illusion de sa dignité et de sa nécessité ; en effet

[1] *A.*, II, § 147, p. 98.

[2] *FP.*, Automne 1880, 6 [439], p. 556 : «A la longue nous éprouvons la nocivité de toute relation défectueuse (supposition d'une relation). C'est pourquoi notre connaissance n'a aucune valeur en soi. Ce ne sont que lois optiques (par manière de comparaison) L'homme lui-même, dans son espace de 5 pieds de long, est une supposition arbitraire, construite sur la faiblesse des organes des sens. »

[3] *FP.*, Automne 1880, 6 [441], p. 557.

« L'erreur, l'apparence, est donc la base de la connaissance. » [1] Connaître consiste à former une apparence de vérité, une vraisemblance, rendue possible par un double procédé psychologique qui associe des apparences comparables et à affirmer opiniâtrement leur nécessité : « Seule la comparaison d'apparences nombreuses engendre la vraisemblance qui est donc un degré de l'apparence. »[2] On devine ici l'infernal processus mental par lequel l'être humain, croyant dominer le monde, s'enferme dans un univers à l'intérieur duquel il associe des images pour leur donner une forme de vérité et confirmer leur nécessité. S'édifie alors ce que Spinoza appelait un « asile d'ignorance », qui est ici le monde de la connaissance, c'est-à-dire un univers dans lequel l'homme utilise le savoir pour ne jamais voir ce qu'il en est de ce qui est ; la plus radicale de toutes les formes de l'ignorance est la connaissance elle-même : « l'homme et l'animal construisent d'abord un nouveau monde d'erreurs et ils affirment ensuite toujours davantage ces erreurs. »[3]

Toutefois Nietzsche aurait pu nous dire que le monde que nous connaissons est celui que nous avons construit pour satisfaire nos besoins et que, en conséquence, nous pourrions comprendre, au-delà de nos sciences et des représentations du monde qu'elles nous offrent, ce que nous voulons, et cela afin de nous affranchir des lois que notre savoir nous impose. En effet, si notre raison décrit un univers déterministe fait de lois que nous y avons déposées, nous obéissons à nos propres prescriptions. Il en va finalement de la physique comme de la théologie : les physiciens font parler la nature à leur place comme les théologiens font légiférer Dieu selon leur propre volonté.

---

[1] *Ibid.*

[2] *Ibid.*

[3] *FP.,* Automne 1880, 6 [441], p. 557. On ne peut mieux dénier au sujet de la connaissance son caractère transcendantal.

Nietzsche pourrait alors soustraire l'homme au déterminisme de la nature : si les lois de la nature sont les nôtres, nous pourrions en contester le caractère absolu puisqu'elles ne s'imposent à nous que pour cette seule raison que nous ignorons en être la cause. Dès l'instant où l'assujetti aux lois se découvre être le législateur de ces mêmes règles, il peut décider de ne plus s'y soumettre.

Loin s'en faut : si l'homme s'imagine pouvoir se connaître lui-même à travers sa représentation de la nature et à partir des lois qu'il y a mises, s'il se croit capable de transcender le phénomène du miroir, c'est-à-dire le monde comme représentation du sujet et le sujet comme représentant du monde, il se trompe sur lui-même comme sur le réel :« Ce que les hommes ont tant de peine à comprendre, c'est leur ignorance sur eux-mêmes, depuis les temps les plus reculés jusqu'à nos jours. »[1]

Nietzsche observe justement que les lois de la nature sont celles que la nature nous impose quand bien même serait-on conscient que la forme ou la formule de ces lois procède de l'être humain. Ce sont bien des lois que l'homme invente, c'est-à-dire ce à quoi il entend obéir. Et si ces lois sont l'expression de ses propres finalités projetées dans la nature, c'est parce qu'il ne peut faire autrement que vivre selon ses besoins et obéir à son instinct. Il lui faut donc inventer un monde qui réponde à ses désirs et, une fois cet univers conçu ou créé par lui et pour lui[2], il ne peut rien faire d'autre que se conformer à ses propres lois de la nature, obligation d'autant plus impérieuse que sa vie semble en dépendre.

L'être humain est « la nature la plus craintive de toutes les créatures du fait de sa nature délicate et fragile »[3] et il

---

[1] *A.*, II, § 116, p. 96.

[2] « nous sommes le *cosmos* dans la mesure où nous l'avons conçu et rêvé. » *FP.*, Automne 1880, 6 [80], p. 479.

[3] *A.*, II, § 142, p. 118.

aime la vie commune et les lois qui la rendent possible parce qu'il a peur[1] : il est fait pour obéir : que les lois de la nature procèdent psychologiquement de l'être humain, ce fait ne les rend pas moins catégoriquement impératives, mais au contraire plus impérativement catégoriques, car il n'existe qu'une et unique réalité : « Le point de départ est l'illusion du miroir, nous sommes de vivantes images dans un miroir. » [2] L'être humain, de par sa fragilité, a un besoin vital de transformer une croyance utile en certitude pérenne, quitte à nier toute réalité. Tout jugement de vérité est implicitement un jugement de valeur, valeur qui consiste à vénérer ce qui semble favoriser la survie de l'être humain. Il n'existe donc pas de vérité en soi. Mais le vrai pour soi est lui aussi congédié, car si la vérité idéale se ramène à ce qui est approprié à l'existence, cette existence n'est pas celle d'un sujet conscient de ce qu'est la vie et simultanément conscient de ce qu'est le savoir que la vie lui impose : « la forme la plus habituelle du savoir est sans conscience. La conscience est savoir d'un savoir. Sensation et conscience ont en commun tout ce qui est essentiel et sont probablement la même chose. La première apparition d'une sensation est l'apparition du savoir d'un savoir. »[3] La science idéale – négation de la sensation et de la conscience – est donc une forme d'inconscience, et cela d'autant plus qu'elle est formelle, abstraite et méfiante envers les sens. Face à la vérité idéale, il existe une autre vérité qui est l'expression de la foi en la vie, non en la raison et en ses axiomes. Cette foi est cependant naïve parce que, si la vérité s'impose comme ce qui est adéquat à l'existence, elle ne décrit pas réellement ce qu'est la vie. Mais en même temps, cette vérité ment sur

---

[1] « La peur est la puissance qui assure le maintien de la communauté. » *FP.*, Printemps 1880, 3 [119], p. 362.

[2] *A.*, II, § 142, p. 118.

[3] *FP.*, IV, Début 1880 - Printemps 1881, 10 [F101], p. 672.

sa propre valeur, car elle se donne comme un savoir intuitif et profond alors qu'elle n'est qu'une croyance qui procède d'une réaction apeurée de survie. La vérité de la vérité c'est que la vérité – idéale ou instinctive –, n'est pas vraie en tant que connaissance avérée, mais qu'elle est nécessaire en tant que croyance vitale, en tant que reflet de l'humanité, en tant qu'exaltation[1]. Il y a donc deux vérités : la vérité du savant et celle du philosophe, et cela parce qu'il y a deux manières d'aimer la vérité : la façon égocentrique et réfléchie qui conforte, intellectuellement ou passionnellement, le sujet dans sa dignité et l'autre, excentrique qui décrit une réalité fatale à laquelle le sage acquiesce : « Notre amour de la vérité, c'est dans notre façon de traiter les "vérités" que d'autres tiennent pour telles qu'il se révèle le plus clairement ; c'est là que se trahit si nous aimons réellement la vérité, ou si nous n'aimons que nous-mêmes. »[2]

La doctrine du miroir n'est pas, chez Nietzsche, le stade infantile de la pensée, le moment primitif de la connaissance, la forme animiste du mental humain : le miroir est le mécanisme définitif et éternel par lequel l'entendement se construit un monde de connaissances ; connaître c'est réfléchir, c'est-à-dire envoyer sur le fond de notre esprit des représentations ordonnées selon la manie

---

[1] « ce qui un jour nous a tant exaltés doit avoir été la vérité. »*FP.*, Eté 1880, 4 [300], p. 439. *FP.*, XI, Automne 1884 - automne 1885, 35 [37], p. 256 : « Pour moi, la fausseté d'un concept n'est pas même une objection contre lui. C'est ici que notre nouveau langage a peut-être la résonance la plus insolite : la question est de savoir dans quelle mesure un concept favorise la vie, conserve la vie et le type. Je crois même fondamentalement que les hypothèses les plus fausses nous sont les plus nécessaires, que sans admettre la fiction logique, sans mesurer la réalité d'après le monde imaginaire de l'inconditionné et de l'identique, l'homme ne saurait vivre, et que nier cette fiction, refuser de s'en servir dans la pratique, équivaudrait à nier la vie elle-même. »

[2] *FP.*, IV, Début 1880 - Printemps 1881, 3 [4], p. 334.

causaliste qui caractérise l'activité de notre intellect : « notre intellect est un miroir. »[1] La conséquence est simple : intellectuellement, tout est réflexion. Le réel demeure donc inaccessible à la pensée avec laquelle il n'a aucun rapport :

> La pensée, tout comme le mot, n'est qu'un signe ; on ne peut parler d'une congruence quelconque de la pensée et du réel ; le réel est un mouvement instinctif quelconque.[2]

Ce qui se trouve destitué, avec l'allégorie du miroir, c'est l'entendement :

> L'intellect est l'outil de nos instincts et rien de plus, il ne sera jamais libre. Il s'aiguise dans le combat entre les divers instincts et affine ainsi l'activité de chaque instinct en particulier. Dans nos plus grands moments de justice et de loyauté, il y a volonté visant la puissance, l'infaillibilité de notre personne : le scepticisme ne s'exerce qu'envers toute autorité, nous ne voulons pas être dupes, pas même de nos instincts! Mais qu'est-ce donc, en fait, qui ne le veut pas? Un instinct, assurément![3]

Pour Nietzsche « Le pur esprit est pure sottise »[4], et si l'intellect est « l'outil d'un instinct » au lieu d'être une faculté d'un sujet transcendantal, il n'y a aucune raison d'attendre de l'intelligence qu'elle puisse délivrer l'être humain des craintes qui résultent de sa fragilité. Comme instinct de survie, elle nous dupe et falsifie la réalité dans

---

[1] *A.*, II, § 121, p. 102.
[2] *FP.*, Automne 1880, 6 [253], p. 518. « il n'arrive rien dans la réalité qui corresponde rigoureusement à la logique » *FP.*, Fin 1880, 7 [59], p. 574. La logique est « une surestimation de la conscience » *FP.*, IX, hiver 1883-1884, 24 [2], p. 675.
[3] *FP.*, Automne 1880, 6 [180], p. 490. « L'intellect est le tout premier et unique menteur. » *FP.*, Juillet-août 1879, 42 [3], p. 437.
[4] *Ant*, § 14, p. 171. *GM.*, « Que signifient ... », §12, p. 309 : « gardons-nous des tentacules de ces concepts contradictoires, tels que "raison pure", "spiritualité absolue ", "connaissance en soi". »

le seul but de nous apaiser. Mais il existe aussi un instinct qui conteste l'autorité de l'intelligence, et cela en vertu d'un scepticisme qui apparaît comme une insurrection spontanée mettant en cause l'infaillibilité de la personne ou du sujet pensant, rébellion dont Nietzsche désigne, pour la première fois peut-être, l'origine : il existe une volonté visant la puissance, laquelle est aussi une volonté de justice et de loyauté qui, au lieu de produire des concepts scientifiques toujours tendanciellement moraux, encourage une défiance envers l'autorité de la personne et envers ses prétentions scientifiques. Ce n'est donc pas l'intelligence qui rend sceptique, mais un scepticisme primaire qui met spontanément en doute l'intelligence, ses idéaux, ses postulats, ses axiomes et sa logique. Il existe donc un instinct de loyauté et de justice. Mais envers quoi ? S'il s'agit d'un instinct, on est en droit de penser qu'il s'agit d'une force naturelle, mais sans autonomie, sans délibération, sans réflexion. Et lorsque cet instinct est juste, il se retourne avec violence contre l'intellect régnant, contre ses vérités formelles et abstraites, et cela au nom d'une volonté qui, elle, ne vise pas à conforter le pouvoir du sujet dans son monde. Au contraire, la volonté de loyauté et de justice procède d'un instinct individuel dépouillé des attributs de la personne. Et cette insurrection est cependant morale :

> Dès que nous voulons déterminer la fin de l'homme, nous posons d'abord un certain concept de l'homme. Or, il n'existe que des individus : à partir de ceux que l'on connaît déjà, on peut parvenir à ce concept qu'en éliminant l'individuel, fixer la fin de l'homme reviendrait donc à entraver les individus dans leur accession à l'individuel et les obliger à devenir des généralités. Chaque individu ne devrait-il pas être au contraire une tentative, pour parvenir à une espèce supérieure à l'homme, à l'aide de ses fruits les plus individuels? Ma morale consisterait à dépouiller l'homme toujours davantage de son caractère

> général et à le spécialiser, à le rendre jusqu'à un certain point incompréhensible aux autres en le rendant ainsi pour eux objet d'expériences, d'étonnement et d'instruction.[1]

L'homme libre est un individu ; le sujet, une personne déterminant ses propres fins[2], en est l'antithèse : un être général dont l'apparence est soutenue par une communauté. La personne, avec ses devoirs et ses certitudes, s'arroge une dignité formelle nourrie de ressentiments, lesquels accentuent sa frustration de n'avoir pas entendu une autre morale : celle d'un homme supérieur, c'est-à-dire d'un individu en son espèce, dépouillé des caractéristiques communes aux personnes, au point de paraître méconnaissable. Ce qui le rend incompréhensible aux autres est son instinct de loyauté et de justice envers lui-même lorsqu'il se nourrit « de ses fruits les plus individuels ». Telle sera l'intégrité d'un être fidèle à l'individualité instinctive[3], à la vie et à la volonté de puissance. Mais cet instinct est simultanément un instinct de la connaissance qui interroge la connaissance elle-même pour s'affranchir de « la tyrannie du vrai »[4]. Cet instinct correspond à une « nouvelle passion »[5] qui sera celle du sage sauvage.

---

[1] *FP.*, IV, Début 1880 - Printemps 1881, 6 [158], p. 497.

[2] « La personnalité morale n'est donc rien d'autre que la liberté d'un être raisonnable soumis à des lois morales (la personnalité psychologique n'étant simplement que la faculté de prendre conscience de sa propre identité à travers les différents états de son existence) ; d'où il suit qu'une personne ne peut être soumise à d'autres lois qu'à celles qu'elle se donne à elle-même (soit seule, soit du moins en même temps que d'autres) » KANT, *Introduction à la métaphysique des mœurs*, in *Œuvres philosophiques* , III, p. 470.

[3] « Je suis incapable reconnaître une quelconque grandeur qui ne soit liée à la loyauté envers soi. » *FP.*, Fin 1880, 7 [53], p. 574.

[4] *A.*, V, § 507, p. 260.

[5] *A.*, V § 429, p. 233.

La connaissance intellectuelle n'est donc pas un acte authentiquement indépendant, et en ce sens, elle n'est pas libératrice, car elle se présente comme la performance d'un intellect délivré des sens alors qu'elle en est entièrement tributaire : « La connaissance n'est pas l'activité du sujet, c'est une simple apparence, elle est en fait une modification des nerfs provoquée par d'autres choses. C'est seulement en introduisant l'illusion de la volonté et en disant "je connais" au sens de "je veux connaître et par conséquent je le fais" que nous renversons la situation et voyons dans le passif l'actif. »[1]

La connaissance intelligente ne se connaît pas elle-même et elle ignore complètement ce qui la pousse à agir, c'est-à-dire à subvertir le réel ; elle en perd toute autonomie et toute liberté : « Ces formes de la connaissance sont le produit des actions d'autres choses sur nous. Nous en pourvoyons toutes choses parce que toutes choses nous en ont pourvus. Notre activité n'est productive qu'en apparence. »[2] Et ce qu'elle produit c'est une apparence de monde, un « monde de fantôme où nous vivons! Monde renversé, culbuté, vide et pourtant plein et droit en rêve »[3] et donc un monde du fanatisme[4] que le philosophe ne peut plus supporter :

> Nous ne voulons plus souffrir en philosophie cette façon de penser qui reconnaît à l'aliénation mentale, légère ou prononcée, le droit de juger et de condamner l'existence et nous voulons l'empêcher de se perpétuer, bien à l'abri sous le voile de l'art. Sommes-nous en cela intolérants? De nouveau fanatiques ? Que l'on considère d'abord ce que nous

---

[1] *FP.*, de Print. 1880 au print. 1881, 10 [D 77], p. 665.
[2] *FP.*, de Print. 1880 au print. 1881, 10 [B 20], p. 655.
[3] *A.*, II, p. 118, p. 99.
[4] « Le monde renversé : berceau du fanatisme » *FP.*, Du print. 1880 au print 1881, 10 [E 94], p. 670.

> voulons faire : rien de plus et rien d'autre que cesser de nous soucier du monde renversé. [1]

Quitter le « monde renversé » consiste à voir autre chose que le monde du sujet avec ses finalités[2], ce qui implique de renoncer à croire en l'existence du sujet lui-même. Est-ce toutefois possible ? Nietzsche ne nie pas le problème : « Un monde sans sujet, est-ce pensable? (...). Éliminer le sujet par la pensée, c'est-à-dire vouloir se représenter le monde sans sujet : c'est contradictoire : représenter sans représentation! » [3] S'il semble contradictoire de penser sans subjectivité et de représenter la représentation sans représentant, faut-il en conclure que cela est impossible ou faux parce que contradictoire ? Cette question est-elle suspendue à un critère de cohérence logique ? Suffit-il de constater qu'une proposition est contradictoire pour la déclarer irrévocablement fausse et conclure que son contenu est inexistant ? Ne faut-il pas prendre le risque de penser le monde sans sujet et sans représentation tout en admettant que ce qui est alors pensé est non seulement possible, mais nécessaire bien que contradictoire, car simplement paradoxal sans pour autant être faux ? S'il n'est pas possible de « représenter sans représentation », s'il n'est pas possible de penser le monde sans le sujet, si le monde est toujours une conception imaginée par lui, une représentation conforme à ses besoins, l'homme est voué à ne connaître ni le monde ni lui-même : la connaissance logique ou objective du réel révèle la naïveté du sujet autant en ce qui concerne l'univers qu'en ce qui le concerne lui-même comme sujet représentant cet univers. Avec la science moderne et ses lois, l'homme s'éloigne de lui-même et se renie au moment

---

[1] *FP.*, Du print. 1880 au print 1881, 10 [E 94], p. 670

[2] « Les fins sont des signes : rien de plus, des signaux.» *FP.*, Automne 1880, 6 [254], p. 519.

[3] *FP.*, de Print. 1880 au print. 1881, 10 [D 82], p. 667.

même où il pense maîtriser le monde grâce à sa connaissance des lois de la nature. Plus il se croit rationnel, doté de facultés inconditionnées qui lui permettent de connaître le réel, plus il se méprend sur la réalité des choses et donc sur la sienne, car, en fait, la connaissance objective ne soulève pas le voile de la nature : « En fin de compte, l'homme ne découvre pas le monde, mais ses organes du toucher, ses antennes et leurs lois » [1]. La tromperie est totale car l'image du monde aussi inadéquate soit-elle à la réalité des choses, restera objectivement la seule vérité probable : « Je pense que le miroir prouve les choses. »[2] Il n'y a pas d'autre représentation du monde que celle de l'homme et pas d'autre preuve du réel qu'une probabilité imaginaire. Si le miroir prouve les choses, c'est avant tout parce que la connaissance cherche des preuves de la vérité et qu'elle les trouve là où elle les a déposées. Pour dépasser la connaissance et accéder à la vérité philosophique, il faut renoncer au miroir mais aussi à ce qu'il offre au sujet, à savoir ce qu'il aime revoir sans cesse : des preuves de la vérité qui sont aussi des preuves rassurantes de son pouvoir.

On devine ce qui s'annonce ici : l'homme croit avoir percé les secrets de la nature, mais il n'a pas pénétré le sien, celui de ses croyances en la vérité qui lui font prendre ce qui n'est pas pour ce qui est, le passif pour l'actif, la cause pour l'effet[3], voire la finalité pour la réalité, alors même que toute finalité est une aliénation fanatique. Les performances scientifiques de l'homme moderne s'annoncent, pour Nietzsche, comme une défaite

---

[1] *FP.*, de Print. 1880 au print. 1881, 10 [D 83], p. 667.

[2] *Ibid.*

[3] « Il n'y a pas d'erreur plus dangereuse que de confondre la cause et l'effet » *Cid.*, « Les quatre grandes erreurs », 1, p. 88. La plus dangereuse de toutes les confusions étant celle qui consiste à intervertir « ce qui vient en premier et ce qui vient en dernier. » VIII, *La raison dans la philosophie*, § 4, p. 77.

philosophique d'autant plus imparable qu'elle renforce le sentiment de puissance du sujet idéaliste. Certes le monde rationnel est le seul qui apporte des preuves de l'existence des choses et de la causalité qui les relie entre elles, mais s'il existe un univers dans lequel tout est prouvé, cela ne prouve pas que ce monde soit le seul et qu'il n'en existe pas un autre dans lequel règne le hasard, une causalité toujours improbable. Le savoir, pour accéder à la vérité dionysiaque ou à la passion philosophique, doit cesser de vénérer l'immuable :

> la grandeur de l'âme intellectuelle consiste à détruire la soif de la validité absolue et de choses éternelles grâce à la connaissance de la relativité et à l'amour de l'éphémère et de l'instable (au lieu du mépris). [1]

Or, la transgression du miroir implique la destitution de la personne qui s'y réfléchit, de celui que Nietzsche nomme « le sage insigne ».

La sagesse sauvage

Philosopher consiste, chez Nietzsche, à acquiescer au réel au lieu de concevoir un objet de substitution qui recouvre la nature d'un écran que personne n'ose soulever tant sa nécessité semble logique et tant la logique semble suffire à dire ce qui est. La science, la religion des causes, le culte des catégories assure le triomphe des « sages insignes » :

> Chercher à connaître par les causes. La volonté de trouver le vrai : tel est le nom que vous donnez, ô sages insignes, à la force qui vous meut et vous met en rut. La volonté de rendre concevable tout ce qui est : c'est le nom que je donne à votre volonté. Vous voulez d'abord rendre concevable tout ce qui est ; car vous doutez à juste titre que ce soit concevable a priori. Mais il faut que tout se soumette et se ploie à

---

[1] *FP.*, fin 1880, 7 [212], p. 601.

> votre gré. C'est ce qu'exige votre vouloir; que tout s'assouplisse et se soumette à l'esprit, que tout se réduise à en être le miroir et le reflet. C'est là tout ce que vous voulez, sages insignes, et c'est un désir de puissance, même quand vous avez à la bouche les mots de bien et de mal et de jugements.[1]

Le propre du sage insigne est de décrire un monde invisible qui semble plus vrai et plus nécessaire que l'apparent, un monde stable régi par des lois universelles et dans lequel plus rien ne se métamorphose. Le sage vit dans un miroir où tout est reconnu, toujours déjà vu, vraisemblable. Mais ce miroir aux certitudes est un univers de rêve, une toile d'araignée dont il croit tirer les fils à sa guise alors qu'il s'y trouve emprisonné comme ses victimes. Les sages illustres et les maîtres à penser ne veulent pas savoir que la face cachée de l'apparence c'est le visible, c'est-à-dire une autre apparence, c'est-à-dire encore une métamorphose de l'énigme, cela même qui est perçu et pensé et non pas conçu et supposé exister conformément aux concepts de l'entendement, c'est-à-dire de manière hypothétique et donc phénoménale. Si le sage était resté sauvage, il déchirerait sa toile pour s'en délivrer ainsi que ceux qu'il a capturés. Il pourrait alors leur montrer ce qui se voit à l'œil nu, à savoir que tout est contingent :

> Car toutes choses ont été baptisées à la fontaine d'éternité, par-delà bien et mal et bien et mal ne sont qu'ombres passagères, humides fléaux, nuages errants. En vérité, ce que j'enseigne est bénédiction et non blasphème, quand je dis : "Au-dessus de toute chose s'étend le ciel de la Contingence, le ciel de l'Innocence, le ciel du Hasard, le ciel du Caprice." "Par hasard" – c'est la plus vieille noblesse du monde, je l'ai restituée à toutes choses, je les ai libérées de la servitude de la finalité. Comme une cloche d'azur, j'ai posé sur toutes choses cette liberté, cette sérénité céleste, le jour où j'ai enseigné

[1] *Z*, « De la victoire sur soi », p. 158.

> qu'au-dessus d'elles et par elles il n'y a pas de "vouloir éternel" qui agisse. J'ai mis à la place de ce vouloir ce caprice et cette folie, du jour où j'ai enseigné : "en toutes choses, une seule est impossible – la rationalité! " (...) O ciel au-dessus de ma tête, ciel pur, ciel haut ! La pureté, à mes yeux, c'est qu'il n'y a plus désormais d'éternelle araignée de la raison, d'éternelles toiles d'araignée de la raison.[1]

Que pense celui qui n'est pas un sage insigne, mais qui n'en pense pas moins pour autant, et cela en vertu d'une autre sagesse : une « sagesse sauvage »[2] ? Il pense que la plus vieille noblesse du monde consiste à reconnaître que pour les yeux du sage, ou pour une pensée pure, il n'y a pas de vouloir éternel qui gouverne le monde selon des lois, car ce qui existe n'existe que par hasard, par ce qui ne répond pas à des lois, à des concepts, à des axiomes et qui ne peut donc être représenté et se régler sur nos connaissances : il n'y a ni rationalité, ni légalité, ni moralité. Qu'est donc alors ce monde inconcevable, inimaginable, incontrôlable. Nietzsche nous le dira dans un passage qu'il faut citer intégralement :

> Et savez-vous bien ce qu'est "le monde" pour moi ? Voulez-vous que je vous le montre dans mon miroir ? Ce monde : un monstre de force, sans commencement ni fin ; une somme fixe de force, dure comme l'airain, qui n'augmente ni ne diminue,

---

[1] *Z.*, « Avant l'aurore », p. 215-16.

[2] *Z.*, « des sages illustres », p. 149. Voir aussi : « laissons donc croître les philosophes à l'état sauvage (...) mieux encore : persécutez-les, regardez-les avec défaveur – vous verrez des miracles! » A l'état sauvage, c'est-à-dire en-dehors de la reconnaissance ou sans la protection de l'Etat et de l'Université, institutions qui sont incapables de distinguer « la véritable philosophie et la philosophie apparente », cela d'autant plus que l'Etat « n'a jamais cure de la vérité sauf de celle qui lui est utile. » *Cin.*, **, III, 8, p. 9. « Ma philosophie sauvage fut enceinte sur des sommets solitaires » *FP.*, IX, Eté 1882 - printemps 1884, 13 [1], p. 239.

qui ne s'use pas mais se transforme, dont la totalité est une grandeur invariable, une économie où il n'y a ni dépenses ni pertes, mais pas d'accroissement non plus ni de bénéfices; enfermé dans le "néant" qui en est la limite, sans rien de flottant, sans gaspillage, sans rien d'infiniment étendu, mais incrusté comme une forme définie dans un espace défini et non dans un espace qui comprendrait du "vide"; une force partout présente, un et multiple comme un jeu de forces et d'ondes de force, s'accumulant sur un point si elles diminuent sur un autre; une mer de forces en tempête et en flux perpétuel, éternellement en train de changer, éternellement en train de refluer, avec de gigantesques années au retour régulier, un flux et un reflux de ses formes, allant des plus simples aux plus complexes, des plus calmes, des plus fixes, des plus froides aux plus ardentes, aux plus violentes, aux plus contradictoires, pour revenir ensuite de la multiplicité à la simplicité, du jeu des contrastes au besoin d'harmonie, affirmant encore son être dans cette régularité des cycles et des années, se glorifiant dans la sainteté de ce qui doit éternellement revenir, comme un devenir qui ne connaît ni satiété, ni dégoût, ni lassitude : voilà mon univers dionysiaque qui se crée et se détruit éternellement lui-même, ce monde mystérieux des voluptés doubles, voilà mon par-delà bien et mal, sans but, à moins que le bonheur d'avoir accompli le cycle ne soit un but, sans vouloir, à moins qu'un anneau n'ait la bonne volonté de tourner éternellement sur soi-même – voulez-vous un nom pour cet univers? Une solution pour toutes ses énigmes? une lumière même pour vous, les plus ténébreux, les plus secrets, les plus forts, les plus intrépides de tous les esprits ? – Ce monde, c'est le monde de la volonté de puissance – et nul autre! Et vous-mêmes, vous êtes aussi cette volonté de puissance – et rien d'autre![1]

---

[1] *FP.* XI, Automne 1884-Automne 1885, 38 [12], pp. 343-4. Sur le statut de la volonté de puissance, P.WOTLING, *La philosophie de l'esprit libre*, p. 309 et suiv.

Avant d'aller plus loin, il convient de rencontrer un problème, non pour le résoudre, mais pour en signaler l'importance. Il semble difficile, à la lecture de ce fragment, de réduire la volonté de puissance à une force instinctive ou à une pulsion qui trouverait son origine dans la constitution de l'être humain. La volonté de puissance est le monde et si elle peut apparaître comme une pulsion, cela n'autorise pas à croire que celle-ci est le propre de l'homme – ou de n'importe quel être vivant – ce qui permettrait de la distinguer de la matière inerte dépourvue à la fois de volonté et de puissance. Il faut aborder le problème dans l'autre sens : la volonté de puissance n'est pas un instinct humain ou animal ; c'est l'instinct qui procède de la volonté de puissance. Chez Nietzsche, l'homme en tant qu'homme est impensable, sauf à sacrifier aux deux erreurs sans cesse dénoncées : l'idéalisme et l'atomisme en vertu duquel il serait possible de concevoir certaine réalité comme distincte par essence de toute autre[1]. En soi, rien n'existe vraiment, ni l'homme en soi ni la matière en soi, ni l'individu en soi[2].

La volonté de puissance n'est pas une pulsion propre à l'homme dont il serait dépositaire par nature. Cette façon de penser est congédiée. Ce qui existe est un magma chaotique dans lequel toutes les distinctions idéales sont dissoutes dans «la boule de l'être éternel, l'inaccessible Un et éternel, un abîme de l'être vrai »[3] ; tout ce qui pourrait ressembler à un atome, à une entité insécable,

---

[1] *PBM.*, § 12, p. 31

[2] « les concepts les plus faux, doivent aussi être les plus anciens. "L'être", la "substance", l'"absolu", "l'identité", la "chose" : la pensée a inventé d'emblée et de toute antiquité ces schèmes qui contredisent foncièrement le monde du devenir, mais qui semblaient d'abord lui correspondre, dans l'état obtus et indifférencié de la conscience naissante, inférieure encore à celle de l'animal. » *FP.*, XI, Automne 1884 - automne 1885, 38 [14], p. 346.

[3] *FP.*, Fin 1870 - avril 1871, p. 308.

ressortit à une conception de la réalité qui appartient au miroir des certitudes dans lequel n'est pensé que ce qui est clair et distinct. La conséquence apparaît aussitôt : la pulsion ou l'instinct vital n'est nullement le principe de conservation de soi ou de cette créature singulière et irréductible que serait l'être humain. Le soi n'existe pas et ce qui se conserve grâce à cet instinct ce n'est pas lui. C'est l'inverse qui est vrai : la volonté de puissance est première ; la vie est une de ses métamorphoses qui, elle-même, se donne l'apparence de l'homme. Il s'ensuit que ce n'est pas l'homme qui se conserve lui-même grâce à son instinct de conservation, mais c'est au contraire la vie qui se déploie et qui assure son expansion ou son devenir à travers l'être humain. L'instinct de conservation n'est pas une cause, mais une « conséquence indirecte et des plus fréquentes »[1] de la vie.

Il y aurait donc deux miroirs ? Celui du savant et celui du philosophe – « mon miroir » – lui renvoyant une autre image que la sienne ; lequel des deux miroirs est le plus fidèle? Celui qui est fidèle au sujet ou celui qui est fidèle à cette «mer de forces en tempête et en flux perpétuel, éternellement en train de changer, éternellement en train de refluer »? Le premier renvoie l'image que le sujet veut voir, l'autre celle que le sujet insigne ne veut pas voir. Quelle est la vraie réflexion ? Celle qui relie vérité et certitude ou l'autre pour laquelle la vérité est cause d'incertitude ; est-ce celle qui ne trompe pas en offrant une représentation du monde conforme aux exigences de l'entendement ou celle qui anéantit le sujet pour cette raison que, dans le miroir de Nietzsche, il ne se reconnaît plus ?

Pour le sage insigne, le monde a une apparence qui n'est pas trompeuse puisque tout ce qui s'y trouve est objectivement conforme à ses principes cognitifs. Pour

[1] *PBM.*, § 13, p. 32. Voir P.WOTLING, op. cit. p. 53 sv.

l'autre sage, cette apparence a une face dissimulée par les « relations importantes » du savoir ; cette face dissimulée de l'apparence, c'est le visible et ce qui est visible, c'est le monde, à savoir : « un monstre de force, sans commencement ni fin ; une somme fixe de force, dure comme l'airain, qui n'augmente ni ne diminue, qui ne s'use pas mais se transforme ». Voilà ce que reflète le miroir du philosophe sauvage : un univers qui ne ressemble pas à celui du sujet transcendantal, un monde inhumain[1] qui impose à l'individu une tout autre réflexion que celle dont bénéficiait le sage insigne.

Le miroir du sage dionysiaque lui renvoie l'image de son insignifiance : en lui révélant l'existence d'un « univers dionysiaque qui se crée et se détruit éternellement lui-même », le sage découvre ce qu'il est lui-même en tant qu'individu immergé dans ce monde : « voulez-vous un nom pour cet univers? Une solution pour toutes ses énigmes? une lumière même pour vous, les plus ténébreux, les plus secrets, les plus forts, les plus intrépides de tous les esprits ? – Ce monde, c'est le monde de la volonté de puissance – et nul autre ! Et vous-mêmes, vous êtes aussi cette volonté de puissance – et rien d'autre! » C'est donc à une contre-révolution copernicienne que l'on assiste ici : au lieu de contempler un univers constitué d'objets phénoménaux réglés à partir des facultés inconditionnées du sujet transcendantal, le sage sauvage découvre le « monde mystérieux des voluptés doubles », un monde « par-delà bien et mal ». L'inversion des valeurs qui détermine toute la philosophie nietzschéenne de la fatalité est avant tout un renversement du rapport de l'homme au monde et, en ce sens, elle est une contre-phénoménologie en même temps et, nécessairement, une

[1] *FP.*, XII, Automne 1885 - automne 1887, 2 [197], p. 163: « le monde où nous vivons n'est ni moral, ni divin ni humain - nous l'avons beaucoup trop longtemps interprété dans le sens de notre vénération ».

contre-transcendantalité ; elle est une philosophie de l'immanence, ce qui fait dire à Nietzsche que l'homme est un « fragment de la fatalité » car « on fait partie d'un tout, on est dans le tout »[1], mais surtout que l'homme est lui aussi déterminé par la volonté de puissance car il est inscrit en elle.

Apparence et phénomène

Il n'y a pas de phénoménisme chez Nietzsche, non pas parce qu'il existerait un arrière-monde – connaissable ou non – soutenant le phénomène, mais parce qu'il existe deux mondes : celui qui apparaît en miroir et le même monde qui apparaît – car tout se donne dans l'apparence – pour la sagesse dionysiaque : ces deux mondes sont simultanés, mais non coextensifs. L'univers objectif de la pensée rationnelle est plus étroit, car il est borné par la prétention du savant ignorant que ses faibles capacités ne lui permettent pas de dévoiler le réel, mais seulement de projeter ses idées, ses certitudes scientifiques et ses valeurs culturelles sur un écran qui lui renvoie l'image de ses illusions. Autour de ce monde dans lequel l'homme prend ses désirs pour des réalités, il existe un autre monde qui n'a rien de phénoménal, un monde inconcevable et imprévisible, car sans apparence reconnaissable : le monde de la volonté de puissance dont les métamorphoses produisent également l'univers phénoménal des objets et des valeurs esthético-éthiques. Il existe un monde infini et insignifiant que seul le philosophe ou le surhomme ou le sage dionysiaque peut voir sans pouvoir le définir, et dans ce monde, il existe un univers signifié et borné par l'arrogante suffisance de la personne cultivée. Ces deux mondes sont en réalité les mêmes, mais l'un étant

---

[1] *Cid.*, « les quatre grandes erreurs » § 8, p. 95, déjà cité. « Nous parlons de la nature et, ce faisant, nous nous oublions : nous sommes nous-mêmes la nature. » III, 2, *Le voyageur et son ombre,* 327, p. 315.

l'apparence idéale de l'autre, il est limité par les croyances du sujet. Toutefois le phénomène, le monde en miroir, est simultané à la volonté de puissance dont il n'est qu'une des métamorphoses. Le monde des certitudes est une des apparences de l'énigme de la vie dans laquelle elle se dissimule dans des formules de vérité. La passion philosophique, au contraire, doit oser faire ce qu'aucun esprit positif et rationnel ne pourrait supporter, à savoir séparer vérité et certitude : « Il faudrait dévoiler et réviser les jugements de valeur qui enserrent la logique : par ex. Ceux-ci : "ce qui est certain a plus de valeur que ce qui est incertain", "la pensée est notre fonction suprême" ; de même, le rôle de l'optimisme dans la pensée logique, le sentiment de triomphe qu'inspire toute conclusion, l'aspect impératif du jugement, l'innocence de la foi en l'intelligibilité des concepts. »[1]. Dionysos sait que le vrai est incertain et que, à l'inverse, la certitude elle-même est l'infaillible critère du faux. Le vrai monde, la vie, n'est ni une chose ni un concept objectif ; la vie, chez Nietzsche, est une énigme qui laisse à tout jamais insoluble la question de la cause à partir de laquelle se constituent l'homme et le monde. Contre Kant qui subordonne l'existence de la personne libre à celle d'un phénomène culturel qui suppose l'existence d'un Dieu[2], Nietzsche répond par une énigme qui engloutit toute causalité efficiente, créatrice ou finale, dans une volonté de puissance, dans un magma insignifiant que seul le sage ose regarder sans crainte. Car tel est le philosophe ou le surhomme : il est celui qui n'a pas peur du non-sens et de

[1] *FP.*, XI, Automne 1884 - automne 1885, 40 [27], p. 380.

[2] *Critique de la faculté de juger*, § 87, p. 257 : « nous devons admettre une cause morale du monde (un auteur du monde) pour nous proposer, conformément à la loi morale, un but final; et dans la mesure où cette assertion est nécessaire, dans cette même mesure (c'est-à-dire au même degré et pour la même raison) il est aussi nécessaire d'admettre la première assertion: à savoir qu'il existe un Dieu. »

l'incertitude, du *fatum*, du hasard ; il est celui qui ne sublime ni le réel ni l'homme, et qui se satisfait de l'éphémère béatitude que lui offre la pensée libre. Contre le phénoménisme absolu de Schopenhauer, Nietzsche oppose à nouveau son énigmatique vérité : s'il n'existe pas d'arrière-monde, comme le pense l'obsédé du désir créateur[1], s'il existe un avant-monde, un écran géant qui ne repose sur rien et qui, comme un hologramme, comme un mirage ontologique, ne subsiste que par la volonté et la représentation de l'humanité, cette apparence de réalité n'est elle-même qu'une apparence, non parce qu'il existe une réalité qui la soutient, mais parce qu'il existe une infinité d'apparences et que le miroir de l'homme n'en est qu'une parmi d'autres, sans nécessité intrinsèque.

Si Nietzsche partage avec Schopenhauer l'idée que le monde représenté n'est pas intrinsèquement nécessaire et que le monde comme représentation de l'homme peut disparaître simultanément à l'homme qui l'a projetée, l'erreur de Schopenhauer est d'avoir cru en la totale contingence et en la totale relativité de l'univers ; pour Nietzsche, la puissance de transformation de la volonté de puissance reste infinie et d'autres apparences que celles produites pas l'être humain seront possibles, apparences non pas à venir mais déjà immédiates, dans lesquelles le sujet ou la personne ne se reconnaîtront jamais comme par exemple dans l'éternelle scène tragique. Comme il existe chez Spinoza une infinité d'attributs de l'Etre que nous ne pouvons connaître, mais dont nous devons admettre intuitivement l'existence – sauf à limiter la puissance de la nature aux concepts rationnels que nous en avons –, il existe une infinité de métamorphoses, de modalités de la vie que nous subirons sans jamais les comprendre. Les doctrines de Kant et Schopenhauer attribuent à l'être

[1] *FP.*, Eté 1880, 4 [310], p. 442, Automne 1880, 6 [381], p. 544.

humain une puissance de représentation exclusive et disproportionnée.

Ce que Nietzsche leur conteste, c'est leur solipsisme : si toute réalité se donne comme apparence, il n'est pas vrai cependant que l'apparence de l'homme – la sienne propre et celle qu'il voit dans son miroir aux certitudes –, soit l'unique représentation de la réalité, et cela parce que d'autres apparitions sont possibles et non moins nécessaires, bien que l'homme ne s'y retrouve pas. Penser la volonté de puissance, c'est penser une volonté et une puissance inhumaines. Penser l'homme comme sujet transcendantal à l'instar de Kant ou comme volonté phénoménalisante, c'est-à-dire concevoir un sujet non plus transcendantal et inconditionné, mais un sujet conditionnant et immanent au monde qu'il représente, comme le fait Schopenhauer, consiste dans les deux cas à penser la subjectivité à partir de la subjectivité, à faire du sujet une cause intentionnelle, une cause suffisante, une cause finale sans fin, que le sujet réfléchissant peut concevoir ; penser le sujet à partir du sujet consiste donc à réduire la pensée à la réflexion.

Or, penser, chez Nietzsche, comme chez Spinoza et sans doute comme chez Platon, ce n'est pas réfléchir, c'est d'abord aimer le réel mais l'aimer d'un amour sans objet, et donc d'un amour sans désir, sans satisfaction possible, pour acquiescer à la vie et voir ce qui est, et spécialement voir ce que l'homme a d'inhumain, voir ce qu'il refuse de reconnaître à son sujet, voir cela en quoi il ne retrouve pas la belle idée qu'il se fait de lui-même lorsqu'il se conçoit en son miroir : voir son innommable cruauté envers lui-même comme étant un « des soubassements les plus anciens et les plus essentiels »[1] de la culture.

---

[1] *EH.*, « Généalogie de la morale ». Voir sur cette question P.WOTLING, Nietzsche et le problème de la civilisation, « L'histoire

Les deux apparences

Comme il y a deux vérités – la vérité rationnelle et la vérité dionysiaque – il y a deux apparences : celle du sage insigne et celle du philosophe.

Ce qui apparaît pour lui, ce sont les transformations de la volonté de puissance. Nietzsche mène une lutte continue contre l'illusion des philosophes qui réduisent le monde et la vie à un phénomène intelligible et cherchent dans la chose en soi la raison suffisante par laquelle le phénomène se justifie : « Les philosophes prennent d'habitude devant la vie et l'expérience, devant ce qu'ils appellent le monde phénoménal, la même attitude que devant un tableau déployé une fois pour toutes et qui montre toujours le même déroulement immuablement fixé ; c'est ce déroulement, opinent-ils, qu'il faut interpréter correctement afin de conclure de là à l'être qui serait à l'origine du tableau : à la chose en soi, donc, qui est toujours considérée d'habitude comme la raison suffisante du monde des phénomènes. »[1]

Selon Nietzsche, le monde phénoménal est un prétexte qui permet à certains philosophes, sans doute plus théologiens que philosophes, d'inventer une chose en soi, cause suffisante de ce qui, dans la vie, se déroule immuablement. En revanche, d'autres, « des logiciens plus rigoureux ont contesté tout lien possible entre l'inconditionné (le monde métaphysique) et le monde qui nous est connu : tant et si bien que dans le phénomène ce n'est justement pas du tout la chose en soi qui apparaît, et qu'il convient de rejeter toute conclusion de celui-ci à celle-là. »[2] On reconnaît Kant le rigoureux. Mais dans les deux cas, le résultat est le même, à savoir l'affirmation

---

de la cruauté comme histoire de la culture » p. 199, cruauté qui est aussi essentielle dans l'histoire de la culture que la peur.

[1] *HH*. I, § 16, p. 42.

[2] *FP*., III, 1876-1878, 23 [125], p. 501.

d'un au-delà, d'un autre monde situé derrière le monde présent, lequel prend la forme d'une apparence. Que celle-ci soit déterminée par la cause suffisante ultra-mondaine ou comme chez Kant par les formes *a priori* de l'esthétique transcendantale et par les catégories de l'entendement, le monde phénoménal demeure un univers insuffisant qui renvoie à la même exigence. Tant que l'être humain regarde « le monde avec des prétentions morales, esthétiques, religieuses, avec un aveuglement d'inclination, de passion ou de crainte », il en arrive toujours à la même falsification : c'est en effet « l'intellect humain qui fait apparaître le phénomène et introduit dans les choses ses conceptions de base erronées. Il est tard, très tard quand il s'avise de réfléchir : et voici que le monde de l'expérience et la chose en soi lui paraissent si extraordinairement différents et séparés qu'il rejette toute conclusion de celui-là à celle-ci ou encore qu'il exige, avec d'effroyables airs de mystère, l'abdication de notre intellect, de notre volonté personnelle : ceci afin de parvenir à l'Essentiel en s'essentialisant soi-même. »[1] Après avoir déformé le monde, le sage intelligent invente une substance essentielle sans commune mesure avec l'univers qui l'entoure, quel que soit le prix que lui coûte cette invention : le désespoir face au silence de l'Etre en soi ou un retour au mysticisme.

Dès l'instant où, comme Nietzsche, le sage pense par-delà bien et mal, le phénomène et l'en soi disparaissent simultanément, quels qu'ils soient : si le phénomène est conçu comme la création d'une divinité, le dieu créateur et la créature sont congédiés ensemble ; si le phénomène est celui des logiciens, la distinction hautement intelligente de l'en soi et du pour soi devient ridicule puisque la cause suffisante se réduit à ne plus être qu'une pétition de principe qui trouve son origine dans ce même sujet qui

---

[1] *HH.* I, § 16, p. 43.

attend de lui-même qu'il donne sens au phénomène. La conséquence en est simple : par-delà bien et mal, par-delà toute évaluation, le phénomène et l'en soi ne se distinguent plus ; le réel, tout le réel, redevient apparence :

> contre le mot «phénomènes ». N.B. l'apparence, au sens où je l'entends, est la véritable et l'unique réalité des choses – ce à quoi seulement s'appliquent tous les prédicats existants et qui dans une certaine mesure ne saurait être mieux défini que par l'ensemble des prédicats, c'est-à-dire aussi par les prédicats contraires. Or, ce mot n'exprime rien d'autre que le fait d'être inaccessible aux procédures et aux distinctions logiques : donc une "apparence" si on le compare à la "vérité logique" – laquelle n'est elle-même possible que dans un monde imaginaire. Je ne pose donc pas l'"apparence" en opposition à la "réalité", au contraire, je considère que l'apparence c'est la réalité, celle qui résiste à toute transformation en un imaginaire 'monde-vrai ". Un nom précis pour cette réalité serait "la volonté de puissance ", ainsi désignée d'après sa structure interne, et non à partir de sa nature protéiforme, insaisissable et fluide.[1]

Pour Nietzsche, vie, apparence et phénomène ne sont qu'une seule et même chose : « L'apparence pour moi, c'est la réalité agissante et vivante elle-même, qui, dans sa façon d'être ironique à l'égard d'elle-même, va jusqu'à me faire sentir qu'il n'y a là qu'apparence, feu follet et danses des elfes et rien de plus. »[2] Mais l'apparence a un nom plus précis à savoir « volonté de puissance » que Nietzsche a décrit en ces termes : « un flux et un reflux de ses formes, allant des plus simples aux plus complexes, des plus calmes, des plus fixes, des plus froides aux plus ardentes,

---

[1] *FP.*, XI, Automne 1884 - automne 1885, 40 [53], p. 391 Toute l'œuvre de Nietzsche, comme le rappelle M. Dixsaut, consiste à « empêcher la reconstitution de l'antinomie de l'apparence et du réel. » *Nietzsche, Par-delà les antinomies*, p. 343.

[2] *GS.*, I § 54.

aux plus violentes, aux plus contradictoires, pour revenir ensuite de la multiplicité à la simplicité, du jeu des contrastes au besoin d'harmonie, affirmant encore son être dans cette régularité des cycles et des années, se glorifiant dans la sainteté de ce qui doit éternellement revenir, comme un devenir qui ne connaît ni satiété, ni dégoût, ni lassitude. »[1] Ce qui apparaît, la volonté de puissance, est un devenir incessant, une transformation qui ne découle d'aucune causalité logique et qui ne peut donc en aucun cas être anticipé : le visible, ce qui apparaît, est donc en ce sens l'imprévisible même, ou le hasard qui doit se comprendre comme ce qui est dénué de causalité réversible – c'est du reste en cela qu'il est fatal. Mais le hasard est également dépourvu de finalité, laquelle pourrait apparaître comme le signe d'une volonté souveraine impénétrable, mais déterminante, cause d'une prédestination invincible. Le hasard est l'insignifiance même, ce que le sage insigne ne peut ni comprendre ni supporter. Pour le sage sauvage qu'est Zarathoustra, parce que l'imprévisible est ce qui est le plus visible, il en devient prévisible lui-même, ce qui met le philosophe à l'abri des pires dérives de la pensée, à savoir la prophétie et la prétention législatrice : la volonté de puissance n'est ni prévisible – malgré l'éternel retour – ni normalisable. Le philosophe n'a rien à prédire si ce n'est que rien n'est prédictible puisqu'il est visible que tout est imprévisible.

Si tout est imprévisible, que dire de la vie ? Comment la penser lorsque l'on comprend que tout est en devenir dans un monde en éternel retour si ce n'est comme un avenir incessant mais incertain, et non comme une itération circulaire autour d'un axe qui ramène tout à l'identité ? La vie est toujours l'avenir, une aventure pour

---

[1] *FP*. XI, Automne 1884-Automne 1885, 38 [12], pp. 343-4. Sur le statut de la volonté de puissance, P.WOTLING, *La philosophie de l'esprit libre*, p. 309 et suiv. .

laquelle la seule prévision possible est que tout est imprévisible : le retour du même n'est pas la réapparition de l'identique [1] : ce qui est le même ce sont les transformations infinies et incessantes de l'inextinguible puissance de la volonté. Le retour du même comme permanence dans l'identique priverait l'homme de tout salut et de toute liberté. Si Nietzsche congédie l'idée de toute rédemption ultra-mondaine conditionnée, selon les bourreaux théologiques par de cruelles expiations, c'est avant tout parce que le salut et la liberté sont une seule et même chose qui prend les formes contingentes de l'affranchissement envers les dieux, mais aussi envers les idéaux ascétiques dont font partie les sciences positives, les croyances logiques mais également les programmes politiques comme cette forme moderne du christianisme qu'est le socialisme. Le salut chez Nietzsche est immédiat, mondain, terrestre et immanent dans un mouvement incessant dans lequel le même n'est jamais identique à lui-même, comme pétrifié par sa forme mais toujours autre, altéré par ses propres métamorphoses, comme si le même était toujours-déjà autre en devenir et l'autre toujours-encore le même en train de se modifier. Le réel est sans prédicat insigne non par défaut d'attributs, mais parce que ceux-ci sont en nombre infini sans qu'aucun ne s'impose aux autres.

Il n'est donc pas possible de représenter – d'imaginer ou de concevoir – ce qu'est le réel, car tout en lui est puissance, ce qui implique que, indifféremment, tout est possible ou que rien n'est impossible. Prévoir, c'est se refuser de prédire, c'est-à-dire d'anticiper la nécessité d'un prédicat et d'annoncer son apparition. Chez Nietzsche,

---

[1] Voir G.DELEUZE, op. cit. p. 57 : « Ce n'est pas l'un qui revient, mais le revenir lui-même est l'un qui s'affirme du divers ou du multiple. »

vision et prévision [1] coïncident en un même acte : l'adhésion à la fatalité ou la compréhension de l'énigme, non selon les lois de l'entendement, mais selon la puissance d'une passion par laquelle le réel n'apparaît qu'à ceux qui savent l'aimer et l'accepter selon une « affirmation immense, illimitée, qui dit à tout oui et amen » afin d'avoir « les mains libres pour bénir »[2], c'est-à-dire bien dire ce qui est, dire par-delà les valeurs téléologiques du sujet et les axiomes réducteurs de sa raison, dire l'éternel retour du hasard, du prévisible imprévisible et de la nécessaire contingence : dire que le bien, comme le mal dont il ne se distingue plus, c'est le hasard, le fleuve où s'engloutissent toutes les valeurs.

Le hasard, ce qui s'impose par la perception évidente de la contingence, et non par un raisonnement logique, n'est compris que par le génie, celui qui voit ce qui est sans raisonner, simplement en avançant dans l'inconnu – comme un homard[3] –. C'est donc lui qui peut déchiffrer le réel, ce qui suppose d'avoir renoncé à chercher des causes objectives et des finalités imaginaires, pour mettre au jour le sens que la puissance donne à la volonté.

---

[1] *Z.*, « car c'était à la fois vision et prévision », « De la vision et de l'énigme », p. 209.

[2] *Z.*, « Avant l'aurore », p. 214, *GS.*, IV, § 276, p. 189.

[3] *A.*, V, § 432, p. 234 : « Aucune méthode scientifique n'est la seule à pouvoir donner accès à la connaissance. Nous devons procéder par tâtonnements avec les choses ...», comme un homard : « Le génie, comme un homard aveugle qui tâtonne sans cesse autour de lui et attrape à l'occasion quelque chose, il ne tâtonne pourtant pas pour attraper mais parce que ses membres ont besoin de s'agiter. » *FP.*, Début 1880, 1 [53], p. 302 (« le génie est produit de hasard heureux », *FP.*, Automne 1880, 6 [111], p. 484.) Dit autrement, la connaissance est instinctive et non méthodique dès l'instant où elle devient mouvement sans but - c'est-à-dire soumise au hasard -, comme la vie : « Tout ce qui vit bouge ; cette activité ne répond pas à un but précis, elle est la vie même. » *FP.*, IV, Début 1880, 1 [70], p. 305.

Il faut ajouter que la prétention du logicien est aussi vaine que celle du dialecticien socratique ou hégélien. Ce que Nietzsche met en cause, c'est la représentation du monde qui ne peut être que fausse, car elle procède de la peur. Or, la connaissance vraie ne peut être qu'une vraie connaissance, et non un savoir formé dans la crainte d'où résulte ce refus de voir le réel, refus qui s'apparente au refoulement, au déni de réalité, c'est-à-dire au nihilisme. La vraie connaissance requiert au contraire le courage de voir ce qui est et, en ce sens, d'être un surhomme qui doit dominer sa propre peur, au lieu de vouloir dominer le monde pour conjurer la terreur qu'il lui inspire, comme si le pouvoir de raisonner et de fabriquer des fictions idéologiques pouvait rivaliser avec la puissance de la nature ; c'est lui-même qu'il doit maîtriser et faire ce que le faible n'ose jamais : à savoir aimer le réel au lieu de le refouler car c'est l'amour qui est l'antithèse surhumaine de l'angoisse et c'est de cet amour pour ce que le faible craint que procède la philosophie de Nietzsche, comme celle de Spinoza.

C'est en pensant la nature ou la volonté de puissance que l'homme libre peut imposer ses limites non aux choses mais aux prétentions de la raison scientifique et maîtriser ce qui doit l'être ou ce qui peut l'être, à savoir la grande personne, le sujet triomphant, l'ascète toujours égocentrique qui s'enferme dans son système dense de principes et de fins tel une tarentule qui tisse sa toile culturelle, la trame serrée de son monde où périront dans l'ennui et la frustration tous ceux qui s'y seront déposés.

Toutefois le sens de la puissance ne se laisse pas saisir comme une cause et enfermer dans une formule ou dans une équation, encore moins dans un jugement : le sens n'est pas définissable et quelle que soit la puissance de celui qui l'expose, il paraîtra toujours approximatif et incertain. C'est la raison pour laquelle Nietzsche nous avertit que la vérité sauvage est moins menacée de falsification par l'homme de raison que par le poète. Le premier récuse l'incertitude au profit de la certitude logique, mais le second en profite pour transformer l'écriture du philosophe qui s'impose de voir clair dans ce qui est en paroles suggestives et en incantations[1] : le poète n'est pas clair avec la réalité ; il a besoin d'obscurité ; il ne cherche pas la sagesse et la connaissance qui la rend possible. Il s'adresse à ceux qui sont avides de sensations et fuient la tragique évidence du Midi, lorsque « toute lumière tombe verticalement »[2], lorsqu'il n'y a plus d'ombres et que les choses apparaissent alors dans leur dénuement fatal sans qu'aucune image ne puisse substituer à leur présence brutale et énigmatique une signification apaisante. Le poète cherche à faire voir ce qui n'est pas, au contraire du logicien qui ne veut pas voir ce qui est. Le premier est sensationnel, le second calculateur et des deux Nietzsche semble moins mépriser le second car si celui-ci cherche la vérité là où elle n'est pas – c'est-à-dire comme Kant dans une représentation intellectuelle – du moins conserve-t-il le goût de la connaissance alors que l'autre se nourrit du faux et rejette simultanément la certitude et la vérité, certes atrophiées, des sciences et des pratiques salutaires qu'elles ont rendues possibles.

L'éternel retour de l'apparence

Pour le sage tragique, l'apparence est tout le visible, et ce qu'il voit n'est rien d'autre que « ce qui doit éternellement revenir, comme un devenir qui ne connaît ni satiété, ni dégoût, ni lassitude »[3]. Or, c'est parce que la

[1] *Z.*, « des poètes », p. 174 : « tous les poètes croient qu'il suffit d'aller se coucher sur l'herbe au versant d'un coteau solitaire, et de prêter l'oreille, pour saisir quelque chose qui se passe entre ciel et terre ».
[2] *FP.*, XIV, Début 1888 - début janvier 1889, 16 [28], p. 241.
[3] *FP.* XI, Automne 1884-Automne 1885, 38 [12], pp. 343-4.

volonté de puissance est ce qui doit éternellement revenir qu'elle est imprévisible car inconcevable.

Pour Heidegger, la volonté de puissance se présente avec la permanence de l'éternel retour du même : l'«"Eternel Retour du Même" constitue la vérité énoncée sur l'étant dans sa totalité. (...) Voici ce qui importe : l'étant qui, en tant qu'un tel, a le caractère fondamental de Volonté de puissance, ne saurait être autrement dans sa totalité qu'Eternel Retour du Même. Et inversement : l'étant qui, dans sa totalité, est Eternel Retour du Même, doit nécessairement avoir en tant qu'étant le caractère fondamental de Volonté de puissance. La propriété d'être de l'étant et l'intégrité de l'étant exigent à partir de l'unité de la vérité de l'étant réciproquement le mode de leur essence respective.»[1] Comment penser l'éternel retour ou la volonté de puissance, une fois admis que la puissance ne peut être conçue comme objet de science puisque, au contraire, la volonté de vérité scientifique n'est qu'une des métamorphoses de la puissance ? Faut-il confier la question de l'éternel retour à une ontologie, science sans objet car science de l'étant, comme le fait Heidegger qui nous annonce que « La métaphysique de Nietzsche, elle aussi, est, en tant qu'ontologie, bien qu'elle semble fort éloignée de la métaphysique de l'Ecole, dans le même temps de la théologie. L'ontologie de l'étant en tant que tel pense l'*essentia* en tant que la Volonté de puissance. »[2] ?

Il faut toutefois rappeler que le terme « ontologie », dans le *corpus* nietzschéen, ne renvoie nullement à la volonté de puissance, mais désigne chaque fois un « préjugé » : celui qui conditionne la métaphysique de Parménide, à savoir « le préjugé selon lequel nous possédons un instrument de connaissance qui pénètre

[1] HEIDEGGER, *Nietzsche* II, p. 228.
[2] *Nietzsche* II, p. 279.

l'essence et qui est indépendant de l'expérience »[1]. L'autre préjugé est celui d'une « ontologie morale »[2] qui assure « la légitimité d'un jugement porté en conscience ». Dans les deux cas, l'ontologie apparaît comme un jugement qui, sans l'intervention d'une expérience, affirme l'existence de ce qu'il conçoit. Par contre, lorsqu'il est question d'appréhender la volonté de puissance, Nietzsche recourt à d'autres termes comme « morphologie », « typologie » (pour les valeurs morales conçues comme des métamorphoses[3]) ou « métaphysique de l'art » lorsqu'il s'agit de formes esthétiques, mais surtout, et de façon plus fréquente et plus générale, il utilise le terme « psychologie » :

> Toute la psychologie est jusqu'à présent restée prisonnière des préjugés et d'appréhensions d'ordre moral ; elle ne s'est pas hasardée dans les profondeurs. La considérer comme je le fais, en tant que morphologie et théorie générale de la volonté de puissance, c'est là une idée qui n'a encore effleuré personne. [4]

Non seulement la psychologie apparaît comme le savoir qui peut rendre compte de la volonté de puissance, mais elle renvoie également à un autre terme central du *corpus* nietzschéen, à savoir la tragédie :

> La psychologie de l'orgiasme, conçu comme un sentiment débordant de vie et de force, à l'intérieur duquel la douleur même produit l'effet d'un stimulant, me donna la clé de la notion de sentiment tragique.[5]

Dans le même sens, et confortant les liens entre le tragique, la volonté de puissance et la psychologie, on lit :

---

[1] *La philosophe à l'époque tragique des Grecs*, § 11, p. 249.
[2] *FP.*, XII, Automne 1885 - automne 1887 , 7 [4], p. 261.
[3] *PBM.*,, § 186, p. 98.
[4] *PBM.*, « Des préjugés de philosophes », § 23, p. 41.
[5] *Crépuscules des Idoles*, « Ce que je dois aux Anciens », § 5, p. 151.

« j'avais par là même découvert le sens de la notion de tragique et ce qu'est la psychologie de la tragédie. »[1] Plus fortement encore, la psychologie comme pensée du vouloir-vivre apparaît comme une attitude d'acquiescement à la volonté de puissance par celui qui se désigne comme « le dernier disciple du philosophe Dionysos »[2] : « L'acquiescement à la vie, jusque dans ses problèmes les plus éloignés et les plus ardus ; le vouloir-vivre sacrifiant allègrement ses types les plus accomplis à sa propre inépuisable fécondité – c'est tout cela que j'ai appelé dionysien, c'est là que j'ai pressenti une voie d'accès à la psychologie du poète tragique. »[3]

La philosophie nietzschéenne se donne moins comme une science de l'Etre de l'étant que comme une « passion philosophique » capable d'acquiescer, d'accueillir et d'aimer ce qui procède de la volonté de puissance. Et c'est bien ce à quoi nous invite Nietzsche : « Avant moi, on ne connaît pas cette transposition du dionysisme en une passion philosophique : la sagesse tragique fait défaut, j'en ai moi-même, en vain, cherché des traces chez les grands philosophes grecs, ceux des deux siècles qui ont précédé Socrate. Il me restait un doute au sujet d'Héraclite, dont la fréquentation me met plus à l'aise et me réconforte plus qu'aucune autre. L'acquiescement à l'impermanence et à l'anéantissement, le "oui" dit à la contradiction et à la guerre, le devenir, impliquant le refus de la notion même d' "être", – en cela, il me faut reconnaître en tout cas la pensée la plus proche de la mienne qui ait jamais été conçue. La doctrine de l'éternel retour, c'est-à-dire du mouvement cyclique absolu et infiniment répété de toutes

---

[1] *Ecce homo*, « Naissance de la tragédie », § 3, p. 287.

[2] *Cid.*, « Ce que je dois aux Anciens » ", § 5. *EH.*, Avant-propos : « je suis un disciple du philosophe Dionysos et j'aimerais encore mieux être un satyre qu'un saint ».

[3] *Cid.*, « Ce que je dois aux Anciens », § 5.

choses, – cette doctrine de Zarathoustra pourrait, tout compte fait, avoir déjà été enseignée par Héraclite. Du moins, le stoïcisme, qui a hérité d'Héraclite la plupart de ses représentations de base, en a gardé des traces. »[1]

On devine donc que la pensée de la volonté de puissance et de l'éternel retour est une sagesse tragique, une philosophie dionysiaque, indifférente au permanent, à l'identité, à l'en soi et donc au préjugé ontologique : « Il n'y a pas de chose en soi »[2], « il faut nier l'être »[3].

Est-il possible, à l'instar de Heidegger, de concevoir ontologiquement la volonté de puissance comme l'éternel retour du même[4] ? Nietzsche nous dit-il que l'éternel retour est celui du même et que ce même est la volonté de puissance ? Qu'est-ce que le même chez celui qui a congédié la vérité logique, le principe d'individuation et l'illusion de l'identité à soi : la logique qui « procède par identifications »[5] est une falsification du réel : « La logique est liée à cette condition: supposons qu'il y ait des cas identiques. En réalité, et afin qu'on puisse penser et déduire de façon logique, il est au préalable nécessaire qu'on s'imagine cette condition-là comme étant remplie. Ce qui signifie : la volonté de vérité logique ne peut s'exercer qu'une fois accomplie cette fondamentale falsification de tout événement. D'où il résulte qu'ici règne

---

[1] *EH.*, « Naissance de la tragédie », § 3, p. 288.

[2] *VP.*, III, § 71, p. 41; *FP.*, XIV, Début 1888 - début janvier 1889, 14 [21], p. 92.

[3] *FP.*, X, Printemps -Automne 1884, 25 [513], p. 166.

[4] Voir M.DIXSAUT, *Nietzsche Par-delà les antinomie*, p. 273 : « C'est donc la sagesse du premier philosophe tragique, "la transposition du dionysiaque en un pathos philosophique" qui dépasse l'antinomie de l'être et du devenir. Affirmer le devenir, l'être et l'éternité de chaque instant et de tout ce qui devient, ce n'est pas leur donner un être consistant et cela ne procède pas d'une «décision résolue» façon heideggérienne. » Voir aussi M.HAAR, *Nietzsche et la métaphysique*, p.182 et suiv.

[5] *FP.*, XI, Automne 1884-Automne 1885, 40 [33], p. 381.

un instinct capable de manier ces deux instruments, tout d'abord la falsification, puis l'application d'un point de vue: la logique ne procède pas de la volonté de vérité. »[1] Par quelle science nous est-il donné de percevoir ou de concevoir l'Etre de l'étant comme volonté de puissance qui demeure identique à elle-même à travers ses infinies modifications ? Faut-il affirmer que la volonté de puissance ne se métamorphose pas en même temps que ses formations, alors qu'elle apparaît comme une continuelle mutation, un même toujours autre que lui-même à travers ses apparences, qui sans cesse vainc sa propre identité : telle est en effet « L'inlassable volonté de puissance ou de création continuelle ou de métamorphose ou de victoire sur soi-même »[2]. Lorsque Nietzsche écrit : « La force qui se métamorphose et demeure toujours identique possède une face intérieure, une caractéristique du type Protée-Dionysos, qui se dissimule et se satisfait dans la métamorphose »[3], il n'indique nullement que cette force demeure identique à elle-même, mais seulement qu'elle est identique en se satisfaisant de ses métamorphoses ou que son identité est de se satisfaire de ses changements, sans jamais s'achever pleinement en une forme identique à elle-même. Ce qui se confirme lorsqu'on lit que « Sans cette transformation du monde en formes et en rythmes, il n'y aurait pour nous rien qui fût « identique », donc rien qui se répète, donc aucune possibilité d'expérience ni d'assimilation, de nutrition. » [4] En d'autres termes, « l'identique » est une des transformations de la volonté de puissance ou du devenir inlassable et non la forme essentielle qui nous révèle ce qui demeure éternellement égal à soi quelles que soient ses métamorphoses. Sans

---

[1] *FP.*, XI, Automne 1884-Automne 1885, 40 [13], p. 368.
[2] *FP.*, XI, Automne 1884 - automne 1885, §35 [60] p. 267.
[3] *FP.*, XI, Automne 1884 - automne 1885, § 35 [68], p. 269.
[4] *FP.*, XI, Automne 1884 - automne 1885, 38 [10] p. 341.

cette apparition de l'identique, le changement lui-même serait invisible. Il s'agit ici d'une simple réflexion de bon sens : sans un point fixe, il est impossible d'observer un mouvement. Mais ce point fixe peut être fictif, hypothétique, une invention d'un sujet, le radeau de la pensée rationnelle auquel l'être humain s'accroche pour survivre. Toutefois, pour le sage dionysiaque ce préjugé subjectif fait partie des mutations imprévisibles de la volonté de puissance[1]. Ce qui est en retour dans l'éternel retour, ce n'est pas le même, mais le retour d'une imprévisible création, d'une production profuse d'apparences.

Une remarque s'impose toutefois : l'éternel retour, comme la volonté de puissance, oppose à l'intelligence scientifique une fin de non-recevoir. Pour penser la volonté de puissance, il faut avoir renoncé à la suffisance complaisante des idéalistes. Aucun jugement synthétique a priori n'est capable de saisir sa nature ; aucune terminologie, aucune dénomination ne peuvent maîtriser et s'approprier [2] sa réalité. On sait que le « magma chaotique » demeure inintelligible, mais de cette même façon de penser, c'est en tant qu'il est inintelligible qu'il est pensable en vérité, certes d'une vérité sans certitude, mais d'une vérité d'autant plus vraie qu'elle se déploie par-delà le vrai et le faux, par-delà la connaissance dominante. Est-

---

[1] La première des fictions d'identité est celle de la personne : « La "personne" est à comprendre comme illusion ». Ibid.

[2] *GM.*, « Bon et méchant... »,§ 2, p. 225 : « le droit des maîtres de donner des noms va si loin qu'il serait permis de voir dans l'origine du langage même une manifestation de la puissance des maîtres ; ils disent "telle chose est ceci et cela" et marquant d'un son toute chose et tout évènement, ils se les approprient pour ainsi dire. » Toute la philosophe de Nietzsche est une lutte acharnée contre le nominalisme autant que contre l'idéalisme. « Les mots sont des préjugés » (*FP.*, IX, Eté 1882 - printemps 1884, 12 [1], 68, p. 408.) Que serait une idée sans son nom, sans une détermination judicatoire ?

ce différent pour l'éternel retour ? M.Dixsaut est particulièrement éclairante sur cette question en montrant que pour penser l'éternel retour, il ne faut pas chercher à concevoir ce qu'il est, mais il faut penser comme celui qui en parle, à savoir Zarathoustra, le sage sauvage[1].

Face au chaos le sujet autonome perd son identité personnelle et face à l'éternel retour, il perd son temps ainsi que l'illusion de pouvoir temporiser les mouvements de la vie, de les faire attendre en leur imprimant sa propre durée, sa propre vitesse ou sa lenteur, à son gré. Ce n'est pas seulement l'incertitude du devenir que l'homme craint, mais le fait qu'il sent que le temps ne passe pas, qu'il n'en a jamais fini avec la vie : « Que dirais-tu si un jour, si une nuit, un démon se glissait jusque dans ta solitude la plus reculée et te dise : "Cette vie telle que tu la vis maintenant et que tu l'as vécue, tu devras la vivre encore une fois et d'innombrables fois ; et il n'y aura rien de nouveau en elle, si ce n'est que chaque douleur et chaque plaisir, chaque pensée et chaque gémissement et tout ce qu'il y a d'indiciblement petit et grand dans ta vie devront revenir pour toi, et le tout dans le même ordre et la même succession" ? »[2] C'est cette question sans réponse qui constitue « le poids le plus lourd » qui accentue l'angoisse de l'être humain, car le même ordre et la même succession ne lui laissent rien présager de bon parce que cet ordre qui est le même est celui de l'imprévisibilité : ce qui ne sera jamais nouveau, ce qui n'adviendra jamais est la science qui lui permettrait de connaître le passé et d'anticiper l'avenir pour dominer le présent. Ce qui revient sans cesse, c'est l'incertitude et la peur dont le devenir ne délivrera jamais l'homme et cela d'autant plus que « l'éternel sablier

---

[1] M.DIXSAUT, *Par-delà...*, p. 258 : « Dans *Ainsi parlait Zarathoustra*, la doctrine de l'éternel retour trouve celui qui peut la penser sans se briser... ».

[2] *GS.*, IV, § 341, p. 232.

de l'existence ne cesse d'être renversé à nouveau ». C'est ce renversement du sablier qui est en éternel retour ainsi que le sable dont les grains tombent dans la joie ou dans la souffrance, sans que personne ne puisse interrompre la nécessaire fatalité de l'écoulement : « "Mais si tout est nécessaire, en quoi puis-je décider de mes actes?" La pensée de l'éternel retour et la croyance à ce retour forment une pesanteur qui parmi d'autres pesanteurs t'oppresse et pèse sur toi davantage que celles-ci. »[1] Et pourquoi est-elle si lourde, cette pensée ? Parce que, avec l'éternel retour, la volonté perd son autonomie pour apparaître comme la détermination de la puissance, et non celle du sujet. Et cependant, cette pensée fatale transforme l'être humain : « Si tu t'incorpores la pensée des pensées, elle te métamorphosera. La question que tu te poses pour tout ce que tu veux faire : "Le voudrais-je de telle sorte que je le veuille faire d'innombrables fois ? " constitue la pesanteur la plus importante. ». La pensée des pensées, la pensée la plus lourde est celle du fatum, du devenir incessant et de l'immanence de l'être humain, corps et âme, dans un moment intemporel qui détermine sa volonté.

L'éternel retour est un moment tragique au cours duquel il apparaît clairement et indubitablement que tout ce qui se produit fut voulu sans avoir été décidé, comme par exemple le parricide d'Œdipe ; dans l'éternel retour, l'homme est coupable de ses actes sans en être responsable[2], car c'est d'une autre force que la sienne qu'ils procèdent. Lorsque l'être humain comprend qu'il est immergé dans le monde et qu'il est un fragment de fatalité, il voit alors que, depuis toujours et pour toujours, se forment et se formeront encore des modalités existentielles qui détermineront son cheminement dans la vie. Face à cette concomitance des périodes, l'homme porte et assume,

---

[1] *FP.*, Eté 1881 - été 1182, 11 [43], p. 365.

[2] *A.*, II, § 128, p. 104.

à chaque instant, la pensée de la fatalité qui est la plus lourde, car la plus désespérée, mais aussi la plus vraie, pensée des pensées qu'il ne peut dénier qu'en vouant son esprit au ressentiment et à l'aliénation qui s'ensuit. Si au contraire, comme un héros de la tragédie, il y acquiesce, il se métamorphose en sage sauvage, en fataliste rebelle et solitaire, mais avec l'esprit libre : il sait que tout homme, comme volonté d'une puissance incoercible, contient en lui tous les actes dont l'humanité tout entière est capable. Et si l'éternel retour est à la fois la pensée des pensées, la plus lourde de toutes et la plus transformatrice, c'est aussi parce qu'elle est sans réponse : à travers elle, l'être humain quitte la certitude en vertu de laquelle il se croit capable de vouloir le bien pour écarter le mal ; avec la pensée des pensées, il accède à une vérité incertaine, une vérité dionysiaque, selon laquelle il ne pourra plus vouloir le bien sans le mal ni le vrai sans le faux.

Si l'éternel dans le retour est le renversement du sablier, cela n'est pas à dire que les mêmes évènements se répètent sans cesse : « au fond, rien n'est répétition mais (...) toujours quelque chose de vécu se rappelle à nous. Le charme du nouveau dans lequel tout de même l'ancienne saveur retentit – telle une musique pleine de laideur. »[1] L'éternel retour est dissonant, comme le phénomène original de l'art dionysiaque[2], comme le mythe tragique qui « doit précisément nous convaincre que même le laid et le disharmonique sont un jeu esthétique où la volonté joue avec elle-même dans l'éternelle plénitude de son plaisir ». Comme cet art qui exposait le magma chaotique. L'éternel retour est une infinie variation sans être la

---

[1] *FP.*, Eté 1881 - été 1182, 11 [146], p. 366.

[2] *Ntr.*, § 24, p. 153 : « Ce phénomène originel de l'art dionysiaque, si difficile à saisir, nous ne pouvons pourtant le comprendre plus directement ni l'appréhender plus immédiatement que dans la signification merveilleuse de la dissonance musicale. »

variation du même, de l'identique tant adoré par la raison, mais un jeu sans harmonie, un mouvement dont les rythmes sont scandés par une musique dissonante, sans répétition : qui pourrait en effet deviner les fréquences dans lesquelles les bouillonnements et les éruptions d'une masse en fusion se produisent ?

Il n'y a pas de répétition car, pour qu'un évènement se répète, il doit s'être déjà produit au moins une fois avant ; or, il n'y a d'avant et d'après qu'à la condition de réduire le devenir en une ligne de temps ; qu'elle soit droite ou circulaire n'y change rien : dans un cercle, l'avant pourrait être l'après ou inversement selon le sens dans lequel on parcourt le cercle. Avec le temps, l'homme a voulu dominer le devenir en lui imposant une irréversibilité linéaire purement imaginaire ou une itération circulaire insensée, symptôme de cette volonté de stabiliser le devenir, de lui imposer des séquences formelles, comme celles d'origine ou de fin ou encore des récurrences circulaires :

> Gardons-nous d’attribuer une aspiration, un but quelconques à ce cours circulaire : ou de l’estimer selon nos besoins en tant qu’ennuyeux, stupide, etc. Certainement, le suprême degré de déraison se manifeste en lui aussi bien que le contraire : mais on ne saurait le juger d’après cela, le raisonnable ni le déraisonnable ne sont des prédicats applicables au tout. Gardons-nous de concevoir la loi de ce cercle en tant que devenue, selon la fausse analogie des mouvements circulaires à l’intérieur de l’anneau : il n’y a point eu d’abord un chaos et ensuite progressivement un mouvement plus harmonieux et enfin fermé, ayant la forme du cercle, de toutes les forces au contraire : tout est éternel, non devenu : (...). Le cours circulaire n’est en rien du devenu, il est la loi originelle (...) donc c’est suivre une fausse analogie que de se référer aux mouvements circulaires qui deviennent et s’évanouissent, tels les

> astres ou le flux et le reflux, le jour et la nuit, les saisons, pour caractériser le cours circulaire éternel.[1]

Le devenir ne s'achève pas dans l'immuable éternité ; le devenir ne devient pas ce qui ne devient plus, et cela pour toujours : « si l'état de repos était possible, il serait intervenu. »[2] Le cercle n'est pas la forme du temps, sa représentation idéale qui se substituerait à une représentation mythique, celle de la ligne qui relie l'origine une fin mettant un terme au devenir. Il n'est pas possible de juger que l'éternel retour est une temporalité en cercle, car il n'y a pas de concepts de l'éternel retour et il n'y a pas non plus de formes esthétiques *a priori* qui pourraient déterminer ce qu'est le devenir comme si ces formes étaient situées en-dehors du cours des choses, soustraites au renversement éternel du sablier.

Mais si l'éternel retour est inconcevable, ce n'est pas le cas du temps. Il est l'idéal de la logique causale, ce qui, autrement dit, en fait la forme la plus opiniâtre du nihilisme :

> Ce n'est que la succession des faits l'un après l'autre qui produit 1a représentation du temps. A supposer que nous n'éprouvions non pas des causes et des effets, mais rien qu'un continuum, nous ne croirions pas au temps.[3]

Le temps est une croyance d'idéalistes qui réfléchissent en causalistes, qui situent l'effet après la cause, qui mettent de l'ordre là où, pour un penseur dionysiaque[4], il n'y en aura jamais : le temps n'est qu'une représentation idéale, comme celle de *cosmos*. Or, rien ne se passe comme le sujet le veut : la cause qui aurait dû être supprimée par

---

[1] *FP.*, Eté 1881 - été 1182, 11 [57], p. 371.

[2] *FP.*, V, Eté 1881 - été 1182, 11 [190], p. 383.

[3] *FP.*, V, Eté 1881 - été 1182, 11 [291], p. 415.

[4] *FP.*, V, Eté 1881 - été 1182, 11 [81], p. 342 : « Il n'existe pas pour nous de cause et d'effet, mais rien que des suites... »

l'effet demeure vivace, rien n'est révolu, le passé remonte à la surface et le futur semble toujours-déjà accompli ; l'avant et l'après se confondent, comme la cause et l'effet dans la volonté de puissance ; le temps est à l'éternel retour ce que le cosmos est au chaos : une invention intellectuelle, la machination d'un cerveau châtré qui, apeuré par l'incoercible devenir, aurait voulu lui donner un sens et un déroulement séquentiel qui le rassurent. La temporalité est une autre forme de superstition : pas plus que les idées ne viennent à l'esprit selon la volonté du logicien, les métamorphoses ne se produisent selon un programme que la logique pourrait décrire[1] ou selon un calendrier que les sages insignes, inspirés par l'au-delà, pourraient établir. L'éternel retour apparaît alors comme le temps en désespoir de cause, un temps illogique, difforme, une permanence énigmatique, un instant éternel où rien n'est définitivement accompli car tout fut voulu d'une volonté déterminée par la croissance éternelle de la puissance qui demeure inextinguible par-delà ses mutations. Cela n'implique pas que tout revient ou que l'histoire se répète, mais seulement que l'aventure du devenir ne s'interrompt pas : l'éternel retour réunit en chaque instant l'origine et la fin qui ne se distinguent plus, comme plus rien ne se distingue dans le magma chaotique. L'éternel retour est un temps sans histoire ou d'une histoire qui tourne sur elle-même, puisque Nietzsche nous parle de cycle. Faut-il y voir une ligne du temps circulaire, avec des périodes réapparaissant, identiques à elles-mêmes, à intervalles plus ou moins constants : une forme de temporalité naturelle, athée puisque soustraite au mythe de la fin dernière qui faisait du temps une ligne tendue entre la création et son terme ? Faut-il imaginer un compromis entre la ligne droite et le cercle ; une spirale qui permet au

---

[1] « Il n'y a rien dans la réalité qui corresponde rigoureusement à la logique. » *FP.*, IV, Début 1880 - Printemps 1881, 7 [52], p. 574.

moins d'espérer que le passé s'éloigne moins vite et qu'il puisse être revu sur les courbes intérieures pendant que l'avenir apparaît moins imprévisible sur les lignes extérieures, chaque spirale accentuant l'expérience acquise sur les premières lignes incurvées ?

Mais pourquoi chercher le temps dans l'éternel retour ou faire de l'éternel retour une modalité temporelle, hypothétique, mais singulièrement symbolique en tant que cycle ? Ne faut-il pas, au contraire, le penser en renonçant aux idées et aux formes les plus simples : celles de la ligne, du cercle ou de la spirale, de l'espace et du temps[1] ? Gardons à l'esprit que le sage dionysiaque, en congédiant les idées logiques – les corrections socratiques – met fin également à toute forme de dualisme : il n'y a pas, en fait, d'un côté la matière, l'espace, le monde ou le « monstre froid », et de l'autre, une réalité immatérielle : le temps[2]. Ces distinctions idéales s'effacent pour la pensée sauvage pour ne laisser place qu'à une seule et unique réalité : le magma qu'ose regarder le sage sauvage et qu'il voit clairement, car elle est apparente. Il faut alors prendre le risque de penser que l'éternel retour, la volonté de puissance ou la vie sont une seule et même réalité, que l'éternel retour est le moment du chaos, non pas le temps de son avènement, mais l'instant éternel du devenir, le retour sans fin des métamorphoses de la volonté de puissance, le moment dionysiaque de la dilacération du même. A l'inverse, le temps serait la moralisation, l'idéalisation du devenir auquel des prédicateurs – prêtres ou savants – donnent, selon leurs pernicieuses manies, une orientation conforme à leur ressentiment. Le temps, linéaire ou cyclique, apparaît alors comme une

[1] « Il n'existe pas de formes dans la nature ». *FP.*, II *, Eté 1872 - hiver 1873-1874, 19 [144], p. 216.

[2] Le sens externe et le sens interne pour reprendre les distinctions de Kant.

représentation nihiliste – tout comme le cosmos était la négation du monde réel –, car s'y condensent la cause, la suite, la consécution, l'intelligibilité en une même idée confuse car surchargée des illusions de la durée commensurable, orientée selon la logique des historiens. Le temps pourrait n'être que la négation suprême refoulant toujours plus fortement l'évidence du moment chaotique, non pas seulement le moment advenu du désordre, mais le moment qui appartient au magma parce que le magma est la puissance qui absorbe et transforme tout : le moment éternel de son intemporel accroissement. L'éternel retour serait alors cyclique, comme nous le dit Nietzsche, parce qu'il est un moment qui tourne sur lui-même sans produire d'évènements historiques irréversibles, des changements uniques en leur genre, une durée qui ne donne rien à attendre et qui, donc, n'exige plus d'être patient : un moment fatal aux sujets, aux sermonneurs, aux fidèles et à leur histoire, un déroulement qui n'offre d'autre espoir de rédemption que celui d'accepter le retour énigmatique des déroutantes métamorphoses du chaos. C'est en ce sens que l'éternel retour apparaît comme l'actualité permanente d'un devenir sans cause et sans fin, celui de la volonté de puissance, à savoir la vie même à laquelle le sage dionysiaque acquiesce : « la vie éternelle, l'éternel retour de la vie, la promesse et la consécration de l'avenir dans la procréation, un oui triomphant à la vie au-delà de la mort et du changement.... »[1]

La pensée de la vie

Il apparaît en effet que la volonté de puissance a un autre nom, à savoir la vie :

> C'est ainsi que l'on méconnaît la nature de la vie, sa volonté de puissance ; c'est ainsi l'on perd de vue la

[1] *FP.*, IV, Début 1880 - Printemps 1881, 24 [1], 9, p.307.

> préséance fondamentale des forces spontanées, agressives, conquérantes, capables de donner lieu à de nouvelles interprétations, de nouvelles directions et de nouvelles formes, et à l'influence desquelles l'« adaptation » est soumise ; c'est ainsi que l'on nie le rôle souverain que jouent dans l'organisme les fonctions suprêmes, celles où la volonté de vie se manifeste de façon active et formatrice.[1]

La volonté de puissance, la vie, est formatrice, métamorphose permanente, formation d'apparences, formation à laquelle naturellement, puissamment, l'homme participe : « L'homme est une créature qui invente des formes et des rythmes ; c'est à cela qu'il est le mieux exercé et il semble que rien ne lui plaise autant que d'inventer des formes. » [2] C'est donc aussi en se comprenant lui-même et en s'acceptant comme forme éphémère, c'est-à-dire en renonçant à l'illusion de sa personnalité autonome et inconditionnée que l'être humain « devient ce qu'il est » [3] en réalité, c'est-à-dire une apparence de la volonté de puissance : « Pour autant qu'il est artiste, le sujet s'est déjà délivré de sa volonté individuelle pour devenir en quelque sorte ce médium par l'entremise duquel le seul sujet qui existe véritablement fête sa délivrance dans l'apparence. »[4]

Quel nom donner à cette science des métamorphoses par lesquelles l'être humain se libère dans l'apparence, si ce n'est le nom que Nietzsche lui-même lui donne, à savoir « métaphysique de l'art », spécialement de l'art tragique : il « devient nécessaire de nous lancer résolument dans une

---

[1] *GM.*, La « faute », la « mauvaise conscience », §12.

[2] *FP.*, XI, Automne 1884 - automne 1885, 38 [10] p. 341.

[3] Sous-titre de *Ecce homo.*

[4] « Dédicace à Richard Wagner » in *Naissance de la tragédie.* p. 40, voir aussi « Essai d'autocritique », Ibid. p. 30 : « Dès la Dédicace à Richard Wagner, c'est l'art – et non pas la morale – qui est posé comme l'activité proprement métaphysique de l'homme ; et dans le livre lui-même. »

métaphysique de l'art en répétant ce principe que nous avons précédemment énoncé, à savoir l'existence et le monde n'apparaissent justifiés qu'en tant que phénomène esthétique. »[1] Une métaphysique de l'art n'est plus une science de l'Etre en tant qu'être, de la chose en soi, une science au-delà de la *phusis*, mais une science des formations esthétiques, des transformations sensationnelles dont l'homme dionysiaque est le moyen terme. Une métaphysique de l'art n'est pas non plus une science de l'art en tant qu'art, science normalisatrice des formes et du sens des œuvres, comme le souhaitait Kant pour qui le beau devait être le symbole du bien moral[2], mais une science de ce qui se réalise dans l'apparence de l'art, à savoir les métamorphoses de la « nature artiste ». Dire ce qu'est le monde, « voir clair dans ce qui est » en philosophe tragique, en métaphysicien des transformations, c'est donc aussi comprendre que l'éternel retour n'est pas le retour du même, de l'identité stable. Ce qui est revient sans cesse, ce sont les formations apparentes à travers lesquelles se devine l'indéfinissable puissance de la volonté de puissance : ce qui est éternel, ce sont les transfigurations de la vie ; le réel, on l'a vu, c'est l'apparence, non seulement ce qui est apparent, mais aussi l'apparition d'une volonté de puissance qui se transforme continûment.

Il reste toutefois que cette volonté de puissance pourrait être « désignée d'après sa structure interne, et non à partir de sa nature protéiforme, insaisissable et fluide. »[3] Nietzsche semble donc faire une distinction entre la « nature » de la volonté de puissance et sa structure interne. Il est cependant acquis que la volonté de puissance ne peut être conçue selon les exigences de la vérité et de la

---

[1] *Ntr.*, § 24, p. 153.
[2] KANT, *Cfj.*, § 59, p. 175.
[3] *FP.*, XI, Automne 1884 - automne 1885, 40 [53], p. 391.

logique que Nietzsche inscrit dans l'imaginaire : la volonté de puissance, la vie est donc bien inimaginable autant qu'inconcevable. Dit autrement, ce n'est pas à partir de ce qui apparaît que la volonté de puissance peut être connue, voire même simplement reconnue, en tant que telle. On peut tout autant conjecturer que si l'homme était capable d'apercevoir simultanément toutes les métamorphoses ou toutes les « combinaisons »[1] de la volonté de puissance, il n'est pas certain qu'il pourrait comprendre sa structure interne. Rien ne permet de dire que la volonté de puissance se dévoile pleinement à travers toutes ses transformations, encore moins à partir de certaines d'entre elles qui seraient plus révélatrices. C'est le propre des idéalistes et autres nihilistes de faire d'un cas ou d'un évènement le signe d'une réalité qui en serait la cause. Ne pas penser comme eux ou penser en sage sauvage, par-delà la valeur de vérité logique, toujours implicitement morale[2], consiste aussi à accepter que la volonté de puissance ne fasse aucun signe essentiel, ne produise aucun effet spécifique et soit donc littéralement insignifiante. Cela conduit aussi à savoir que derrière les apparences il est vain de chercher soit une cause substantielle[3] qui les soutient et les produit soit une idée dont les choses apparentes seraient l'émanation imparfaite.

---

[1] *FP.*, XIV, Début 1888 - début janvier 1889, 14 [188], p. 150.

[2] *PBM.*, § 34, p. 53 : « C'est par pur préjugé moral que nous accordons plus de valeur à la vérité qu'à l'apparence. »

[3] *FP.*, XI, Automne 1884 - automne 1885, 35 [35], p. 255 « Ce qui me sépare le plus radicalement des métaphysiciens, c'est que je ne leur concède pas que le "moi" est ce qui pense: bien plutôt je considère le moi lui-même comme une construction de la pensée, du même ordre que la "matière", la "chose", la "substance", l'"individu", la "fin", le "nombre" ; par conséquent comme étant seulement une fiction régulatrice, grâce à laquelle une espèce de permanence, par conséquent de "cognoscibilité" se trouve implantée, impoétisée dans un monde du devenir. »

Derrière les apparences, il n'y a rien que d'autres apparences et, s'il fallait tenter de concevoir un arrière monde différent de ce qui apparaît, il faudrait le penser comme ce qui est et demeure toujours sans apparence, sinon cet arrière-monde ne serait qu'une autre apparence en cachant encore une autre, et cela à l'infini.

Or ce à quoi nous invite Nietzsche consiste à savoir qu'un autre monde que celui en devenir n'existe pas[1], que la réalité est l'apparence, que cette réalité est la volonté de puissance, laquelle ne se révèle pas en tant que telle à partir de ce qui apparaît, car aucune apparence n'est le signe ou l'effet d'une cause immuable, essentielle et idéale à laquelle le visible doit être ramené pour être connu en vérité. Il reste que tout est apparent, que tout ce qui est apparent est le réel et que le réel est la volonté de puissance, mais aussi que la volonté de puissance n'est pas apparente en tant que telle. Mais alors quelle est sa « structure interne » à partir de laquelle le monde se donne à voir sans qu'elle-même soit vue ? Quelle est, en d'autres termes, la face cachée de l'apparence ? Qu'est-ce qui apparaît toujours sans jamais être une apparence singulière et qui n'est donc ni une idée sans apparence[2] ni une apparence sans réalité[3] ? Comprendre le monde, la vie, la volonté de puissance, en philosophe dionysiaque, est une passion philosophique qui est aussi une pensée énigmatique comme en témoigne le texte auquel on se réfère depuis le début et dans lequel on a lu que le monde est un « monstre de forces » auquel Nietzsche donne le

---

[1] *FP.*, XIV, Début 1888 - début janvier 1889, 14 [6], p. 27 : « comme si hors du monde réel, celui du devenir, il y avait un monde l'étant ».

[2] Comme l'idée platonicienne : l'idée de la blancheur n'apparaît pas elle-même blanche comme le rappelle justement M.Dixsaut.

[3] Un pur phénomène, comme un songe dans lequel l'être humain serait le spectateur de son propre rêve.

nom de volonté de puissance, nom qui serait « une solution pour ses énigmes ».

Il faut donc reconnaître que l'univers est énigmatique[1] parce qu'il est la vie même, une force insensée qu'aucun concept ne peut identifier définitivement ni stabiliser logiquement pour l'éternité puisque, au contraire, ce qui s'y joue est un éternel retour des apparences. « Voir clair dans ce qui est » implique donc de reconnaître que la volonté de puissance ne peut se saisir qu'à travers ses métamorphoses, et non comme une idée, non comme l'objet d'un concept ou encore comme une chose en soi. La vie n'est rien en soi. Si la vie n'est rien en soi, ce n'est pas parce qu'elle n'est rien, mais parce que l' « en soi » comme idée de la raison est incapable d'exposer la puissance qui sourd en toute volonté, puissance que seul l'art tragique peut donner à voir. Cette puissance est une pulsion formatrice[2] qui se devine dans ses apparences, c'est-à-dire dans ses créations, car ce que Nietzsche expose c'est le mystère de la « création continuelle », de la vie elle-même, cause infinie, sans finalité et sans terme, éternellement en retour et qui se dérobe à toute compréhension conceptuelle. Voir clair dans la vie, c'est donc acquiescer à sa mystérieuse puissance et y acquiescer, c'est l'aimer comme énigme. La structure interne de la volonté de puissance est l'absolue et éternelle énigme que seul l'amour du réel permet de mettre au jour ainsi que le fait que cette énigme absorbe et dissout tout discours sur ce qui est. Et telle est bien la mission du philosophe que de faire aimer la vie, de faire aimer l'énigme même, la pensée de l'inconnu.

---

[1] *GS.*, Préface, 4.

[2] Nietzsche parle « des pulsions artistiques de la nature », *Ntr.*, § 2, p. 46.

La mission excentrique du philosophe

> « Qu'importe de moi » – telle est l'inscription gravée au-dessus de la porte du penseur futur. *Aurore*, V, § 547, p. 278.

La « pensée pure »

La mission du philosophe est de promouvoir une « pensée pure » :

> nous autres, qui souhaitons restituer son innocence au devenir, nous voudrions être les missionnaires d'une pensée pure.[1]

Quelle est cette « pensée pure » ? Celle d'un homme sans qualité, sans attribut insigne qui constituerait son essence éternelle, pensée qu'il aurait la charge de porter, quelles que soient les souffrances qui résulteraient de cette responsabilité. La pensée pure est celle d'un innocent, innocent comme le devenir auquel il est immanent et qui n'a à répondre de rien envers qui que ce soit ; la pensée pure est celle d'un homme libre et sans histoire, sans arrière-pensées et donc sans ressentiment, sans ce sentiment honteusement ruminé qui ne parvient pas à la pleine conscience ; cette pensée est celle d'un homme à qui personne ne fait plus peur, car cette peur qui l'a hanté

[1] *FP.*, XIV, Début 1888 - début janvier 1889, 15 [30], p. 191.

si longtemps, cette peur qui est l'âme même du faible, n'est pas inscrite naturellement en l'être humain, mais elle lui a été inculquée par la force. Cette pensée est donc :

> celle que personne n'a donné à l'homme ses qualités, ni Dieu, ni la société, ni ses parents et ancêtres, ni lui-même, que personne n'est cause de lui... Il n'existe pas un être qui pourrait être rendu responsable de ce que quelqu'un est au monde, de ce que quelqu'un est tel et tel, de ce que quelqu'un est né en de telles circonstances, dans un tel milieu. C'est un grand réconfort, qu'un tel être n'existe pas... Nous ne sommes pas le résultat d'une intention éternelle, d'un vœu quelconque : nous ne constituons pas une tentative pour atteindre un « idéal de perfection » ou un « idéal de bonheur » ou un « idéal de vertu »,– nous sommes tout aussi peu une bévue de Dieu, dont lui-même prendrait peur (pensée par laquelle, c'est bien connu, commence l'Ancien Testament). Il manque toute instance, toute fin, tout sens, à quoi attribuer, en nous déchargeant, le fait que nous sommes, et sommes ainsi et pas autrement. Et surtout : personne ne le pourrait: on ne peut juger, jauger, comparer ou nier le tout. Pourquoi pas? – Pour cinq raisons, toutes accessibles même à des intelligences modestes : par exemple, parce qu'il n'y a rien hors du tout. Et, répétons-le, c'est un grand réconfort, en cela réside l'innocence de toute existence.[1]

L'innocent se libère des croyances asservissantes, finalistes, créationnistes, évolutionnistes qui lui attribuent une nécessité formelle ou matérielle intelligible ; cette pensée expurgée de tout dogme fait de l'homme une des métamorphoses de la volonté de puissance, une modalité de la nature, éphémère et irresponsable de son destin. La mission du philosophe est alors de protéger la parole contre le bavardage, c'est-à-dire contre tout ce qui ne constitue pas une victoire sur soi : « Il ne faut parler que si

---

[1] *FP.*, XIV, Début 1888 - début janvier 1889, 15 [30], p. 191.

l'on ne peut se taire; et ne parler que de ce que l'on a surmonté, tout le reste est bavardage, "littérature", manque de discipline. Mes ouvrages parlent uniquement de mes victoires : c'est "moi" qu'ils contiennent, avec tout ce qui me fut ennemi. »[1] Or, chez Nietzsche ce qui est surmonté, ce qui lui fut ennemi, ce qui favorisait le bavardage, ce sont les convictions ou les certitudes qui sont propagées par les idéaux ascétiques, par les valeurs morales et aussi par l'extase esthétique. Ce sont ces bavardages qui seront évacués pour laisser place à des aphorismes grâce auxquels l'être humain devrait être délivré des évaluations mystificatrices et aliénantes qu'il utilise pour surmonter sa peur de la vie, qui est aussi la peur de sa vie. Etre libre, chez Nietzsche, c'est aimer le devenir innocent, le *fatum*, non les idées, les principes, les jugements, les raisonnements, et encore moins l'art pour l'art : aimer le réel, et non sa représentation. Il s'agit d'être dans le vrai ce qui suppose de penser *en* la vérité comme épreuve passionnelle et donc aussi de ne plus penser *à* la vérité comme valeur, ce qui impose de penser et d'acquiescer au réel par-delà bien et mal :

> A quoi je reconnais mes pairs. – La philosophie, telle que je l'ai jusqu'à présent comprise et vécue, c'est la recherche délibérée des aspects même les plus maudits et les plus infâmes de l'existence. Par la longue expérience que j'ai tirée d'une telle errance dans les glaces et les déserts, j'ai appris à considérer autrement tous ceux qui ont jusqu'ici philosophé – l'histoire cachée de la philosophie, la psychologie de ses grands noms m'est apparue en pleine lumière. Quelle dose de vérité un esprit sait-il supporter, quelle dose de Vérité peut-il risquer ? Voilà qui devient pour moi le vrai critère des valeurs. L'erreur est une lâcheté... toute acquisition de la

[1] *HH.*, II, Préface.

> connaissance est la conséquence du courage, de la dureté envers soi, de la probité envers soi...[1]

Connaître, savoir en vérité, être dans le vrai est donc un sentiment : l'amour de la fatalité dont l'homme lui-même est un fragment, amour de la vie non en tant que valeur, mais en tant que moment de puissance et donc amour de la vie dans ses aspects « les plus maudits et les plus infâmes », amour qui est aussi « acquiescement dionysiaque au monde, tel qu'il est. »

L'expérience de la vie

Cet *amor fati* qui est synonyme de l'acquiescement à la vie ne peut être confondu avec cet amour de la vie dont nous parlent les bons vivants et autres hédonistes « qui mesurent la valeur des choses d'après le plaisir et la douleur, c'est-à-dire d'après des phénomènes accessoires, sont des philosophies superficielles et des naïvetés, que tout homme doué de force créatrice et d'une conscience d'artiste ne peut considérer qu'avec ironie et pitié. »[2] La vie n'a rien de plaisant : « Vous voulez abolir la souffrance dans la mesure du possible, et il n'y a pas de plus folle ambition. Et nous ? Il semble que nous la voudrions encore plus profonde et plus grave qu'elle le fut jamais. Le bien-être tel que vous le concevez n'est pas un but, c'est à nos yeux un terme. Un état qui rend l'homme aussitôt ridicule et méprisable, qui fait souhaiter sa ruine. La culture de la souffrance, de la grande souffrance, ne savez-vous pas que c'est là l'unique cause des dépassements de l'homme ? »[3]

---

[1] *FP.*, XIV, Début 1888 - début janvier 1889, 16 [32], p. 244.
[2] *PBM.*, § 225, p. 143.
[3] *Ibid.*

Il ne suffit pas de s'affranchir des idéaux austères comme ceux de Kant[1] pour en savoir assez sur la vie au point d'affirmer que l'être humain vit par et pour le plaisir. Les jouisseurs sont dans le déni qui, à la différence de celui des sages insignes, est un déni stupide produit par une réflexion indigente. Les bons vivants semblent avoir trouvé dans le plaisir de quoi tenir à la vie sans jamais prendre conscience que c'est la vie qui les tient. Ils font comme si la vie leur appartenait alors qu'ils n'en sont qu'une des modalités. Quelle que soit sa croyance, l'homme ne peut vivre ni pour le plaisir ni par plaisir, car la vie n'a ni but ni cause déterminante comme la recherche de la jouissance. La vie est une des transformations de la volonté de puissance dont la seule raison d'être est son propre accroissement et quand le plaisir y concourt, il n'en est que le moyen, et non la finalité. Pour Nietzsche, la vie n'appartient à personne. Et si le sage idéaliste pense pouvoir sinon se l'approprier, au moins la dominer, l'hédoniste compulsif réduit la vie à quelques moments d'ivresse qui lui font oublier qu'elle est faite de souffrances. Si Nietzsche congédie la sagesse idéaliste, ce n'est pas pour laisser place à la bêtise de la sauvagerie. L'ivresse de l'hédoniste n'a rien de commun avec la transe origiastique du culte dionysiaque qui était une oblation totale aux forces de la nature avec la dilacération de l'identité individuelle qu'elle impliquait : « Le "je" du poète lyrique retentit donc depuis l'abîme de l'être ; sa subjectivité, au sens de l'esthétique moderne, est pure chimère.»[2] Le débauché s'aime trop pour s'abandonner à la jouissance tragique, d'autant que celle-ci conduit à ce que l'hédoniste ne veut pas sentir, à savoir que, transi par le rythme de la nature, il se décompose dans une jouissance d'une telle

---

[1] *CRPra*, p. 93, l'homme honnête « ne vit plus que par devoir, non parce qu'il trouve le moindre agrément à vivre. »
[2] *Ntr.*, § 5, p. 58.

intensité qu'elle en devient une souffrance :« Le musicien dionysiaque, sans le moindre recours à l'image, n'est lui-même rien d'autre que la souffrance originaire et l'écho de cette souffrance. »[1] Ce que le débauché ne voit pas et ne veut pas voir, c'est que, pas plus qu'il n'existe de vie idéale située dans un au-delà surnaturel comme l'espèrent les ascètes, il n'existe de jouissance totale dans la nature. Pour y croire, le débauché doit se représenter comme assez fort et assez habile pour ne prendre dans la vie que le bon côté. Or, par-delà bien et mal, au plus proche de ce qui existe en vérité, à savoir le magma chaotique auquel se sacrifie le danseur dionysiaque, il n'y a pas de bon côté, il n'y a que des forces en fusion en lesquelles tout se dissout. La luxure est une idée de la vie sans illusion morale, mais n'en est pas moins idéalisante : si le débauché refuse les frustrations morales que lui impose l'ascète, c'est avant tout parce qu'il croit en une autre représentation idéale de la vie : renonçant à la béatitude surnaturelle pour ne s'adonner qu'à la jouissance naturelle il refoule l'énigme de la volonté de puissance et ce qu'elle provoque, à savoir l'avènement d'une « pensée pure », une pensée libre de toutes les illusions qui entraînent l'être humain vers le ressentiment, vers l'ennui qui découle de l'errance dans le faux. L'exigence nietzschéenne est en effet telle qu'elle implique d'accéder à la fois et simultanément à la sagesse, c'est-à-dire à la connaissance vraie et à l'existence immanente dans la réalité où tous les idéaux se défont.

La connaissance du devenir

Connaître c'est vouloir le « cycle éternel » sans sélectionner « les mêmes choses, la même logique et non-logique des nœuds. »[2] Connaître la vie, la volonté de

---

[1] *Ntr.*, § 5, p. 58.
[2] *FP.*, XIV, Début 1888 - début janvier 1889, 16 [32], p. 244.

puissance et l'éternel retour n'est donc pas connaître le même en soi, la substance éternelle, l'Etre de l'étant, mais le mouvement lui-même, le changement, « ce magma chaotique qui est celui des origines »[1], une gangue en fusion créatrice et destructrice c'est-à-dire le monde, le devenir sans fin, la puissance d'où tout surgit et où tout retourne, matrice dans laquelle toutes les identités se déforment. La vraie connaissance est donc connaissance de la vie telle que se déploie en vérité, connaissance qui ne peut se figer en aucun moment particulier, en aucune forme singulière et pour laquelle les concepts les plus clairs et les plus convaincants deviennent soudainement dérisoires. La vraie connaissance est donc courageuse puisque la connaissance certifiée, celle des systèmes cohérents et des élucidations rassurantes, est, comme toutes les erreurs en philosophie, une lâcheté, un refus de voir ce qui est terrifiant, insensé, infini, sans terme et sans fin. La vraie connaissance surmonte le nihilisme radical en ce que la philosophie telle que Nietzsche l'a vécue est un déni du déni, une négation de la négation, un nihilisme du nihilisme qui dit non à ceux qui disent non : une rébellion héroïque contre ce que l'homme a de plus cher : la représentation complaisante du monde et de l'homme.

Mais alors comment connaître ce qui est en devenir ; comment penser ce qui n'est jamais le même : il n'y a ni substance immuable ni en soi ni être en tant qu'être, ni dieux qui demeurent éternellement égaux à eux-mêmes, comme cause unique et identique de tout. On l'a vu, l'éternel retour n'est pas l'éternel retour du même. Ce qui est, c'est le devenir, l'accroissement sans fin de la puissance à partir de cette même puissance qui est depuis toujours en devenir et qui, comme devenir, est méconnaissable pour qui veut juger, c'est-à-dire attacher

---

[1] *Ntr.*, § 12, p. 96.

définitivement un attribut à un sujet. Cependant, le devenir est pensable comme ce qui n'atteint jamais un état :

> Si le monde pouvait se figer, se dessécher, dépérir, devenir Néant, ou s'il pouvait atteindre un état d'équilibre, ou s'il avait un quelconque but qui puisse inclure la durée, l'immuabilité, l' « une-fois-pour-toutes » (bref, en termes de métaphysique : si le devenir pouvait déboucher dans l'être ou dans le néant), cet état devrait être atteint. Mais il n'est pas atteint. [1]

Le devenir n'est pas le devenir de l'être ; il n'est pas destiné à se figer dans l'immuable c'est-à-dire à cesser de devenir[2], pas plus que la vie ne vit que pour la mort ou le dessèchement, tout comme il est évident, pour Nietzsche, que la puissance n'existe que pour son accroissement[3], et non pour son épuisement ou son impuissance. Ce qui est ne peut être associé à la mort : « l'être - nous n'en avons pas d'autre représentation que "vivre" –. Comment quelque chose de mort peut-il donc être.»[4] En tant que devenir, le devenir est, mais sans être le devenir de l'être : il ne devient pas l'être immobile, il ne meurt pas dans le néant comme non-être ou comme non devenir, fixé « une-fois-pour-toutes » dans un état inerte. Si le devenir était le devenir de l'Etre, une de ses propriétés essentielles, il ne serait pas le devenir mais l'être lui-même en tant que substance immuable : le devenir serait déjà devenu l'être

---

[1] *FP.*, XIV, Début 1888 - début janvier 1889, 14 [188], p. 149.

[2] « Si le monde était absolument capable de persistance et jusqu'à se figer, et qu'il n'y eût dans son cours qu'un seul ,instant d' « être » au sens rigoureux, il ne pourrait plus y avoir de devenir (...)Le renouveau éternel du devenir présuppose : que la force s'augmente elle-même volontairement, qu'elle n'ait pas seulement l'intention mais aussi les moyens de *se préserver elle-même de la répétition, soit d'une rechute dans une ancienne forme* ... » *FP.*, V, Eté 1881 - été 1182, 11 [292], p. 419.

[3] *FP.*, XIV, Début 1888 - début janvier 1889, 14 [174], p. 138.

[4] *FP.*, XII, Automne 1885 - automne 1887, 2 [172], p. 153.

depuis le début du devenir : « cet état devrait être atteint ». L'être en tant que devenir ne peut être l'être en tant que l'Un éternellement identique à lui-même et simultanément être l'être en tant que devenir autre. L'être ne procède pas du devenir ni l'immobilité du mouvement : l'immuable n'est pas une interruption définitive du changement, l'être en tant qu'être est et demeure ce qui en soi ne devient pas. Pour Nietzsche, l'opposition entre ce qui est et ce qui devient est irréductible : ce qui est en tant qu'être, sauf à ne pas être ce qui est, ne devient pas et ce qui devient ne devient pas pour cesser finalement de devenir. L'être n'est pas la dernière étape d'une évolution au terme de laquelle le devenir s'apaise, s'immobilise dans un repos éternel. Mais l'être ne résulte pas d'une puissance en devenir qui aurait atteint son développement maximal et qui se figerait alors dans une substance parfaite en laquelle se condensent toutes les forces qui n'existaient qu'en puissance jusqu'à cette fin qui les transforme en être sans devenir et donc sans puissance. D'une part, le devenir est sans finalité ontologique ; d'autre part il ne peut être réduit à un processus mécanique comme si devenir consistait à se diriger vers un terme final[1].

Pour comprendre le devenir, il faut s'abstraire de deux illusions, la première étant celle de la théologie et sans doute aussi celle de Hegel, la seconde renvoie à la physique et à son principe d'inertie : il faut au contraire penser que le devenir absorbe l'Etre, que l'autre ou l'altérité engloutit le même qui ne peut résister à son immanence dans cette masse en fusion qu'est la volonté de puissance d'où naissent des « combinaisons » d'éléments et des formations éphémères comme l'humanité elle-même

---

[1] « Si, par exemple, le mécanisme ne peut échapper à la conséquence logique d'un état final que Thompson en a tirée, le mécanisme se trouve par là réfuté. » *FP.*, XIV, Début 1888 - début janvier 1889, 14 [188], p. 149.

qui n'est qu'une espèce en sursis : « L'homme, une petite espèce animale exagérément gonflée, qui – heureusement – n'a qu'une Vie sur terre même, un instant, un accident, une exception sans suite, quelque chose qui pour le caractère général de la terre reste sans conséquence ; la terre même, comme tous les astres, un hiatus entre deux néants, un événement sans plan, raison, volonté, conscience de soi, la pire sorte de nécessité, la stupide nécessité... »[1]. Pour comprendre le devenir, l'homme doit cesser de se croire nécessaire pour l'éternité et de chercher partout – et surtout dans l'au-delà – une identité stable qui justifierait son existence.

Si le devenir était le devenir de l'être, il se serait figé dans l'identité inerte, non pour avoir atteint sa fin théologique ou mécanique, mais pour cette raison que le devenir ne serait jamais apparu tel qu'il est, à savoir sans cesse autre qu'il est ; au contraire, il aurait été immédiatement le même identique à lui-même. Toutefois si le devenir n'est pas le devenir de l'être ni l'être en devenir, il reste que l'être est le devenir même et, en ce sens, l'être en devenir a l'apparence d'être ce qui est. Mais pour Nietzsche, l'être n'est qu'une métamorphose qui semble être ce qu'elle est au moment où elle apparaît, mais qui n'est jamais destinée à persister comme substance ; il n'est plus qu'une apparence d'être, non une apparence de l'être, car être dans le devenir éternel, c'est apparaître, c'est-à-dire être et ne pas être en même temps. Or, Nietzsche semble nous dire le contraire :

> imprimer au devenir le caractère de l'être – c'est la suprême volonté de puissance (...) Que tout revienne c'est le plus extrême rapprochement du monde du devenir avec celui de l'être: sommet de la contemplation[2]

[1] *FP.*, XIV, Début 1888 - début janvier 1889, 16 [25], p. 241.
[2] *FP.*, XII, Automne 1885 - automne 1887, 7 [54], p. 302.

Mais Nietzsche n'est pas Protagoras : il n'imagine pas que le devenir soit à sa mesure ou que le devenir puisse être conçu à sa guise ; c'est au contraire l'être humain qui, en tant que fragment de la fatalité, est en devenir comme toutes choses, lesquelles sont destinées à disparaître, non pas à n'être plus comme être mort, mais à se décomposer et à perdre son apparence spécifique.

Pour comprendre que l'être doit imprimer au devenir son caractère, il faut essayer de penser comme Nietzsche et non comme un idéaliste, c'est-à-dire comme un fanatique de l'entendement qui s'imagine que les choses vont prendre la mesure des catégories permanentes de l'intellect. Il ne s'agit pas de fixer le devenir dans l'immuabilité, et cela d'autant plus que cette fixation devrait procéder, comme tout ce qui existe, de la volonté de puissance qui est éternellement en train de se métamorphoser.

On comprend que le devenir ne peut pas imprimer son caractère à l'être, car cela équivaudrait à imposer à l'en-soi la caractéristique du devenir qui est d'être sens cesse autre ; en revanche, le devenir peut être éternellement ce qu'il est, à savoir une puissance en transformation : on peut alors dire de lui ce que l'on dit de l'être, à savoir qu'il est éternel sans l'enfermer pour autant dans l'absurde concept de l'en-soi[1], sans le pétrifier formellement dans l'immuabilité : il faut, dans une nouvelle conception du monde, penser l'être comme ce qui se passe, car essentiel est « ce qui se passe »[2]: « le monde subsiste, il n'est pas quelque chose qui passe. Ou plutôt, il devient, il passe, mais il n'a jamais commencé à devenir et ne cessera pas de passer – il se

[1] *FP.*, XIV, Début 1888 - début janvier 1889, 14 [103], p. 74 : « l'en soi est même une conception absurde ; une nature en soi des choses est un non-sens, nous n'avons jamais les concepts "être" et " chose" que comme concepts de relation. »
[2] *FP.*, XIV, Début 1888 - début janvier 1889, 14 [81], p. 59.

maintient dans ces deux processus, il vit de lui-même. »[1] L'être n'est pas une chose substantielle, mais un mouvement puissant et c'est en cela que l'Etre est en devenir car le devenir est en l'être ; imprimer au devenir le caractère de l'être ne consiste pas à l'immobiliser en un état éternel, mais à parfaire une équation selon laquelle devenir c'est être, être en puissance, être sans cesse autre, vivant donc, puisque le non-être c'est l'immobile même, la stabilité du même en lui-même : l'inerte en soi et sans avenir.

L'exigence de Nietzsche est de voir clair dans ce qui est et ce qui est n'est pas l'être, mais la volonté de puissance, laquelle n'est pas un prédicat réel non parce qu'elle n'est pas réelle, mais parce qu'elle n'est pas un prédicat, et si la volonté de puissance n'est pas un prédicat, ce n'est pas non plus parce qu'elle serait sujet. Sujet et prédicat ne sont que des distinctions de raison sans raison d'être, car dans le magma chaotique ou dans le flux du devenir, toutes les distinctions et toutes les identités s'effacent.

Or, chez Nietzsche, puisque tout est en devenir, tout est avenir : du devenir ne peut provenir que l'avenir : si tout est fragment de la fatalité, si tout est mode d'une volonté de puissance en devenir, en éternel retour, alors tout, dont l'homme, est fragment d'avenir :

> Je passe parmi les hommes comme parmi des fragments d'avenir – de cet avenir dont j'ai la vision. [2]

Il faut donc rencontrer un paradoxe qui n'est qu'apparent, en ce sens qu'il est l'apparence même : l'éternel retour est une métamorphose cyclique. Mais comment concilier le principe de l'éternel retour et la notion d'avenir ; plus paradoxal encore, comment concilier

---

[1] *FP.*, XIV, Début 1888 - début janvier 1889, 14 [188], p. 149.

[2] Z., « de la rédemption », p. 186.

l'éternel retour et le progrès dont nous parle Nietzsche[1]. Ce vers quoi tend le progrès ne peut être un futur différent que le présent, car ce serait introduire une temporalité irréversible incompatible avec le caractère cyclique de l'éternel retour[2]. Toutefois cette difficulté disparaît si l'on comprend que le vrai progrès est celui de la pensée qui avance dans et vers la vie elle-même, et non vers une représentation d'une autre vie au-delà du présent, dans un autre monde pour les idéalistes et les métaphysiciens théologiques ou dans un autre temps pour les positivistes et les mystificateurs historiques comme les marxistes. L'éternel retour et le progrès – voire l'évolution – sont des notions formellement contradictoires parce que le retour suppose une temporalité réversible, cyclique, fermée sur elle-même alors que le progrès suppose une durée linéaire et irréversible. Mais ces notions cessent d'être incompatibles si le progrès est un retour vers l'éternelle et immédiate essence de la vie, voire une réminiscence de la tragédie existentielle ; cette progression libère l'être humain des fictions éthique, esthétique et scientifique qui lui ont fait oublier ce qu'est la vie ; elle le délivre aussi de l'histoire critique ou monumentale[3] ignorant toutes deux

---

[1] *CI.*, I, « De l'utilité et de l'inconvénient de l'histoire pour la vie », Préface, p. 93

[2] Cyclique au sens décrit plus haut, c'est-à-dire sans origine et sans finalité mais non comme répétition du même.

[3] P.WOTLING : « il s'agit de penser non pas seulement l'histoire des phénomènes culturels, mais leur sens et pour Nietzsche, leur valeur. » *Nietzsche et le problème de la civilisation*, p. 271. Mais il s'agit aussi, pour Nietzsche, de soustraire la méditation sur le destin de l'homme au déterminisme historique : « trop d'histoire, en revanche, tue l'homme et sans cette enveloppe de non-historicité, jamais il n'aurait commencé ni osé commencer à être.», *Cin.*,* II, I, « De l'utilité et de l'inconvénient de l'histoire. », p. 99. « Certes, nous avons besoin de l'histoire, mais nous en avons besoin autrement que le flâneur raffiné des jardins du savoir, même si celui-ci regarde de haut nos misères et nos manques prosaïques et sans grâce. Nous en avons besoin pour

que le passé n'est jamais totalement révolu et que rien ne s'y trouve fixé à tout jamais, comme saisi par la mort : «Délivrer les hommes passés, et qu'au lieu de dire : "Cela fut", on dise : "C'est ce que j'ai voulu", voilà ce que j'appellerais la rédemption. »[1] La rédemption, la délivrance dans l'apparence, n'est autre chose que l'acquiescement à la volonté comme moment de la puissance, acquiescement qui consiste à s'affranchir des mystifications téléologiques selon lesquelles le temps passe en effaçant ce qui fut, alors que la puissance qui fait vouloir est éternelle. Le moment dionysiaque, le devenir éternel, est fatal au passé comme au futur ; il ne se déploie pas dans le temps comme s'il consistait en une progression vers une perfection finale : le futur est antérieur et le passé est à venir, et cela à tout instant. Mais l'avenir du sage ne résulte pas non plus d'une évolution, sorte de cheminement naturel, qui se déroule par étapes qui sont autant de séquences pétrifiées dans leur achèvement. L'éternel retour ne produit pas de vestiges. Le devenir de l'homme libre est une création nécessaire qui n'est ni perfectionnement moral ni adaptation fonctionnelle[2], mais qui est un acquiescement au destin.

---

vivre et pour agir, non pas pour nous détourner commodément de la vie et de l'action, encore moins pour embellir une vie égoïste et des actions lâches et mauvaises. Nous ne voulons servir l'histoire que dans la mesure où elle sert la vie. » *Cin.*, I, « De l'utilité et de l'inconvénient de l'histoire pour la vie », Préface, p. 93.

[1] *Z.*, « de la rédemption », p. 186.

[2] *GM.*, La « faute .», §12, p. 270 : « on en vient à définir la vie même comme une adaptation interne, toujours plus adéquate, à des circonstances extérieures (Herbert Spencer). C'est ainsi que l'on méconnaît la nature de la vie, sa volonté de puissance ; c'est ainsi que l'on perd de vue la préséance fondamentale des forces spontanées, agressives (...) et à l'influence desquelles l'« adaptation » est soumise ; c'est ainsi que l'on nie le rôle souverain que jouent dans l'organisme les fonctions suprêmes, celles où la volonté de vie se manifeste de façon active et formatrice. »

Il ne faut pas tenter l'impossible et vouloir définir le devenir pour le capturer et l'enfermer dans un concept. Si la pensée pure de Nietzsche consiste à restituer au devenir son innocence, c'est aussi parce que le devenir ne se comprend qu'en acquiesçant au fait qu'il se dérobe à toute définition puisqu'il est autre et même tout à la fois, puisque le devenir est visiblement toujours en devenir, et cela de manière imprévisible. Une pensée expurgée du fantasme de la vérité logique ne peut qu'innocenter le devenir en lui reconnaissant son inconnaissabilité. Pour penser le devenir, il faut être pur, délivré de toutes les prétentions judicatoires qui conforte le sujet idéal dans son délire de domination. Il faut penser le devenir en étant soi-même en devenir. Mais est-ce encore penser, car le risque est grand que cette pensée du devenir soit tellement illogique qu'elle en devienne inexprimable ? Toutefois penser le devenir ne consiste ni à dire ce qu'il est en tant que devenir, en tant que concept abstrait de son propre mouvement, ni à décrire ce qui est devenu, ni à prédire ce qui va advenir, mais seulement à ramener ce qui est vers l'inachèvement auquel toute chose en devenir est naturellement destinée. Penser le devenir implique de penser sans objectiver ou interrompre – toujours prématurément – les mutations par lesquelles il se manifeste. La philosophie de Nietzsche, celle du devenir innocent, est une pensée en souffrance de certitudes, d'idées fixes, une pensée contrariée par une vérité insaisissable, mais d'autant plus vraie qu'apparaît son insaisissabilité. La vérité philosophique ne se trouve pas au-delà des valeurs et des axiomes certifiés et toujours discriminatoires de la logique. C'est en fait l'inverse qui se produit : ce sont le bien, le mal et le vrai qui sont situés dans l'au-delà, dans le néant sublime des idéaux. Mais la vérité philosophique ne se trouve pas plus en-deçà de ces certitudes théoriques, car le croire serait une autre façon de restaurer ce contre quoi Nietzsche lutte sans cesse : le dualisme de l'apparence et de la réalité, du visible et de l'invisible, du réel et de l'idéal. Il n'y a pas un monde sensible et mouvant situé en-deçà d'un au-delà idéal et immuable : puisque celui-ci n'existe pas, il n'y a ni en-deçà ni au-delà. C'est la raison pour laquelle penser par-delà bien et mal, mais aussi par-delà vrai et faux, ne consiste pas à dépasser les valeurs pour former une synthèse salutaire entre le bien et le mal ou entre le vrai et le faux ou entre le phénomène et l'Etre. Mais cela ne consiste pas non plus à renoncer à penser, faute de valeurs épistémologiques et éthiques certifiées et universellement stabilisées. L'exigence est ici existentielle, car libératoire ;

> et si vous voulez sérieusement vous débarrasser de l'au-delà, je crains qu'il n'y ait pas d'autres moyens : vous devez d'abord vous décider pour mon par-delà.[1]

Pour se libérer, pour penser purement, passionnément, philosophiquement, il faut penser par-delà[2], penser en mouvement, penser à l'aventure, penser par vrai et par faux comme on erre par monts et par vaux ; il faut penser à travers le bien et le mal et non sans eux ou contre eux : la pensée en devenir traverse le réel plus qu'elle ne transgresse les valeurs instituées dans l'espoir vain de rejoindre une réalité originaire, un en-deçà qu'une ivresse intuitive pourrait saisir à l'état pur. Les valeurs sont des métamorphoses de la volonté de puissance, des modalités du devenir. Si la philosophie de Nietzsche est axée sur la passion philosophique, elle ne peut ni les nier ni les vénérer, mais seulement voir ce qu'elles sont et comment l'être humain devient ce qu'il est à travers elles. Les valeurs sont les perspectives élaborées par un sujet inquiet qui ne peut, dans un monde en devenir, exister sans se

---

[1] *FP.*, XII, Automne 1885 - automne 1887, 5 [6], p. 188.

[2] Observation inspirée par le titre mille fois justifié de l'ouvrage magistral de M.DIXSAUT, *Nietzsche, par-delà les antinomies.*

représenter dans un avenir, fût-il fictif. La pensée pure du devenir demeure immanente en son milieu : celui de la volonté de puissance et de ses métamorphoses. Tel est le destin de toutes les pensées du devenir : la connaissance exacte et le devenir sont incompatibles si l'on attend des sciences qu'elles forment des théories universelles et stables ; la connaissance objective est incapable de penser le devenir en acte et de définir ce qui devient, puisque dans le flux, le même se fait autre, l'autre s'altère toujours. Dans un devenir qui ne dévoile jamais son identité et son sens, l'entendement ne peut saisir aucun objet qui n'échappe aussitôt à toute compréhension : « Connaissance et devenir s'excluent »[1]. La connaissance – non celle du sage dionysiaque mais celle du logicien – est sans cesse dépassée par le devenir. L'entendement risque à tout moment de perdre sa souveraineté et ses moyens face à l'instabilité du réel. Pour conserver son autorité, il doit nier le devenir. En revanche, la pensée affranchie de ses obsessions objectivistes et de ses idéaux logistiques voit ce qu'il en est du mouvement et en perçoit approximativement la vérité. La pensée pure est, au contraire de l'idéale, fatalement approximative.

Mais alors comment comprendre que l'homme le plus libre est aussi le plus fataliste et qu'il s'assume comme « fragment de la fatalité » mais aussi qu'il s'en réjouit ?

Liberté et fatalisme

Chez Nietzsche, il existe un déterminisme : la volonté de puissance est un pur fait déterminant à partir duquel s'explique psychologiquement l'apparition rassurante de l'idée de causalité mais ce n'est pas celle-ci qui peut rendre compte objectivement de la puissance de la vie. Or, « la

---

[1] *FP.*, XIII, Automne 1887 - mars 1888, 9 [89], p. 52.

volonté de puissance est justement volonté de vie. »[1] Nietzsche a compris que le déterminisme idéologique ou culturel est plus dangereux que celui de la nature, car l'être humain cultivé invente lui-même les chaînes mentales auxquelles il s'attache pour la vie, au moment même où il croit que les valeurs esthético-éthiques le libèrent de l'état de nature.

Mais Nietzsche a vu aussi qu'il existe une magie scientifique comme il existait une magie primitive ou un animisme qui consistait à interpréter les phénomènes naturels selon une causalité ou un ordonnancement imaginaire propre à l'être humain: « ce qu'il y a d'à peu près sûr, prévisible, c'est nous : l'homme est la règle, la nature l'absence de règle, dans cette proposition tient la conviction foncière qui domine les civilisations archaïques, rudimentaires, créatrices dans le domaine religieux. » L'homme religieux, pour supporter sa déréliction dans le chaos, dans l'univers illégal, attribue un sens – et un seul – ou une vérité aux évènements mondains, c'est-à-dire une norme grâce à laquelle il croit savoir ce qu'il faut penser de la nature : « La réflexion des hommes croyant à la magie et au miracle tend à imposer une loi à la nature ; et, en bref, le culte religieux est le résultat de cette réflexion. Le problème que ces hommes se posaient s'apparente on ne peut plus étroitement à celui-ci : comment la race la plus faible pourra-t-elle néanmoins dicter des lois à la plus forte, l'obliger, diriger ses actions (dans ses relations avec la plus faible)? »[2] Or, c'est exactement ce qu'a fait Kant avec ses prescriptions intellectuelles et sa révolution copernicienne en vertu de laquelle il entend faire tourner les objets autour du sujet transcendantal de façon à ce qu'il conserve l'illusion d'être déterminant envers eux, et non déterminé par eux. Il tente de se soustraire au

---

[1] *GS.*, V, § 349.
[2] *HH.*, § 111, pp. 108-9.

déterminisme de la nature en se sublimant, c'est-à-dire en s'autorisant discrétionnairement à croire que la forme spatio-temporelle des objets résulte d'une faculté inconditionnée – la sensibilité pure de l'esthétique transcendantale – et que leurs mouvements sont régis par des lois qu'une autre faculté, elle aussi indéterminée, conçoit et promulgue dans un jugement synthétique *a priori* produit par un entendement et une raison pure de toute influence de la nature. L'homme de science, comme le religieux, est un magicien normalisant la nature sans jamais douter de ses capacités à imposer sa loi à l'univers tout entier : stupide erreur que toute la philosophie de Nietzsche s'emploie à dénoncer pour affranchir l'homme des responsabilités mortifiantes que lui imposent ces cosmologies délirantes.

Cependant Nietzsche est déterministe – « Déterminisme : "je suis pour tout ce qui est à venir un *fatum* !" voilà ma réponse au déterminisme ! »[1]– , mais non selon la cause efficiente ou finale et cela contre les sciences mécaniques et quantitatives, car ce qui détermine tout est une puissance imprévisible et inconcevable qui ne laisse aucune place à un système d'interprétation fixé[2] ; et s'il existe un perspectivisme chez Nietzsche, il n'autorise aucune anticipation ou prédiction, contrairement à ce que les systèmes de pensée prétendent être capables de faire. Il est vain de remonter à une cause originelle qui justifierait l'existence du monde et de l'être humain ; il est tout aussi inutile de chercher une logique de l'Etre ou de la nature qui permettrait de comprendre comment ce qui existe se produit, en vertu de quelle fin ou en fonction de quel

[1] *FP.*, IX, Automne 1883, 16 [54], p. 541.

[2] « le devenir doit être expliqué sans avoir recours à ce genre d'intentions finalistes: il faut que le devenir apparaisse justifié à tout instant (ou inévaluable, ce qui revient au même). » *FP.*, XII, Automne 1885 - automne 1887, 11 [72], p. 233.

mécanisme les choses évoluent : pour le philosophe dionysiaque, la nature n'a pas de secret, elle est totalement apparente sans pour autant être transparente, puisqu'elle est apparemment énigmatique et énigmatiquement apparente ; la médiocrité du savant consiste à faire de l'énigme un problème à résoudre ou un secret qu'il croit pouvoir percer, ce qui implique de dévaluer l'apparence. La science est alors certaine d'arriver à ses fins : il lui suffit de faire de l'apparence un faux être derrière lequel se cache une vérité déterminante que seul l'entendement peut saisir.

Mais Nietzsche dénonce la supercherie de cette vérité que le savant recherche : certes, cette vérité il la trouve toujours puisqu'il l'a inventée en lui donnant, non une apparence, mais une forme idéale imperceptible, immuable, éternelle, logique, quantifiable ou définissable, à laquelle la solution du problème doit correspondre pour accéder au statut béni de la science, celui de cause nécessaire et suffisante. Toutefois; après avoir déniché la vérité dissimulée par l'apparence, le grand savant devrait aussi expliquer pourquoi l'idéal ne se donne pas à voir tel qu'il est, pourquoi la vérité déterminante ne se laisse pas advenir dans la vraisemblance et pourquoi elle disparaît derrière une apparence qui la rend invisible. C'est une question d'honnêteté ; hélas les philosophes manquent de probité[1] et les savants sont prétentieux[2]. La science ne pense pas, dira Heidegger ; c'est bien ce qu'avait vu Nietzsche : elle analyse, juge, déduit, mesure, idéalise, formalise, fait des petites formules, raisonne logiquement ou dialectiquement pour ne pas penser, c'est-à-dire pour ne pas voir que l'apparence n'est pas un problème à résoudre parce que la seule vérité existante est une énigme. Or, la vérité de l'énigme ne peut pas prendre la forme d'un

---

[1] *FP.*, XIV, Début 1888 - début janvier 1889, 15 [25], p. 187.
[2] *FP.*,II*, Eté 1872 - hiver 1873-1874, 29 [13], p. 361.

problème résolu ; la vérité d'une énigme n'est pas un mystère dévoilé ; la vérité de l'énigme c'est l'énigme elle-même en tant que vérité sans solution : une vérité incertaine et d'autant plus vraie qu'elle demeure enveloppée d'incertitude. La vérité de la puissance créatrice de la volonté se substitue, chez Nietzsche, aux certitudes déterministes des causes efficientes qui s'avèrent insuffisantes lorsqu'il s'agit de rendre compte de l'aventure humaine. Le déterminisme de Nietzsche est un déterminisme sans cause.

Les gestes et les actes de l'homme ne sont pas des effets résultant d'une chaîne des causes identifiables et quantifiables, car l'homme, comme moment de la volonté de puissance, est simultanément cause et effet de son activité, laquelle n'est pas un mouvement conditionné – soit par ces causes efficientes, soit par des causes finales prédéterminées – mais une création dynamique [1] qui engendre des modalités existentielles grâce auxquelles l'homme s'imagine – souvent à tort – être plus fort ou moins vulnérable. L'être humain crée et se libère, il construit et détruit simultanément parce qu'il vit et que la vie est toujours une puissance en expansion qui ne peut se figer longtemps en des mêmes formes. L'éclatement de la puissance est constant et c'est d'elle que procèdent les métamorphoses auxquelles l'homme, en tant que fragment de la nature, participe. L'homme prévoit, anticipe, met en perspective, ce par quoi il se fait toujours plus vivant, et cela quand bien même les formes esthético-éthiques par lesquelles il espère se réaliser et devenir plus fort précipitent sa perte. L'existence humaine est essentiellement intentionnelle, mais son intentionnalité, aussi naturelle et spontanée soit-elle, n'en est pas moins

---

[1] La source de toute chose est « l'inlassable volonté de puissance ou de création continuelle ou de métamorphose, ou victoire sur soi-même. » *FP.*, XI, Automne 1884 - automne 1885, 35 [60], p. 267.

erratique. Les fins que l'homme se fixe pour exister procèdent du chaos qu'est la volonté de puissance et elles conservent ce que leurs origines leur confèrent : elles poussent l'homme à se représenter un avenir et à se diriger vers lui et même si cette représentation est nécessaire en tant que perspective, son contenu est contingent et il guide l'homme vers des fins inconsistantes. Ces finalités ne sont que des croyances, croyances d'autant plus envoûtantes qu'elles sont conçues par des idéalistes, c'est-à-dire des faibles. L'homme croit pouvoir s'orienter dans le chaos, mais la volonté de puissance ne se laisse pas enfermer dans les projets esthético-éthiques de l'être humain. Elle le force à donner un sens – personnel ou commun – à son existence. Mais la puissance ne s'y subordonne pas, pas plus qu'elle ne révèle jamais à quelle fin elle persévère dans le changement. Penser l'énigmatique volonté de puissance et y acquiescer consiste à renoncer au mythe de la révélation, mais aussi à répudier ceux qui prétendent connaître le sens et la finalité du monde. La révélation, c'est que rien ne se révèle jamais. Sous le soleil de Midi, dans la clarté philosophique et selon la pensée libre ou la sagesse sauvage, le surhomme se détermine à exister fatalement, tragiquement, dans l'indétermination d'un avenir produit par le retour éternel de la puissance en métamorphose. Les fonctionnaires craintifs de l'entendement en sont pour leurs frais : ils ne pourront jamais déduire des concaténations causales qu'ils ont cru repérer ce qui devrait, selon leurs syllogismes, en découler : autrement dit, selon Nietzsche, l'homme ne connaît pas l'évolution qui l'attend car elle n'est pas inscrite dans ces chaînes de causes que le chaos de la puissance brise toujours à un moment inattendu. Ce qu'il croit devoir advenir, selon ses calculs de probabilité, n'est qu'une mystification, celle de la raison déterministe, sinon celle de la prédestination chère aux théologiens et aux prophètes. La seule détermination qui existe est la fatalité de la volonté de puissance. Y acquiescer délivre le sage de toutes les illusions qui aliènent à des fins fictives, toujours virtuellement désastreuses, car contre-nature.

La volonté de puissance

Comme la nature, la volonté de puissance n'a pas d'histoire, mais elle se transforme en histoire, celle que l'être humain se raconte pour oublier sa faiblesse, pour se mystifier et conjurer les forces qu'il devine et qu'il croit maîtriser en les niant. L'histoire de la volonté de puissance, celle que l'être humain invente, devient alors l'histoire de sa négation. L'histoire, pour être révélatrice du destin humain ou de l'idéalisme nihiliste, est subordonnée à la psychologie ou à la *Généalogie de la morale* – l'« Histoire naturelle de la morale » – qui décrit les transformations auxquelles l'être humain participe sans le vouloir vraiment. C'est donc, pour un homme sans sagesse insigne, à partir d'elles que doit se comprendre le destin de l'être humain, et non à partir de faits réputés historiques.

Mais cela n'est possible que si l'on admet que la volonté de puissance n'est pas la volonté d'être puissant ou de posséder la puissance, ce qui supposerait que la volonté connaisse l'existence et l'essence de cette puissance convoitée. En fait, la volonté de puissance n'est pas la volonté d'une puissance voulue par la volonté : la volonté est incapable de vouloir cette puissance qui la dépasse sans cesse. Par contre, la volonté de puissance peut devenir la volonté de l'homme libre, c'est-à-dire de l'homme qui veut effectivement, positivement, faire, savoir et être simultanément tout ce que la puissance rend possible. Il s'agit pour l'être humain de ne plus refouler ce que la puissance induit, quelles que soient la beauté ou l'horreur qui découlent d'elle (par-delà bien et mal implique aussi de penser et de goûter par-delà le beau et le laid). C'est en s'affranchissant des valeurs et des idéaux ascétiques qui condamnent ou vénèrent certains effets de cette puissance que l'homme libre peut alors vouloir, accueillir, connaître et supporter la réalité de la puissance, sans plus craindre aucun des avatars auxquels elle conduit fatalement. Il s'agit de vouloir ce que la puissance engendre ; il s'agit de relier la volonté à la puissance et de ce fait, d'accepter librement de ne pas savoir, de ne jamais pouvoir savoir *a priori*, ce que l'on veut lorsqu'on veut que la puissance se réalise à travers la volonté. Il s'agit aussi d'assumer pleinement ce à quoi cette puissance libératrice conduit et d'accepter alors de l'avoir voulue. C'est par la volonté comme moment de la puissance que l'homme accède à la seule liberté possible : celle de la puissance. L'homme libre est celui qui, comme « le saint, le philosophe et l'artiste »[1], se donne à la nature pour qu'elle le façonne pour qu'il devienne son œuvre et pour que la vie – l'autre nom de la volonté de puissance [2] – s'accomplisse pleinement à travers lui : la volonté de puissance est une oblation libératrice grâce à laquelle, transi par elle, l'homme se libère de sa grande personnalité, de sa foi, de ses valeurs, de sa subjectivité, de ses représentations objectives, de sa science, de ses propriétés, de sa civilité, de toutes ses erreurs en forme de certitudes pour n'être plus qu'une puissance en errance, libre de tout, libre comme une force que rien ne retient et qui se déploie intégralement. La volonté de puissance est la volonté de la vie, la volonté d'être vivant, d'une volonté entièrement animée par la vie elle-même et par elle seule.

[1] « Il n'y a que trois formes d'existence dans lesquelles l'homme reste un individu ; le philosophe, le saint et l'artiste » , II**, *FP.*, Début 1874 – printemps 1876, 3 [63], p. 273.

[2] « volonté de vivre, là où elle se manifeste je n'ai jamais rencontré que volonté de puissance. » *FP.*, IX, Eté 1882 - printemps 1884, 5 [1], p. 201.

Ce que la volonté de puissance abolit, c'est l'autonomie subjective de la volonté. Ce qu'elle restaure, c'est le statut de l'homme comme créature de la nature, et non comme celle d'un sujet souverain législateur définissant le bien et le mal, décrétant ce qui doit être et damnant ceux qui ne peuvent survivre dans son royaume selon sa seule volonté. Et comme créature consciente d'elle-même, l'homme libre acquiesce à ce que la vie fait de lui non en se prosternant pieusement devant une puissance en image majestueuse, mais en s'assumant comme philosophe dionysiaque, c'est-à-dire en se référant à la seule chose qui existe : les forces pulsionnelles de la nature.

Il s'ensuit une irresponsabilité morale[1], mais non pas existentielle, de l'être humain car ses actes procèdent de la volonté de puissance, dont la puissance ne lui appartient pas ; il n'y a plus ici de place pour une raison pratique autonome qui détermine l'action morale de manière inconditionnelle. Que signifierait, du reste, une responsabilité morale et donc pénale face à l'éternel retour des imparables métamorphoses de la vie ? L'homme ne dirige pas le monde, même s'il rêve religieusement et scientifiquement de le faire. En revanche, la conscience de cette irresponsabilité morale est la responsabilité même du philosophe, responsabilité tragique cette fois en ce que le philosophe ne peut en répondre qu'à lui-même et cela de façon étrange car, en fait, il s'agit pour lui de savoir que sa responsabilité est de ne répondre de rien, sauf du hasard ou, ce qui revient au même, d'accepter la dérision de la pensée causaliste et de la détermination morale qui proviennent de la même perversion mentale : dans les deux cas, l'homme est hanté par le pouvoir des causes : dans le premier, il imagine connaître la mécanique du monde pour maîtriser la nature et dans le second, il croit pouvoir être la cause de ses actes et se maîtriser lui-même.

---

[1] *HH.*, I, § 107, p. 100, § 111, p. 110, § 138, p. 125.

Chaque fois, il se trompe sur sa propre liberté, mais cette erreur est pour lui une jouissance car elle l'entretient dans l'illusion que son savoir formel est un pouvoir réel, ce qui fait de lui un être fort et nécessaire alors qu'il n'est que faible et suffisant.

La responsabilité tragique ou philosophique, concomitante à la conscience de l'irresponsabilité morale, n'a d'autre sens que de rappeler que l'homme n'est rien de ce qu'il croit être et que toutes les questions que suscite ce fait brut resteront sans réponse car la volonté de puissance est une énigme qui ne peut être pensée que par une sagesse sauvage, païenne et a-théologique, seule capable de concevoir toute chose de manière immorale et sans esprit scientifique qui lui aussi est subrepticement moralisateur[1]. Pour Nietzsche, « la volonté est un préjugé, et ainsi le devoir repose sur un préjugé, sur un orgueil insensé »[2]. La volonté n'est pas la faculté d'un sujet autonome et transcendantal, faculté libre spontanée et inconditionnée, indifférente au désir comme si la volonté pouvait vouloir l'indésirable et agir sans plaisir ; la volonté n'est pas non plus une faculté puissante en ce qu'elle donnerait le jour à ce qu'elle veut au moment où elle le veut, créant l'objet de sa volonté simultanément à la volonté elle-même : la volonté ne peut prendre l'initiative de ses actes et il est vain de croire qu'elle conçoit consciemment le rapport qui l'unit à ce qu'elle veut quel que soit le sens de ce rapport : idéaliste si la volonté détermine elle-même ce qu'elle décide, matérialiste ou déterministe si la volonté est stimulée par ce qu'elle en vient à vouloir. C'est un préjugé important de croire que l'homme sait ce qu'il veut et qu'il sait ce qu'est la volonté ; c'est le préjugé de l'importance de

---

[1] *GS.*, V, § 344.

[2] *FP.*, IV, Début 1880 - Printemps 1881, 5 [43 et 47], pp. 455 et 457 ; Volonté et besoin, *FP.*, Début 1880, 1|125], p. 314, Eté 1880, 4 [309], p. 442.

l'homme comme être souverain. Or, il ne l'est pas. C'est donc au moment où l'être humain croit savoir ce qu'il veut qu'il sait le moins ce qu'est la volonté et ce qui l'unit à ce qu'il veut ; et c'est donc au moment où il croit savoir ce qu'il doit faire qu'il se trompe le plus et s'éloigne de son destin d'homme libre :

> vouloir quelque chose et y parvenir : voilà qui passe pour le signe du tempérament fort. Mais ne même pas vouloir quelque chose et y parvenir néanmoins, voilà qui est le fait des plus forts, lesquels se sentent être un *fatum* incarné. [1]

L'être humain ne choisit pas ce qu'il veut : « nous nions qu'il existe une volonté (sans même parler de volonté "libre"). »[2] La conséquence est immédiate : « il n'y a pas de volonté et par conséquent, ni faible ni forte.» [3] Autrement dit, le faible n'est pas un individu dont la volonté est défaillante ; il est celui qui croit en la volonté, forte ou non, et donc en son autonomie. On voit poindre la grande illusion du sujet : le sujet qui s'imagine libre en vertu d'une raison pratique serait celui qui aurait décidé d'avoir une volonté forte, contrairement au faible qui renoncerait lâchement à se maîtriser en se laissant guider par toutes les sollicitations de la sensibilité, au mépris des évidences morales que la raison lui donne à voir. Or, pour Nietzsche, la faiblesse c'est de croire que la volonté est une faculté indépendante et souveraine. La faiblesse consiste à nier que la volonté est déterminée par la

---

[1] *FP.*, IX, Eté 1882 - printemps 1884, 314, p. 100.

[2] *FP.*, XIV, Début 1888 - début janvier 1889, 15[13], p. 181. *FP.*, IX, Eté 1883, p. 440 : « Je me moque de votre volonté libre et de votre volonté serve : illusion pour moi, ce que vous appelez votre volonté ; il n'y a pas de volonté. Cette illusion que vous appelez volonté est née de vos souffrances et de vos idées. Et comme il n'y a pas de volonté, il n'y a pas non plus de loisir. » « La volonté n'est pas motrice, elle n'est qu'un effet secondaire. » *FP.*, IX, Automne 1883, 20[4], p. 618.

[3] *FP.*, XIV, Début 1888 - début janvier 1889, 14 [219], p. 163.

puissance dont l'homme n'est qu'un fragment. Le déterminisme de Nietzsche est ici patent[1] car si l'être humain ne détermine pas arbitrairement ce qu'il veut, il ne cesse pas de vouloir, mais il choisit alors ce qu'il veut en étant inconscient de la puissance qui conditionne ses choix. Il est donc difficile de dire que l'homme sait *a priori* ce qu'il veut, qu'il veut cela même qu'il sait devoir ou pouvoir être voulu par lui ; il vaut mieux admettre que sa volonté est sans objet déterminé qui soit la cause de la volition.

En revanche, la volonté, parce qu'elle est toujours en puissance, reste indéterminée et inconditionnée ; son irrépressible activité transforme le réel en objets de valeur et, en ce sens, la volonté ouvre des perspectives esthético-éthiques que ni la raison ni l'intellect n'ont conçues avant qu'elles leur soient offertes par elle. En fait, comme la volonté est en puissance, l'être humain ne sait pas ce qu'il veut avant de le vouloir. C'est la volonté qui donne une forme à ce qui est voulu : le désir façonne l'objet désirable. Ce n'est qu'après l'avoir voulu ou, au plus tôt, au moment où la puissance transforme quelque chose en objet de la volonté, que l'homme voit enfin ce qu'il veut. Mais à ce moment, le savoir de ce qui est voulu reste une croyance. Seul le surhomme sait ce qu'est la volonté, car il sait que la puissance qui l'anime est créatrice et destructrice en même temps et que la volonté est avant tout évaluation et donc simultanément dévaluation, évaluation de ce qu'il veut et dévaluation de ce à quoi il répugne. Le faible croit savoir ce qu'il veut et il croit le vouloir parce qu'il pense savoir ce que vaut ce qu'il veut, mais il ignore que lui-même n'est pas le sujet autonome de sa volonté, mais une représentation de la puissance de la volonté, une de ses métamorphoses, une de ses négations, une de ses déterminations : l'individu faible, l'être humain qui croit en

---

[1]Voir « L'origine de nos évaluations morales », *FP.*, IX, Hiver 1883-1884, 24 [16], p. 684 et suiv.

lui-même et aux dieux qui confortent son illusion, est une des modalités, une des créations, une des ruses, non de la raison, mais de la vie. Le sage dionysiaque n'a peut-être comme seule science d'avoir compris ce qu'est la volonté de puissance, mais cette sagesse lui suffit, car c'est d'elle que dépend la juste évaluation de toutes les autres connaissances, de toutes les vérités mystificatrices et de tous les reflets de certitudes par lesquelles l'homme se subjugue lui-même et s'aliène à ses croyances pour mieux effacer le monde qui l'effraie. Mais le surhomme, le solitaire libre[1], celui qui ne veut rien de ce que les autres veulent, sait que la volonté n'est pas libre et qu'il n'est pas possible de vouloir être libre : ce serait en effet subordonner la liberté à une instance ou à une faculté conditionnée par des forces dont la personne ou le sujet transcendantal souhaitent rester inconscients ? Pour Nietzsche, se croire libre de vouloir[2] suppose de n'avoir pas compris ce que sont la volonté et la liberté ; c'est une illusion du sujet logicien qui, croyant à l'identité des choses et donc à la sienne, s'imagine pouvoir déterminer *a priori* et souverainement ce qu'il veut comme s'il n'était pas affecté par ce qu'il se représente comme objet à vouloir. La dénonciation de cette vaine certitude conduit à évacuer

---

[1] Le sage est destiné, comme le montre Zarathoustra (« De la vision et de l'énigme » p. 206), à se sentir moins seul lorsqu'il est seul que lorsqu'il est entouré par ses congénères dont il doit s'éloigner pour préserver sa sagesse et la soustraire à la contamination du bavardage et des dérives qu'entraînent la volonté ou le sens commun. Il passe donc pour un excentrique ou un original. Mails il l'est justement parce qu'il sait ce qu'est la volonté de puissance alors que les sujets de la « ville bariolée », les personnes cultivées, croient savoir ce qu'elles veulent sans voir qu'elles sont les créatures inconscientes d'une force insensée. La « patrie» du sage est la solitude, *Z.*, « Le retour au pays », p. 234.

[2] « Donc, la croyance à la liberté de la volonté est une erreur originelle de tous les êtres du règne organique, aussi ancienne que les tendances logiques qui existent en eux. » *HH.*, § 18, p. 46.

une autre fiction du sujet, lequel, prenant conscience que sa volonté n'est qu'un désir stimulé, souhaiterait affirmer son pouvoir sur lui-même en niant cette stimulation : vouloir librement serait alors résister à la tentation, c'est-à-dire vouloir ne pas vouloir.

Vouloir être libre est une expression insensée : la liberté n'est pas une fin que la volonté pourrait atteindre. Que serait une liberté voulue, désirée par une volonté qui ne serait pas elle-même libre ? Inversement, pourquoi une telle volonté voudrait-elle être libre si elle ne connaissait pas d'emblée ce qu'est la liberté et si elle la connaît immédiatement, alors pourquoi la vouloir ? En fait, la volonté de puissance et la liberté sont un seul et même moment : « vouloir délivre, car vouloir c'est créer »[1], mais seule la volonté créatrice est libre, c'est-à-dire la volonté généreuse, formatrice et donatrice de sens, la volonté vertueuse propre au surhomme. Etre libre, c'est être puissant, non pas doué d'une très grande force ou pourvu de nombreuses capacités, mais être amoureux du *fatum* en acceptant ses imprévisibles transformations, sans plus aucune crainte.

Ce qui oppose le faible et le sage sauvage, c'est le fatalisme.

Le sage sauvage sait que le hasard fait bien les choses parce qu'il est la puissance même se modifiant sans jamais se dévoiler ni annoncer à la raison causaliste la suite des évènements qui résulteront de ses imprévisibles et imprédictibles transformations. S'il fait bien les choses, c'est parce que les choses faites par le hasard sont le bien même, non le bien en tant que valeur morale, mais en tant que plénitude accomplie, en tant que fait intégralement réalisé. Le *fatum* – l'antithèse de l'idée réfléchie – n'est pas un accident, la rupture d'une liaison causale universelle, l'incompréhensible détournement de la finalité des choses ;

---

[1] Z., « Des tables anciennes et nouvelles », p. 259.

le *fatum* est la nécessité même, mais une nécessité que seule la pensée libre, la « passion philosophique » délivrée des représentations abstraites de la causalité et des réflexions finalistes peut penser, nécessité infiniment vraie mais insensée, incertaine donc mais passionnante. Certes, il n'y a pas de science causaliste de l'accident[1], mais il existe une science pour laquelle l'accident n'existe pas en tant que fait injustifiable ou anormal : une science au-delà de la normalité et de toute justification, par-delà toutes les valeurs qui se réduisent au bien et au mal, une science indifférente aux certitudes. Cette science en devient excentrique, car elle quitte le domaine des vérités produites par la réflexion égocentrique des sujets confiants en leur faculté de connaître ; la philosophie dionysiaque met le sujet hors de lui passionnellement et donc lucidement :

> "qu'importe de moi !" est l'expression de la vraie passion, c'est la façon extrême de voir quelque chose en-dehors de soi [2]

La passion philosophique force la personne à cesser de s'aimer et l'empêche de ne connaître que dans la reconnaissance. Mais comment rivaliser avec l'amour de soi si ce n'est en proposant un amour plus puissant, plus absolu, plus nécessaire, mais sans doute plus impossible et donc moins dramatique, mais plus tragique ? On le sait, « ce qu'il y a de grand dans l'homme est *amor fati.* » [3] Cet amour est lui-même une « passion philosophique et un

---

[1] ARISTOTE, *Meta* E 2, 1028, b5 : « Puis donc que nous parlons des différentes acceptions de L'Etre, nous devons faire remarquer d'abord que L'Etre par accident n'est jamais objet de spéculation. Ce qui le montre bien, c'est qu'aucune science ni pratique ni poétique ni théorétique, ne s'en préoccupe. »

[2] *FP.*, Fin 1880, 7 [45], p. 573. A., V, § 547, p. 278 : « qu'importe de moi - telle est l'inscription gravée au-dessus de la porte du penseur futur. »

[3] III., « Ecce Homo, Pourquoi je suis si avisé ».

acquiescement à la réalité ».[1] Cet acquiescement, l'*amor fati,* est la connaissance dont l'homme fort, et lui seul, est capable, homme fort qui supporte la passion philosophique, la sagesse tragique, ce dont l'homme faible est incapable :

> La connaissance de la réalité, l'acquiescement à la réalité, voilà, pour l'homme fort, une nécessité aussi impérieuse que, pour l'homme faible, sous l'inspiration de sa faiblesse, la fuite devant la réalité – bref, l'« idéal »... Ils ne sont pas libres d'accéder â la connaissance : les décadents ont besoin du mensonge – c'est l'une des conditions de leur survie. [2]

Ne plus mentir – c'est-à-dire parler, sans ressentiment et sans crainte, de l'inéluctable, de la contradiction, de la guerre, du devenir – est la force même du sage dionysiaque, de cet être sans volonté insigne. Mais on devine aussi que cette passion philosophique n'est pas une dilection pour une science singulière, une passion de collectionneur de concepts, mais une épreuve radicale, une souffrance, une « grande douleur »[3] qui fait du philosophe un être qui ne peut enseigner, qui ne peut devenir un maître à penser puisqu'il sait mieux que quiconque que lorsqu'il pense la puissance il ne maîtrise plus rien et que lorsqu'il croit la maîtriser, il ne pense plus en vérité. Le sage est dépossédé de sa personnalité et c'est seulement comme être sans valeur qu'il peut penser l'infâme, cela que

---

[1] *Ecce homo*, 3, p. 288.

[2] *EH.*, «Naissance de la Tragédie », § 3, p. 287.

[3] «Quant à la longue maladie qui me mine, ne lui dois-je pas infiniment plus qu'a ma bonne santé ? Je lui dois une santé supérieure, que fortifie tout ce qui ne la tue pas! Je lui dois aussi ma philosophie. Seule la grande douleur affranchit tout à fait l'esprit, en lui enseignant le grand soupçon (...) Seule la grande douleur, cette longue et lente douleur qui nous consume à petit feu, qui prend tout son temps, nous force, nous autres philosophes, à gagner notre plus grande profondeur (...). Je ne sais si une telle douleur "rend meilleur", mais je sais qu'elle nous rend plus profonds. » VIII. *Nietzsche contre Wagner*, p. 370.

le sage insigne ne peut même pas imaginer, c'est-à-dire ce qui est indigne du sujet.

Penser l'infâme

> Il y a tant de choses effroyables dans l'homme...Trop longtemps la terre a été une maison de fous ! [1]

Comment penser l'existence dans ses aspects « les plus maudits et les plus infâmes »[2] ? Comme un idéaliste qui, on s'en doute, cherchera des causes objectives là où la volonté de puissance, qu'il nie, est à l'œuvre, volonté de puissance dont l'homme est un fragment ? Ou bien faut-il penser comme un philosophe excentrique qui, osant sortir de ses représentations complaisantes, affronte le « monstre froid » et sa force énigmatique ? Le résultat sera bien différent selon qu'on confie la question de l'aventure humaine au sujet ou à un « esprit libre » sans scrupules moralisateurs. Le premier, se faisant passer pour un sauveur, produira une théorie rassurante pour les faibles ; le second, « chercheur de la connaissance », pourrait leur faire savoir que leurs idéaux peuvent être porteurs des dogmes les plus odieux qu'ils renieront plus tard, trop tard.

Pour comprendre toutes les métamorphoses de l'homme, il faut se laisser transir par la puissance qui forme les volontés ; il faut donc être un philosophe passionnel, en souffrance, qui regarde le réel sans se tenir à distance, car cette distance est artificielle et illusoire en ce qu'elle réduit la réalité à n'être qu'un objet pour un sujet. L'histoire de l'homme ne peut être comprise qu'en aimant la puissance fatale et ce qu'elle fait faire à l'être humain, que cela soit magnifique ou répugnant. Cette réserve n'a toutefois guère de sens, car ce qui est aimé ne peut l'être qu'en étant aimé vraiment, c'est-à-dire aimé en vérité, ce qui suppose de se

---

[1] *GM.*, « La faute ... », § 22, p. 284.
[2] *FP.*, XIV, Début 1888 - début janvier 1889, 16 [32], p. 244.

situer au-delà des valeurs esthétiques et morales. En ce sens, la volonté de puissance conduit le philosophe à ne pouvoir comprendre l'horreur des pires cruautés qu'en y acquiesçant au-delà du bien et du mal. Comme «Toutes les formes sont notre œuvre »[1], il faut, pour les connaître en vérité, refaire ce que la volonté a voulu. Il faut donc aimer ce qui fut voulu, non d'un amour idéal pour une chose parfaite – par exemple celui de Hegel pour la statue grecque –, mais d'un amour fataliste pour le réel, tout le réel qu'il soit sublime ou abject, car seul l'amour dionysiaque ou la passion philosophique permet de comprendre ce qui est et donc aussi ce que les hommes sont capables de faire :

> Qui écrit sur les mobiles intérieurs de l'homme ne doit pas se contenter de les signaler froidement, car il ne peut de la sorte mettre ses déductions en créance. Il lui faut savoir réveiller le souvenir de telle ou telle passion, de tel ou tel état d'âme, il lui faut donc être un artiste en description. (...) Aussi doit-il être passé par les stades les plus importants de l'humanité et être capable de s'y tenir : il lui faut avoir été religieux, artiste, voluptueux, ambitieux, méchant et bon, patriote et cosmopolite, aristocrate et plébéien, et avoir conservé sa puissance de description. Car il n'en va pas de son sujet comme des mathématiques, où se trouvent donnés des moyens d'expression bien définis, nombres, lignes, qui ne prêtent à aucune équivoque. Tous les mots appliqués aux mobiles humains sont vagues et allusifs, mais il faut savoir suggérer avec force pour décrire un sentiment fort.[2]

Il faut repenser passionnellement les actes humains comme si on ne savait pas encore ce qu'ils allaient engendrer. Parce que tout est affectif – et donc réfractaire

---

[1] *FP.*, Annotation à Emerson Automne 1881 13 [15], p.492, et *FP.*, Automne 1881, 14 [8], p. 499.

[2] *FP.*, III, 1875-1877, 23 [39], p. 473.

aux méthodes scientifiques –, il faut suggérer esthétiquement, sensationnellement, l'intention vitale, la perspective, l'espoir, l'exaltation, la foi qui les ont rendus possibles, autant pour les œuvres sublimes que pour les gestes les plus monstrueux. L'acquiescement à la vie n'est possible qu'en revivant innocemment ses formations : l'amour de la vie n'est pas un amour objectif, une dilection hédoniste pour ce qu'est la vie, un amour possessif de ce qu'elle offre. Aimer la vie consiste ici à aimer vivre pleinement et à retrouver, dans tout ce qui se forme, la puissance énigmatique et indéfinissable qui la sous-tend afin de connaître le réel en vérité. Il s'agit de vouloir à nouveau ce qui fut voulu : « J'enseigne aux hommes un vouloir nouveau : vouloir consciemment la route que l'homme a parcourue en aveugle, la juger bonne et ne plus s'en écarter furtivement, comme font les malades et les moribonds. Ce sont les malades et les moribonds qui ont méprisé le corps et la terre et inventé les réalités célestes et les gouttes de sang rédemptrices ; mais même ces poisons doux et lugubres, ils les ont empruntés au corps et à la terre. » [1] Le philosophe dionysiaque doit éprouver le tressaillement vivifiant qui soutenait cette volonté de puissance se donnant comme une irrépressible impulsion destinée à aller jusqu'au bout d'elle-même. Et cette exigence concerne tout ce dont l'homme est capable, de la plus sublime à la plus immonde de ses œuvres.

Mais alors comment acquiescer à ce qu'il est impossible d'approuver ou, ce qui revient au même, comment connaître en vérité, et non en idées, ce qu'il y a de plus abject chez l'être humain, ce qu'il y a de plus odieux, « disons Auschwitz » [2] ? Pour comprendre la cruauté de

---

[1] *Z*, I, « De ceux de l'outre monde », p. 70.

[2] « Ce n'est donc pas seulement au déclin, à la maladie et à la mort, ou encore aux famines, aux épidémies, à la dureté implacable de la Vie, qu'il faut acquiescer, il faut aussi dire oui aux guerres, aux

l'homme, il faut la vouloir à nouveau, il faut aimer la vivre, il faut sentir la puissance qui s'y exprime. Pour penser Auschwitz, il faut penser et vouloir comme ceux qui ont cru en sa nécessité au moment où le camp était la forme qu'ils ont donnée à leur volonté pour se croire puissants selon une représentation de la puissance qui constituait pour eux un idéal justifiant tout. Nietzsche ne savait pas que cela allait se produire, mais il savait que la morphologie de la volonté de puissance n'est science que dans l'épreuve[1] ; aucune analyse objective, distante donc, aucune condamnation morale, aucune compassion ne rendront compte de cette formation de la puissance : « Ne tiens-tu pas justement de ces expériences le pouvoir de refaire, en les comprenant mieux, d'immenses étapes de l'humanité qui t'a précédé? N'est-ce pas justement sur ce sol qui te déplaît tant parfois, sur ce terrain de la pensée impure, qu'ont poussé les plus beaux fruits de notre ancienne civilisation ? »[2] Condamner, c'est refuser de savoir, car tout jugement est injuste, injuste envers le réel et le « monstre froid » qu'est le monde. Pour comprendre la furie assassine des nazis et de leurs collaborateurs de toutes nationalités, pour comprendre la rage persécutrice des grands théologiens dont la *Généalogie de la morale* dénonce les infâmes procédures, il faut sentir combien profondément, puissamment, l'extermination d'un genre humain et la cruauté furent voulues dans une réjouissance exaltante : « Sans cruauté pas de fête ; voilà ce qu'enseigne

---

exterminations, aux massacres, qu'ils résultent de ce qu'il y a de plus grand ou de plus petit en l'homme. Alors : peut-on vouloir que revienne éternellement, disons, Auschwitz ? Qui peut supporter de dire oui, même une fois, à Auschwitz? Qui n'entend pas à ce moment le chien hurler et qui n'a pas dans la gorge le serpent noir du dégoût ? Et pourtant.... » M.DIXSAUT, op. cit. 271.

[1] *Cin.*, « De l'utilité et des inconvénients de l'histoire », *FP.*, Été-automne 1873, 29 [96], p. 403.

[2] *HH.*, I, § 292, p. 218.

la plus vieille et la plus longue histoire de l'homme – et dans le châtiment, il y a tant de fête. »[1] On l'a bien vu : la place de Grève, et autres sites publics où se dressaient les bois de justice, ont toujours été des lieux de réjouissances festives. Les exécutions spectaculaires et les exterminations ne se font pas à contrecœur. La cruauté est liée au plaisir sans lequel ces prestations infâmes n'auraient pas été possibles. Le propre de la fête, c'est de partager une ferveur exaltante et, depuis toujours, comme dans la transe orgiastique, le moment festif dilacère l'individu en l'immergeant dans un rythme fusionnel où s'absolvent toutes les fautes. L'histoire de l'homme est scandée par le retour de ces moments où la volonté individuelle se fond dans un mouvement collectif d'où montent les cris rauques de la bestialité : les cérémonies meurtrières peuvent alors commencer. Quand ce n'est pas à leur neutralisation, c'est à l'épuisement des bourreaux zélés que les martyrs devront leur salut, non à leur compassion ou à cette morsure de la conscience qui aurait dû retenir leurs mains assassines ; c'est cela que doit savoir le philosophe avant de prononcer un discours moralisateur[2] : les criminels semblent peu enclins à

---

[1] *GM.*, « La faute, la mauvaise conscience », § 6, p. 260.

[2] La question est posée de savoir si l'*amor fati* et l'acquiescement à la vie, si l'amoralité du sage dionysiaque, peuvent offrir un moyen, sinon une justification, qui permet de résister à la barbarie. On devine que, si tel est le cas, cette résistance n'est ni idéale ni idéaliste ni fondée sur le bien en soi comme antithèse du mal. Cela pourrait impliquer aussi que cette résistance amorale pourrait ne trouver dans la civilisation aucune ressource contre la cruauté abjecte, et cela d'autant plus que le monde cultivé transporte des valeurs qui sont souvent virtuellement meurtrières. Il serait alors question d'opposer une surhumanité à l'humanité elle-même, une sagesse sauvage, à la fois, contre les délires déréistiques de la sagesse insigne et contre la bestialité de la sauvagerie, résistance nécessairement dédoublée puisque ce sont souvent les beaux esprits sacerdotaux qui inventent les dogmes qui disculpent les exécuteurs de basses œuvres, lesquels, sans leur

admettre que leurs meurtres sont un avilissement : les grands criminels n'ont aucun remords et ils ne gardent comme souvenir de leurs méfaits que la délectation que leur ont procurée leurs actes[1]. Si le crime n'induit aucun remords chez les vrais meurtriers, c'est parce que le lien de causalité entre la faute et le remords est inversé : pour la majorité des gens normaux, mieux dit : normalisés, le sentiment de culpabilité est premier et c'est lui qui retient la main du criminel en puissance[2] ; les remords précèdent le crime et le rendent impossible. Les innocents ne sont pas des êtres purs de toute intention criminelle[3], mais des craintifs qui n'osent pas passer à l'acte, non par horreur du sang, mais parce qu'ils entendent cette voix intérieure qui les menace d'être désignés comme coupables, d'être excommuniés et exposés à la vindicte populaire. Mais si une loi leur dit de tuer, ils le feront[4]. Le meurtre collectif n'a pas de causes politiques, économiques, sociologiques, mais il procède de la volonté animée par la puissance, mais par une puissance collectivement idéalisée qui pardonne certains gestes. C'est la volonté qui en invente les raisons et les justifications une fois qu'elle s'est mise en

---

bénédiction, se seraient peut-être abstenus ou limités à quelques délits de droit commun. Peu nombreux sont les tyrans du XXème siècle qui ont du sang sur les mains. Ils n'assassinent que par délégation et cela d'autant plus qu'ils trouvent facilement du personnel docile pour accomplir leur forfait. Cfr. Infra. « Fatalisme et rébellion ».

[1] « Tous ceux qui ont fréquenté les prisons et les bagnes s'étonnent de constater combien il est rare d'y rencontrer un 'remords" sans équivoque ; mais d'autant plus fréquemment la nostalgie du cher vieux crime mauvais et bien-aimé » *A.*, IV, § 366, p. 214.

[2] « Seuls les gens moraux éprouvent des remords. » *FP.*, IV, Début 1880 - Printemps 1881,2 [16], p. 321.

[3] « L'origine de la moralité ne peut pas être de nature morale. » *FP.*, IV, Début 1880 - Printemps 1881, 3 [122], p. 365.

[4] « La formidable démence de l'Etat subjugue l'individu de telle sorte qu'il refuse la responsabilité de ce qu'il fait (obéissance, serment, etc. » *FP.*, XIII, Automne 1887 - mars 1888, 11 [249], p. 283.

mouvement. Auschwitz a existé parce que cela a été voulu, parce que cela a été aimé comme tout ce à quoi l'être humain œuvre pour nier et sublimer la tragédie de sa naissance – « Ce monde que nous avons créé tout entier, nous l'avons aimé »[1] – et, pour comprendre les « aspects même les plus maudits et les plus infâmes de l'existence », il faut les penser en les voulant et donc en les aimant, mais d'un amour qui est celui de la fatalité puisque l'*amor fati*, l'acquiescement et la passion philosophique ou la sagesse dionysiaque sont un seul et même élan vers la vérité. Telle est la cruauté de la vie : il n'y a pas de distance intellectuelle entre ce qui est et ce qu'il faut penser en vérité. Il n'y a pas de jugement souverain et autonome à partir duquel le phénomène culturel de l'extermination peut être compris ; il n'y a pas de jugement synthétique *a priori* qui puisse élucider ce qui s'est produit, car aucun jugement ne rend compte ni n'assume la détermination de la volonté lorsqu'elle se laisse entraîner idéalement ou abstraitement par la puissance de la vie : à ce moment, la volonté est inconséquente : elle veut sans savoir ce qu'elle veut et sans savoir ce qui résultera de ce qui a été voulu. Et pour comprendre les formations mondaines, les créations de l'homme, quelle que soit leur ignominie, il faut aimer les vouloir et vouloir les aimer à nouveau: « Reviens sur tes pas, marche sur les traces dont l'humanité a marqué sa grande et douloureuse pérégrination à travers le désert du passé. »[2] Toute autre science que celle-ci qui est une épreuve passionnelle est une science de faibles d'esprit, une science purement conceptuelle, une représentation idéale, une autre falsification qui recouvre le réel d'idéaux nihilistes. L'acquiescement à la vie est donc un acte de science, certes d'une science autre que celle des logiciens formalistes et des physiciens objectifs, un savoir actuel de

[1] *FP.*, Automne 1881, 14 [9], p. 499.
[2] *HH.*, I, § 292, p. 218.

ce dont « il s'agit », de ce qui s'effectue naturellement à travers la volonté de puissance.

Comment penser l'infâme si ce n'est en y acquiesçant car, chez Nietzsche, acquiescer c'est connaître selon une passion philosophique, selon une souffrance originaire, une épreuve de dilacération qui immerge l'être humain dans la gangue où les valeurs idéales qui diffèrent l'apparition de la vérité se décomposent. Penser l'infâme, penser en vérité ce qui est, consiste à retrouver le monstre froid, la volonté de puissance dont l'homme est une des formations énigmatiques. Mais cet acquiescement n'est pas pour autant acceptation parce que la question du consentement ne se pose pas : tout se comprend en vérité au-delà du bien et du mal et donc au-delà des valeurs de références qui justifient l'approbation ou le refus de ce que l'homme produit. Ce à quoi il s'agit d'acquiescer ne peut faire l'objet d'un choix, d'un discernement électif ou d'une appréciation morale *a priori* ou *a posteriori*. L'acquiescement, en renversant les valeurs, rend impossible la réprobation ou la prévention morales, et cela d'autant plus que cet acte de science implique aussi de reconnaître que les formations esthético-éthiques dont la volonté de puissance est la seule cause sont en éternel retour. Ces formes vitales sont donc aussi imparables et imprévisibles qu'irrépressibles, ce qui est vrai autant pour les plus belles œuvres de l'humanité que pour les actes les plus abjects que les hommes commettent contre eux-mêmes. Les violences décrites dans la *Généalogie de la morale*[1] ne sont pas moins horribles que celles commises à l'époque moderne, et donc celles-ci ne seront pas pires que celles que nous commettrons à nouveau. On voit donc la terrifiante exigence de l'acquiescement qui nous impose de reconnaître l'énigmatique nécessité des formations de la volonté de puissance dont certaines provoquent en nous

---

[1] Voir spécialement le § 3 de « La faute, la mauvaise conscience ».

horreurs et protestations, sans que cette réaction affective et morale ne puisse rien changer à ce qui est et donc à ce qui sera.

Certes Nietzsche semble nous dire que la connaissance du passé pourrait éclairer l'avenir et donc prévenir que le pire se reproduise : « c'est ainsi que tu seras le plus sûrement instruit de la direction dans laquelle l'humanité future ne pourra ou ne devra plus revenir. Et cependant que tu tendras de toutes tes forces à discerner par anticipation comment le nœud de l'avenir est encore en train de se nouer, ta propre vie en prendra valeur d'instrument et de moyen de connaissance. » [1] La connaissance des erreurs permettrait d'éviter qu'elles se reproduisent et d'imaginer alors que le cheminement de l'humanité est une progression vers sa perfection, faisant de chaque moment de son histoire un fait accompli et révolu, contrairement à ce qu'on aurait pu attendre d'une histoire cyclique. Ou bien faut-il penser que, si éternel retour il y a, ce sont les mêmes aberrations que l'être humain commettra à nouveau, mais sous d'autres formes ? De quoi nous instruit la connaissance psychologique de la volonté de puissance, la connaissance d'une puissance immorale, si ce n'est de l'éternel retour des illusions qui la nient, c'est-à-dire du triomphe des nihilistes et des idéalistes, de la réussite des faibles ? Or, ce sont eux qui engendrent les dogmes monstrueux dont ils ne prendront conscience des conséquences funestes que trop tard. Les idéaux aveuglent parce qu'ils rassurent, parce qu'ils sont l'œuvre de sauveurs qui, pour étourdir les faibles, transforment leur angoisse native en haine. « Sauvez-nous des sauveurs. » [2] , des guides spirituels, des grands timoniers, des petits pères du peuple et de n'importe quel

[1] *HH.*, I, § 292, p. 218.
[2] *FP.*, IX, mai-juin 1883, 9 [36], p. 369.

Führer : « Honte à ceux qui s'imposent aujourd'hui effrontément aux masses comme leurs sauveurs! »[1]

La fin de la vie

Nietzsche semble nous indiquer une voie de la sagesse qui pourrait nous laisser entrevoir ce que seront les civilisations à venir : « Et allons donc, en avant sur la voie de la sagesse, d'un bon pas, en toute confiance! »[2] Quelle est la voie de la sagesse ? « Tu détiens le pouvoir d'obtenir que tous les moments de ta vie : tentatives, erreurs, fautes, illusions, passions, ton amour et ton espérance s'intègrent parfaitement au but que tu lui as fixé. Ce but est de devenir toi-même une chaîne nécessaire d'anneaux de civilisation, et de conclure de cette nécessité à celle de la marche de la civilisation universelle. Quand ton regard sera assez vigoureux pour plonger au fond du puits ténébreux de ton être et de ta connaissance, il se peut aussi que t'apparaissent dans sa nappe miroitante les constellations lointaines des civilisations à venir. Crois-tu qu'une telle vie orientée vers un tel but soit trop pénible, trop dénuée de tout agrément? C'est qu'alors tu n'as pas encore appris qu'il n'est de miel plus doux que celui de la connaissance » La voie de la sagesse est celle de la connaissance et le but d'une vie est : « Un élan vers la lumière – ton dernier geste ; une ovation à la connaissance – ton dernier souffle » afin d'être adéquat à soi, non à l'idéal de la personne libre, mais adéquat en tant qu' « anneau de civilisation »[3]. Pour la sagesse, le but d'une vie n'est donc pas la vie elle-même, il ne consiste pas à vivre pour vivre : « Penser jusqu'au bout le suprême but mortel de l'humanité – un jour ou l'autre le devoir se

[1] *FP.*, IV, Début 1880 - Printemps, 6 [31], p. 466.
[2] *HH.*, I, § 292, p. 218.
[3] *Ibid.*

concentrera là-dessus. Ne pas vivre pour vivre. »[1] S'il ne faut pas vivre pour vivre, Nietzsche nous suggère-t-il de vivre pour exister ou de vivre à l'ancienne, comme les Grecs savaient le faire, c'est-à-dire en méprisant la vie : « Vivre est-il donc un devoir ? Non-sens (...) les hommes sont devenus si lamentables que même les philosophes ne remarquent pas le profond mépris avec lequel l'antiquité et même le moyen-âge traitent cette "évidente valeur des valeurs, la vie!" »[2]) ? S'agit-il de vivre comme Dionysos ou Zarathoustra, c'est-à-dire d'exister, d'être libre, et donc libre de soi et des autres qui nous invitent ou nous forcent à vivre pétrifié dans une forme personnelle, celle de l'ascète désincarné ou, peut-être pire encore, celle du bon-vivant, du faux épicurien pour qui la vie est une occasion de jouissances en tous genres ? Mais l'acquiescement à la vie, l'*amor fati*, comme l'éthique d'Epicure, sont tout au contraire mépris des dieux, mépris de la mort et conséquemment indifférence à ces plaisirs recherchés pour nous divertir de l'évidente cruauté de la vie. Vivre pour exister, c'est-à-dire vivre lucidement dans la tragédie et sans lamentations, vivre dans la connaissance vraie de ce qui est, tel est le but de la vie. Pour Nietzsche, il n'existe qu'une seule réalité : la volonté de puissance, mais la puissance n'ayant ni valeur, ni sens, ni finalité, la vie, qui en est une des formes, n'en a pas non plus. C'est à l'insignifiance de cette force que les nihilistes refusent d'acquiescer. Ils veulent la puissance, certes, mais craignent son non-sens, c'est-à-dire son imprévisibilité : ils commettent, par peur, la double faute qui fera leur malheur, à savoir nier la vraie vie et en inventer une autre, fictive, située dans un au-delà imaginaire surchargé de principes esthético-éthiques s'imposant à eux plus fortement que la seule réalité qui existe. Ce déni de réalité est la cause de la

[1] *FP.*, IV, Début 1880 - Printemps 1881, 6 [281], p. 523.
[2] *FP.*, IV, Début 1880 - Printemps 1881, 6 [105], p.483.

moralité : « le mauvais entraînement à voir le réel et à vouloir voir le réel a fait naître également dans les relations entre les hommes, dans leurs jugements sur les autres et sur eux-mêmes une mythologie : "le monde moral". »[1]

Car en fait, l'acquiescement, la science de la volonté de puissance, est fatal au jugement, qu'il soit objectif ou moral [2] . Les jugements « interdisent l'accès à la connaissance véritable. »[3] car ils ne sont qu'une réaction propre à une personnalité imaginaire : le sujet autonome, l'être qui croit en lui et en son monde, un être fictif qui sera toujours en retard par rapport aux actes de la vie. Le jugement est toujours inadéquat parce qu'il est toujours trop lent « Le jugement est quelque chose de très lent comparé à l'activité éternelle, infiniment petite des instincts – les instincts sont donc toujours les premiers arrivés et le jugement est toujours sur place une fois le fait accompli. »[4] Le jugement – objectif, esthétique ou éthique – procède d'un retard mental, cause de son inadéquation, retard que l'*amor fati* semble combler en partie, mais en partie seulement puisque l'acquiescement à la volonté de puissance ne peut lever l'énigme de la vie. Toutefois l'*amor fati* ose se rendre au plus proche de la force vitale nommée « instinct » ou volonté de puissance pour en saisir l'irrépressible et imprévisible force et donc y consentir sans réserve, sagement, philosophiquement et, aussi étrange que cela puisse paraître, scientifiquement. Car la science authentique est science de ce qui est et ce qui est c'est la vie, ou volonté de puissance, vie qui n'est pas l'objet de la connaissance mais sa condition. C'est en ce sens que la philosophie est à la fois science et

[1] *FP*., IV, Début 1880 - Printemps 1881, 6 [248], p. 518.
[2] *HH*., § 36, p. 66 : « juger est synonyme d'être injuste »
[3] *FP*., Printemps 1880, 3 [54], p. 345.
[4] *FP*., IV, Début 1880 - Printemps 1881, 6 [63], p. 474.

acquiescement, car elle ne peut se déployer pleinement qu'en se retournant sur ce qui la rend possible : la vie elle-même et son énigmatique fatalité qui dévoilent au penseur sa nécessité et ses limites. Sur cette question M. Dixsaut est définitive : « La vérité dont on s'approche est terrible et tragique, elle ne peut venir prendre rang dans l'histoire de l'erreur puisqu'elle n'a pas l'erreur pour contraire. Celui qui ose la dire ose affronter la vie, et la vie n'a pas de vérité, elle est la vérité qui détruit toute possibilité de vérité, la réalité impossible à dissocier de l'apparence, le chaos de forces excluant toute constitution d'un monde unifié, la nécessité implacable et sans finalité. »[1]

La philosophie est donc tragique ou n'est pas. Car elle n'est pas et ne sera jamais idéale, puisque les idéaux ascétiques ne signifient rien là où il y a tout à penser en vérité pendant qu'ils signifient tout pour ceux qui ne veulent rien voir en réalité.

---

[1] *Nietzsche, Par-delà les antinomies*, pp. 326-7.

L'homme sans valeur

> « On appelle esprit libre celui qui pense autrement qu'on ne s'y attend de sa part en raison de son origine, de son milieu, de son état et de sa fonction ou en raison des opinions régnantes de son temps. Il est l'exception, les esprits asservis sont la règle. » *HH.*, I, § 225

La connaissance propre au sage dionysiaque qui consiste à penser la volonté de puissance ne peut avoir elle-même de valeur puisqu'elle ne se conçoit que par-delà toutes les évaluations dont le nihiliste s'entoure pour refouler la honte d'être peureux. Elle est cependant essentielle, car elle est l'unique voie que le sage puisse suivre, l'art – autre forme de mensonge[1] – ne lui étant d'aucun secours.

Si l'art tragique a pu apparaître comme une « consolation métaphysique » parce qu'il représentait « l'espoir d'une future destruction des frontières de l'individuation et le pressentiment joyeux de l'unité restaurée »[2], on trouve chez Nietzsche un revirement qui

[1] *FP.*, XIV, Début 1888 - début janvier 1889, 17 [3], p. 269.
[2] *Ntr.*, § 10, p. 84. Cfr. Supra, déjà cité.

ne permet plus de penser que l'art expose ce que les idéaux nihilistes refoulent. Si l'espoir d'une civilisation d'hommes libres a jamais traversé l'esprit de Nietzsche, elle ne peut plus être fondée et développée par des artistes : « tentatives d'une conception du monde sans morale, tentées par moi autrefois un peu à la légère – une conception esthétique, la vénération du génie »[1], génie dont on apprend ceci : «utiliser et reconnaître le hasard, cela s'appelle génie. Utiliser ce qui répond à un but, ce qui est connu – moralité. »[2]. La conception amorale mais géniale du monde consiste donc à se défaire de la pétition idéaliste selon laquelle l'histoire de l'humanité a un bu : « principe dans toute l'histoire de l'humanité jusqu'à nos jours, aucun but, aucune secrète direction raisonnée, aucun instinct mais hasards, hasards, et hasards – et certains favorables. Il faut les mettre en lumière. Nous ne devons pas avoir de fausse confiance et surtout ne pas continuer à nous en remettre au hasard. C'est le plus souvent un démolisseur insensé.»[3]

On voit toute l'ambiguïté du projet existentiel de Nietzsche : il n'existe aucune de ces finalités morales qui étouffent la vitalité sous des idéaux ascétiques qui puissent revendiquer une nécessité intrinsèque et naturelle. Toutes les formes de morale naissent du ressentiment, c'est-à-dire des préjugés du sujet lui-même qui en souffre vainement. Mais si aucune loi morale ne trouve de justification dans la nature de l'homme ou des choses et si le monde apparaît alors comme un phénomène insensé, il est cependant du devoir – mais d'un devoir amoral – de ne pas confier le destin de l'homme au hasard. Dans un premier temps, ce qui, pour Nietzsche, s'oppose au hasard, c'est l'œuvre d'art, mais une certaine œuvre : la tragédie : une œuvre qui n'est

[1] *FP.*, IV, Début 1880 - Printemps 1881, 1 [120], p. 313.
[2] *FP.*, IV, Début 1880 - Printemps 1881,1 [95], p. 309.
[3] *FP.*, IV, Début 1880 - Printemps 1881, 1[63], p. 303.

pas moralisatrice, car ce qu'elle expose, c'est l'énigme de la vie elle-même dans toute sa cruauté et dans toute son imprévisibilité, décrivant le destin d'un homme jeté au milieu de forces qu'il ne peut vaincre. Dans la tragédie, l'être humain, le héros, devient lui-même une œuvre dans la mesure où il s'expose comme l'être déchiré entre la pulsion dionysiaque et la sublimation apollinienne, tensions essentielles qu'il ne peut ni surmonter ni étouffer. L'œuvre devient alors, non pas une réalisation objective créée par un sujet transcendantal, mais un acte vivant mis en scène publiquement par et pour un homme qui se laisse façonner par la vie (tel était le projet de la *Naissance de la tragédie*). Mais cette tentative existentielle devient, pour Nietzsche lui-même, « légère ». La solution ou la conception esthétique ne suffiront pas à libérer l'homme des idéaux ascétiques : « Je veux fixer des bornes à la fanatique auto-exaltation de l'art, il ne doit pas se comporter en moyen de salut, il est le réconfort d'un instant, d'une valeur vitale, très dangereux lorsqu'il prétend à plus. »[1] Pour soustraire l'être humain au ressentiment qui le fait souffrir autant qu'il l'incite à faire souffrir, il faut commettre une forme d'anamnèse individuelle et collective, c'est-à-dire, selon Nietzsche, une « histoire naturelle de la morale », ce qui consiste à faire, non plus œuvre d'art, mais œuvre de science :

> On pourra ici, pour faire transition, recourir plutôt à l'art dans le but de soulager l'âme surchargée de sentiments car il entretient ces dites représentations (celles de la religion) beaucoup moins que ne le fait une philosophie métaphysique. Il est plus facile de passer ensuite de l'art à une science philosophique réellement libératrice.[2]

---

[1] *FP.*, Eté 1880, 4 [223], p. 425 et 4 [279], p. 434.
[2] *HH.*, I, § 27, p. 53.

Cette science est indispensable, car elle requiert un penseur et non un artiste :

> Quand il s'agit de la connaissance des vérités, l'artiste a une moralité plus faible que le penseur; il ne veut absolument pas se laisser enlever les symboles brillants et profonds de la vie et se défend de toutes méthodes, de tous résultats nus et crus. En apparence, il lutte pour élever la dignité et la valeur de l'homme ; en réalité, il ne veut pas renoncer aux postulats qui assurent les meilleurs effets de son art, comme sont le fantastique, les mythes, le flou, les extrêmes, le sens du symbole, l'exaltation de la personnalité, la croyance à je ne sais quel miracle du génie; il attache donc plus d'importance à la permanence de son genre d'activité créatrice qu'au dévouement scientifique à la vérité sous toutes ses formes, quelque apparence simple qu'elles puissent revêtir. [1]

Le penseur, contrairement à l'artiste, a une moralité plus forte, moralité toutefois différente des évaluations symboliques auxquelles ne renonce par l'artiste et qui toutes s'apparentent à la reconnaissance de sa personnalité. Il demeure un être social, fût-il marginal, alors que la morale de l'esprit libre exclut le psychologue dionysiaque de toute communauté pour cette seule raison que toute son activité est axée sur la connaissance de ce que les êtres civilisés veulent ignorer ou passer sous silence, à savoir que la volonté de puissance n'a pas de sens. Mais si le penseur libre fait œuvre de science, cela suppose d'avoir désigné ce dont son œuvre est la science et cette désignation est métaphysique, car ce dont il est question n'est pas un objet de la physique, science qui reste subordonnée à des valeurs de vérité contaminées par un ressentiment et par un désir vengeur de domination de la nature. Le savoir nietzschéen ne se laisse pas plus séduire

---

[1] *HH.*, I, § 146, p. 134.

pas les abstractions d'une ontologie se présentant comme science de l'Etre en tant qu'Etre, elle est aussi subjuguée par cette suffisance logique héritée de Socrate. Ce qu'il s'agit de rendre possible, c'est une passion philosophique ou une sagesse dionysiaque, un savoir qui n'est pas celui d'un « cerveau » ou d'un « intellect châtré » mais qui n'en est pas moins un savoir, quand bien même ne ressemblerait-il en rien à la physique ou à l'ontologie, toutes deux trop craintives pour aimer le *fatum,* ce qui se fait par hasard, par ce hasard qui, pour un héros tragique, ne peut être souffert passivement, mais doit l'être noblement au risque de n'être que ressenti, idéalisé et finalement mal vécu, vécu dans le bien et le mal, vécu dans la finalité morale. C'est ce qu'il faut maintenant montrer.

Le devoir de liberté

L'esprit libre doit à la fois s'incliner devant le hasard et « ne pas continuer à s'en remettre » à lui. Or, on ne peut s'opposer à la puissance de la vie avec des arguments logiques. Dans la *Naissance de la tragédie*, Nietzsche rappelle que la dialectique de Socrate ne suffit pas pour faire face au destin. Pour comprendre la vie, il faut oser être esthétiquement amoral ; il ne suffit pas d'être intelligent, d'être un virtuose des idées, il faut être génial de façon à enfanter, – le génie est celui qui « enfante »[1] – « l'homme vrai, le satyre en liesse de son dieu »[2]. Mais Nietzsche semble s'apercevoir en 1880 que cette allégresse sensationnelle, cette insurrection artistique, trop légère, ne suffira pas à délivrer l'être humain du poids ou de la culpabilité qui l'étouffent moralement, à savoir la civilisation chrétienne : « Le plus grand problème des

---

[1] *Par-delà bien et mal*, 121, § 206.

[2] *Ntr.*, § 7, p. 71.

temps à venir, c'est l'élimination des concepts moraux et la purification de nos représentations de toutes les formes et colorations morales, souvent pour nous très difficiles à identifier, qui s'y sont insinuées. »[1] L'art ne peut rien contre la moralité et contre les valeurs esthético-éthiques et cela d'autant plus que « tous les jugements esthétiques contiennent des options morales. »[2] Il faut défaire le lien morbide qui unit le bien, le mal, le laid, le beau, le vrai et l'apparence et répudier les jugements de valeur. Mais pour ce faire, pour acquiescer à la vie, il faut aussi la connaître, et pour « faire des découvertes en philosophie, c'est-à-dire pour voir clair dans ce qui est. »[3], il faut affronter l'institution culturelle qui interdit la connaissance claire et distincte, celle requise par Aristote, Platon, Descartes et Spinoza[4]. Or, selon Nietzsche, la vraie connaissance est hors normes scientifiques et morales, car elle ressortit à un instinct : « Mais notre instinct de connaissance est trop puissant pour que nous puissions encore apprécier un bonheur sans connaissance ou le bonheur d'une illusion forte et solide ; nous souffrons à l'idée d'un tel état. »[5] Cette connaissance ouvre le chemin sans repère qui mène à la liberté, liberté qui est immorale : « l'homme libre est immoral parce qu'il veut en tout dépendre de lui-même et non d'une tradition. »[6]

On devine cependant comment ce devoir d'immoralité est lié à la contingence : « Aussi longtemps que nous agissons moralement nous permettons au hasard, qui nous a fait naître dans tel pays et avoir tels gens pour entourage, de prendre pour nous valeur de loi, et nous nous dérobons

---

[1] *FP.*, IV, Début 1880 - Printemps 1881, 1 [14], p. 296.
[2] *FP.*, Printemps 1884, § 25, p. 110.
[3] *PBM.*, « L'esprit libre », § 39.
[4] *A.*, V, § 550, p. 280.
[5] *A.*, V § 429, p. 233.
[6] *A.*, I, § 9, p. 23.

à l'esprit qui ne cherche que le meilleur individualisme. »[1] Notre lieu de naissance est dû au hasard, et c'est donc à lui que nous devons d'être soumis aux lois morales qui y règnent. Tant que nous leur obéissons, nous refusons de voir qu'elles n'ont aucune nécessité intrinsèque. Autrement dit, accepter que tout soit dû au hasard ou que tout soit sans finalité réelle – naturelle ou universelle – conduit nécessairement à comprendre qu'il n'est d'aucun devoir moral d'être fidèle aux normes esthético-éthiques de notre lieu de naissance ou de tout autre endroit. Ce qui a pour conséquence d'ouvrir la voie vers la vérité, non pour la personne, mais pour l'individu et de justifier son devoir d'immoralité, son idiosyncrasie esthétique, sa spiritualité apparente. Reconnaître le hasard implique de laisser place à une autre forme de devoir, le devoir existentiel de vivre librement et d'apparaître dans la liberté.

Nietzsche tient en échec le principe de la civilité selon lequel celui qui est sans foi est nécessairement sans loi. L'homme libre est certes sans foi donc sans loi morale, mais il n'en devient pas pour autant un sauvage dont rien ne retient le désir entièrement livré au hasard. Affranchi de toute prescription morale, il a un devoir plus impérieux et plus essentiel : celui d'être libre en réalité, c'est-à-dire de se constituer comme un individu sachant qu'en lui sourd une force vitale que rien ne peut éteindre, même pas le ressentiment vengeur puisque, lui aussi, s'en nourrit, mais en la refoulant au contraire du libre Dionysos qui connaît cette puissance insensée et l'aime.

La liberté, selon un paradoxe qui n'est qu'apparent, est un devoir, un vrai devoir et un devoir de réalité, et donc un devoir immoral et un devoir d'immoralité puisqu'en sa vertu la perversité de la morale est dénoncée. La morale

---

[1] *FP.*, IV, Début 1880 - Printemps 1881,3 [160], p. 374.

est immorale[1] et si elle est immorale c'est avant tout parce qu'elle désintègre l'être humain : « dans la morale, l'homme ne vit plus en *individuum* mais en *dividuum* »[2] Ce devoir est ce que l'homme libre se doit à lui-même d'être – c'est-à-dire d'être « en-moi-et-pour-moi »[3] – et donc de demeurer infidèle aux lois culturelles sans se livrer corps et âme au déterminisme de la nature et sans sombrer face au hasard dans un fatalisme passif, antithèse du fatalisme amoureux du sage sauvage : il s'agit bien d'une maîtrise de soi par soi-même, et non par un autre imaginaire : par le sujet transcendant : Dieu ou par le sujet transcendantal : l'homme autonome et moral inventé par le cerveau, Kant, le Luther de la raison, le sage ascétique qui ignore l'indulgence. Il s'agit d'accueillir la vie et l'énigmatique volonté de puissance pour mieux la vivre, pour devenir ce qu'elle fera de nous, à savoir un individu déterminé par la nature (un mode aurait dit Spinoza), mais qui est aussi, grâce à la passion philosophique, déterminé à se concevoir et à se réaliser effectivement, dans l'apparence, comme individu : il s'agit bien d'être intégralement égal à soi tel que la vie nous façonne : « Le bonheur réside dans l'accroissement de l'originalité »[4]. L'acquiescement n'est pas un fatalisme passif, accablé, prostré, une forme de stupeur ou d'apraxie, mais un fatalisme dynamique et égoïste : « Ne pas penser aux autres, n'agir strictement en toutes circonstances que dans son propre intérêt, c'est aussi une forme élevée de moralité. »[5]

---

[1] « Nous devons nous affranchir de la morale afin de pouvoir vivre moralement » *FP.*, IX, Eté 1882 - printemps 1884, 1 [32], p. 27. « La morale est morte à cause de la moralité. » *FP.*, IX, Eté 1882 - printemps 1884, 1 [76], 39.
[2] *HH.*, I, § 57, p. 77.
[3] *Z.*, « L'offrande de miel », p. 296.
[4] *FP.*, Printemps 1880, 3 [151], p. 372.
[5] *FP.*, Printemps, 1880, 3 [139], p. 370.

Une perspective psychologique s'ouvre ici, qu'il faut signaler sans toutefois la développer : l'égo de l'égoïsme n'est pas le même que l'égo de l'égocentrisme, ce que Nietzsche exprime abruptement : « je et moi sommes toujours deux personnes différentes. » [1]. Le « je » se présente comme un être « collectif » [2], artificiel, fictif, culturel, désincarné mais moral. « Je », c'est l'autre, car c'est dans l'altruisme, dans la reconnaissance partagée, dans le mérite[3] qu'il se constitue. En revanche, l'autre que le « je » ignore, c'est « moi », le rare et étrange égoïste[4], être surhumain, incarné et délivré de la morale, un être soustrait à cette instance culpabilisante, pesante et étouffante qui ressemble à ce que Freud nommera le "surmoi". Le « moi » déploie la généreuse vertu du surhomme : « Oh! qui pourrait dire le vrai nom, le nom de vertu qui convient à une aspiration pareille ? "La vertu qui donne ", tel est le nom que Zarathoustra a donné un jour à ce sentiment indicible. Et il arriva alors aussi et en vérité ce fut pour la première fois qu'il célébra l'égoïsme,

---

[1] *FP.*, IX, Eté 1882 - printemps 1884, § 352, p. 104.

[2] *HH.*, I, § 94, p. 90 : le plus haut degré de moralité est atteint lorsque l'être humain « pour soi et pour les autres, décide de ce qui est honorable ou utile ; il est désormais le législateur des opinions, conformément à sa notion de plus en plus développée et élevée de l'utile et de l'honorable. La connaissance le rend apte à faire passer la plus grande utilité, c'est-à-dire l'intérêt général et durable, avant la sienne propre, l'estime et le respect de valeur générale et durable avant ceux d'un moment; il vit et agit en individu collectif. » « Ma pensée, comme on le voit, est que la conscience n'appartient pas au fond à l'existence individuelle de l'homme, bien plutôt à tout ce qui fait de lui une nature communautaire et grégaire ; que la conscience, par conséquent, ne s'est subtilement développée que sous le rapport de l'utilité communautaire et grégaire... » *GS.*, V, § 354, p. 254.

[3] *HH.*, 2, § 340, p. 151: « aussi longtemps qu'on te louera, crois bien toujours que tu n'es pas sur ta voie, mais sur celle d'un autre. »

[4] « Les égoïstes sont la plus grande exception », *FP.*, Eté 1880, 4 [51] , p. 288.

l'égoïsme intact et sain qui a sa source dans une âme puissante : dans l'âme puissante à laquelle appartient un corps accompli, victorieux, plaisant aux yeux, dont toutes choses souhaitent devenir le miroir. »[1] On devine que le « je » est transcendantal alors que le « moi » demeure immanent au magma chaotique que célèbre Dionysos par le fait de son incarnation reconnue, assumée et aimée. Il s'ensuit également que « l'autre » apparaît différemment selon qu'il est vu par le sujet qui juge ou par le moi qui donne.

Toute la différence entre le « je » personnel et le « moi » individuel se trouve ici ; la personne survit grâce à un idéal de finalité partagé par un troupeau : « Morale de la sincérité au sein du troupeau. (...) Nous méprisons celui qui ne se laisse pas reconnaître, qui reste secret. En conséquence de quoi, il faut que toi-même tu te tiennes pour reconnaissable, tu n'as pas le droit de rester caché à toi-même, tu n'as pas le droit de croire en tes métamorphoses. " » [2] . Par contre, l'individu égoïste a conscience que son devoir naturel est de se conserver pour lui-même, devoir immoral, mais non amoral ou découragé : cette conservation de soi est un « instinct fondamental auquel se substitue l'altruisme » [3] .L'altruisme, chez Nietzsche, n'est certainement pas la forme la plus accomplie d'une civilité généreuse et bienveillante. Cette solidarité idéale ne connaît pas l'autre en tant qu'il existe réellement : « L'altruisme ne s'applique pas à d'autres individus, mais à des êtres imaginaires, nos semblables. Aider un individu est impossible, car on ne peut le connaître. L'inconnaissable, voilà le prochain ! »[4] L'amour du prochain est en réalité un amour réfléchi, introspectif,

---

[1] *Z.*, « Des trois maux », p. 242.

[2] *FP.*, IX, Hiver 1883- 1884, 24 [19], p. 687

[3] *FP.*, Automne 1880, 6 [4], p. 461.

[4] *FP.*, IV, Début 1880 - Printemps 1881, 2 [52], p. 326.

comparatif, et totalement égocentrique pour cette raison qu'il se réduit à n'être que « l'amour de notre représentation du prochain»[1]. Cet amour idéal et sans objet réel procède du désir propre au faible d'esprit d'être reconnu par l'autre pour survivre[2] : l'altruiste est celui qui n'attend plus rien de lui-même, car il a renoncé à persévérer dans son être. Il semble donner sa vie aux autres, mais, en réalité, il espère ou exige d'eux qu'ils compensent ce qu'il a perdu, à savoir sa propre force vitale, celle qui ne peut se satisfaire d'aucune des supercheries culturelles dont l'art qui, pour l'homme libre, n'est pas un « moyen de salut »[3].

La personne est l'inconscience même, au contraire de l'individu qui sait ce qu'est la vie : une suite de hasards qu'il faut assumer tels quels en congédiant les prescriptions éthiques car toutes leur attribuent une finalité fictive, ce qui fait de lui un exilé : « l'individu est le bouc émissaire des collectifs « Etats », humanité, etc. Nous ne pouvons subsister qu'en tant que tout, telle est la conviction fondamentale. »[4]

Toutefois, répudier les idéaux moraux n'implique pas de sacrifier au délire positiviste qui réduit l'être humain à n'être qu'un mécanisme mû par des stimulations insensées comme l'automate de Vaucanson[5]. Cela ne consiste pas non plus à substituer aux finalités idéales et mystiques le

---

[1] Ibid., 2 [6], p. 320.

[2] « Qu'est-ce que l'altruisme chrétien sinon l'égoïsme des faibles, qui devine que si tous se préoccupent les uns des autres, chaque individu sera préservé plus longtemps. Si l'on ne ressent pas cette mentalité comme une extrême immoralité, comme un crime contre la vie, on fait partie de la bande malade et on en a les instincts. » *FP.*, XIV, Début 1888 - début janvier 1889, 15 [110], p. 224.

[3] *FP.*, Eté 1880, 4 [223], p. 425.

[4] *FP.*, Eté 1880, 4 [77], p. 394.

[5] KANT, *Critique de la raison pratique*, « Examen critique de l'analytique de la raison pure pratique », p. 106.

concept d'« adaptation »[1], comme si la vie pouvait se réduire aux réactions automatiques d'un organisme, face aux circonstances extérieures : « la vie n'est pas adaptation des conditions internes aux conditions externes, mais volonté de puissance qui, de l'intérieur, se soumet et s'incorpore toujours plus d' "extérieur" ; ces biologistes prolongent les appréciations de valeur morales.»[2] Le principe d'adaptation de l'organisme en vue de la conservation de l'espèce n'est rien d'autre qu'un finalisme apparemment naturel, mais tout aussi fictif que celui des idéalistes. Idéaliser la pensée en niant le corps est aussi contre-nature que de réduire l'activité spirituelle à une réaction physiologique. La passion philosophique exprime ce que sont les « mouvements de l'âme », mouvements que la culture réprime[3], mouvements d'une puissance naturelle qui donne à la pensée toute sa vigueur. La morale du sage s'exprime dans une formule qui tient en échec le devoir abstrait de l'idéaliste et l'absence de devoir des physiologistes :

Je dois ce que je veux[4].

Cet impératif catégorique – l'inverse de celui de Kant – constitue selon Nietzsche « l'élégance suprême dans le domaine moral ». Ce devoir est celui des « natures fières qui s'imposent tout devoir comme une loi qu'elles s'imposent à elles-mêmes et aux autres », par opposition à

[1] *GM.*, La « faute », la « mauvaise conscience », § 12 ; déjà cité, cfr. Supra note 1 p. 157.

[2] *FP.*, XII, Automne 1885 - automne 1887, 7 [9], p. 287. « Le pendant scientifique moderne à la croyance en dieu est la croyance au tout en tant qu'organisme ; c'est là ce qui m'écœure. » *FP.*, Eté 1881 - été 1182, 11 [201], p. 389. Avec Nietzsche, la science est bonne pour le moral, beaucoup moins pour la connaissance.

[3] « Ce que la culture exige aujourd'hui, la défense d'exprimer les mouvements de notre âme, est une longue conséquence de la peur » *FP.*, Printemps 1880, 3 [84], p. 350.

[4] *FP.*, IV, Début 1880 - Printemps 1881, 4 [111], p. 402.

la morale des faibles qui est faite d'obéissance, c'est-à-dire de fidélité à des prescriptions dont personne ne doute tant la vénération dont elles sont l'objet leur donne une valeur de certitude irréfragable. Les faibles sont toujours certains et ils sont parfois certains d'être libres. Entre la loi, la peur et la liberté, il existe une relation qu'il faut mettre dans le bon ordre : chez Nietzsche, la première et déterminante forme de liberté est simultanée au courage et à la volonté de puissance : c'est en vainquant la peur du chaos que l'être humain surmonte la morale, et non l'inverse : il ne suffit pas d'être affranchi de la crainte pour agir librement. La liberté qui délivre l'homme du fardeau de la moralité n'est pas la même que celle qu'il croit posséder lorsque les prohibitions morales tombent en désuétude. La première est la liberté du surhomme, l'autre est celle de l'hédoniste qui s'autorise à faire ce qui n'est pas interdit ou du libre penseur qui se conforte dans l'idée de son autonomie. Il s'agit d'une liberté seconde, passive et, pour tout dire, d'une liberté de faible ; elle n'est que la licence d'un incroyant pour qui les normes ne sont que des superstitions, lois qu'il s'autorise à ignorer[1]. L'autre est rebelle : elle ne procède pas de l'immoralité ou de la superstition vaincue, mais de la sagesse qui consiste à savoir ce qui est, à voir le chaos où se dilacère la subjectivité autonome. Le sage sauvage n'est pas un philosophe en permission : il fait face à une puissance vivante qui ne laisse place à aucune des croyances et des certitudes dont le faible, fût-il rationnel et savant, s'entoure pour survivre. La liberté des forts qui est maîtrise de soi par-delà bien et mal – une maîtrise sans valeur et sans

[1] « Etre moral veut dire : être extrêmement accessible à la peur. La peur assure l'existence de la communauté.(...) En bref, la peur sur laquelle reposait alors la moralité était superstitieuse : être immoral signifiait être exempt de peur superstitieuse. » *FP.*, IV, Début 1880 - Printemps 1881, 3 [119], pp.362-3.

certitude – n'est donc pas à proprement parler totalement amorale puisqu'elle provoque un devoir, mais elle est immorale en ce qu'elle ignore ou méprise des lois ruminées par le ressentiment et la culpabilité des soumis. Il s'agit de la moralité immorale de l'homme fort dont le devoir d'agir puissamment est incompréhensible pour le faible : le fort doit faire ce qu'il veut contre celui qui veut ce qu'il croit devoir faire ; finalement, l'être immoral c'est lui, le régulateur moraliste, le fanatique des lois qui nie la vie, le hasard, qui craint la puissance et son énigme tragique éternellement de retour, le nihiliste, c'est-à-dire le chrétien ; c'est lui qui est immoral avec sa moralité contre-nature, immoral car démoralisateur face à la vie et à sa contingence, immoral car décourageant[1] parce qu'il refoule la vraie morale et le vrai devoir qui consiste à répondre à la puissance de la vie par la volonté de puissance, par cette volonté qui répond de la vie en l'aimant, en acquiesçant à sa force et en assumant ce qu'elle fait faire à l'homme libre, libre non de la vie ou de vivre, mais libre des lois qui falsifient le réel. Aimer la vie, aimer la contingence et l'imprévisibilité, voilà la haute moralité et la noble générosité, celle du surhomme ou du sage dionysiaque. Lui seul comprend physiquement et métaphysiquement qu'il ne peut rien contre le hasard toujours plus puissant, sauf l'accueillir fièrement en s'élevant face à lui, soutenu par un devoir de volonté, de volonté de vivre la vie, l'innommable vie.

Mais la volonté du fort n'a pas d'objet et elle demeure donc sans référence culturelle[2]; elle ne naît pas d'un désir obsessionnel fixé sur une représentation. Elle est volonté

---

[1] *FP.*, IV, Début 1880 - Printemps 1881, 4 [259-260], p. 431.

[2] « Dans la culture, la *satisfaction en imagination du besoin de puissance* est trop estimée et rendue trop facile : si bien que la puissance véritable s'affaiblit (*puissance sur soi-même.*) » *FP.*, IV, Début 1880 - Printemps 1881, 4 [257], p. 430.

de soi, volonté d'être, volonté d'agir, volonté de s'exposer comme œuvre accomplie, comme existence maîtrisée et c'est de cette volonté que surgissent les choses, toutes les choses culturelles et naturelles, choses qu'il abandonne après leur avoir donné forme, pour perpétuer volontairement l'aventure tragique avec cette indifférence envers ce qui est accompli qui confère au sage son inquiétante dignité. L'homme fort est formateur, créateur, donateur et donc destructeur, démoralisateur, négateur : pour créer, il faut avoir détruit autre chose car, dans un monde où tout est retour éternel, il n'y a pas de nouveauté *ex nihilo*, de formation ontique sans précédent, mais d'infinies modifications d'une volonté de puissance qui ne se livre jamais pleinement à travers ses fluctuantes modalités. La création du surhomme n'est plus celle d'un dieu, d'un souverain éminent, détaché de ses créatures, mais une action immanente qui réunit en un même mouvement le créateur, la créature et la création. Le surhomme, par sa volonté, participe de la puissance mise en œuvre, sans jamais pouvoir la dominer et prétendre la faire sienne ; il n'est pas l'origine de la création, ou sa cause, et son œuvre n'est pas sa réalisation ou l'effet de sa détermination créatrice. Le surhomme génial n'est pas un producteur, mais un donateur et, comme tel, il donne ce qu'il est et ce qu'il est n'est ni à lui ni de lui, car la puissance dont il est l'expression ne lui appartient pas ; c'est au contraire lui qui lui appartient lorsqu'il y acquiesce ce qui, paradoxalement, n'a pas pour conséquence de l'aliéner à une force insensée mais de le libérer lui-même en la libérant en lui et alors de se singulariser dans l'universel : il se singularise face au sujet transcendantal figé dans ses certitudes, inébranlable comme les colonnes des grandes institutions ; il se singularise face à la personne cultivée, au citoyen érudit de la cité bariolée, face à la populace ignorante, vindicative, assoiffée de vengeance, mais ces singularisations ne sont que négatives, voire différenciations répulsives. Le sage sauvage, le génie donateur se singularise en s'individualisant, en devenant « l'en-moi-et-pour-moi »[1], en existant corps et âme comme moment de la volonté de puissance : en philosophe dansant, libre et curieux comme un enfant lorsqu'il demande « pourquoi ? » en sautillant comme un petit barbare inoffensif et bienveillant avant qu'on l'étouffe pour qu'il devienne une grande personne, c'est-à-dire un inconscient[2]. On serait en droit de penser que le stade du miroir n'est pas infantile mais éminemment adulte et que, pour retrouver le réel qu'il occulte, il faut accomplir la troisième métamorphose dont nous parle Nietzsche et qui est celle de l'enfance :

> C'est que l'enfant est innocence et oubli, commencement nouveau, jeu, roue qui se meut d'elle-même, premier mobile, affirmation sainte. En vérité, mes frères, pour jouer le jeu des créateurs, il faut être une affirmation sainte ; c'est son propre vouloir que veut à présent l'esprit ; qui a perdu le monde, il conquiert son propre monde. Je vous ai dit les trois métamorphoses de l'esprit : comment l'esprit s'est changé en chameau, le chameau en lion, et le lion en enfant, pour finir.[3]

On le sait, dans le bestiaire de Nietzsche, le chameau a porté le fardeau des croyances et des valeurs sans lesquelles l'homme serait resté un crapaud coassant dans la vase ; le lion a vaincu le devoir – le « tu dois » – qui l'aliénait au dernier des maîtres qui avait entravé l'animal infatigable et docile ; mais seul l'enfant est une « affirmation sainte» et donc sans ressentiment. Nietzsche

---

[1] *Z.*, « L'offrande de miel », p. 296.

[2] *FP.*, II ** Printemps-été 1875, 5 [87], p. 303 : « L'œuvre de toute éducation est de transférer des activités conscientes en d'autres plus ou moins inconscientes ».

[3] *Z.*, « Les trois métamorphoses », p. 65.

ne serait pas le premier à penser qu'il n'y a pas de connaissance authentique sans ingénuité. Héraclite avait déjà compris qu'il y avait peut-être plus de connivence entre lui et des enfants jouant avec des pions[1] qu'avec les édiles d'Ephèse ayant condamné Hermodore à l'exil à cause de sa sagesse[2]. Il se pourrait alors que toute la pensée de Nietzsche, comme celle de bien d'autres, ne soit qu'une ovation à ce genre de connaissance dont seul un être innocent est capable avant qu'il soit piégé par les tarentules de l'esprit. Mais on n'ira pas plus loin dans cette voie qui donnerait à penser que la passion philosophique est une réminiscence de la « vision prodigieuse »[3] de l'enfant, car il faudrait alors penser que c'est lui le vrai sage sauvage, le surhomme.

La désillusion de l'art

La sagesse sauvage n'est pas culturelle. Et Nietzsche s'aperçoit assez vite que l'œuvre d'art n'offre pas la « consolation métaphysique » qu'il en attendait : « Je veux expressément déclarer aux lecteurs de mes précédents ouvrages que j'ai abandonné les positions métaphysico-esthétiques qui y dominent essentiellement : elles sont plaisantes, mais intenables. »[4] Cette désillusion procède du fait que l'art ne libère pas et que l'artiste n'est pas un maître à vivre : si un artiste « exige que nous partagions tout cela avec lui pour avoir la pleine jouissance de son art, il faut lui répondre que la jouissance de la plus grande œuvre

---

[1] HERACLITE, Fragment 130 (52), p. 447, in *Fragments*, texte établi par M.Conche, PUF, Paris, 1986. *Ntr.*, § 24, p. 154 : « Ainsi Héraclite l'Obscur comparait-il la force formatrice du monde à un enfant qui, en jouant, pose çà et là quelques cailloux ou bien édifie des tas de sable pour les renverser de nouveau.»

[2] HERACLITE, Fragment 37 (121), p. 142.

[3] *Cin.*, III, 7, p. 81.

[4] *FP.*, III, 1876-1878, 23 [159], p. 515.

d'art ne contrebalance pas un seul jugement faussé, une altération de notre position. *L'œuvre d'art ne fait pas partie des besoins vitaux (...) Un artiste n'est pas un maître à vivre.* »[1] L'esthétique aurait dû révéler l'évidence de ce qui existe, c'est-à-dire cela même que l'éthique renie ; l'art aurait dû avoir une relation privilégiée avec la vérité pour exhumer la réalité apparente de l'inconscience, ce lieu où la morale enfouit tout ce qu'elle ne veut pas savoir car la morale est l'inconscience même : elle exige que tout désir n'apparaisse que sous certaines formes. Certes, Nietzsche a pensé un temps que l'art – pas celui de Wagner – pourrait faire office de moyen terme, de « transition » entre le ressentiment ou le refoulement de l'idéaliste et la passion philosophique, moyen terme grâce auquel l'ignorant aurait pu prendre conscience de manière passionnelle de la puissance erratique dans laquelle il vit, avant de la penser comme seul un philosophe dionysiaque peut le faire[2]. Mais ensuite, il est devenu évident que la volonté d'art est une espèce de mensonge : exactement comme le savoir du sujet transcendantal qui laisse miroiter un univers phénoménal ordonné, le beau est une valeur réfléchie, c'est-à-dire anthropocentrique[3], mais il a surtout une fonction psychologique essentielle qui est de dissimuler la vérité :

---

[1] *FP.*, IV, Début 1880 - Printemps 1881, 4 [279], p. 434.

[2] *HH.*, I, § 27, p. 53 « on pourrait ici, pour faire transition, recourir plutôt à l'art dans le but de soulager l'âme surchargée de sentiments (...) Il est plus facile de passer ensuite de l'art à une science philosophique réellement libératrice. »

[3] « Rien n'est beau, l'homme seul est beau : c'est sur cette naïveté que repose toute esthétique, c'en est la vérité première. » VIII, *Divagations d'un inactuel*, § 20, p. 119. Voir aussi *FP.*, XIV, Début 1888 - début janvier 1889, 16 [40], p. 248, 17 [9], p. 275.

> La vérité est laide, nous avons l'art afin que la vérité ne nous tue pas[1].

Soit ! Mais de quelle vérité s'agit-il ? De la vérité théologique, de la vérité scientifique, de la vérité morale ? Ou bien est-ce au contraire l'autre vérité, celle que personne ne veut pas connaître : la vérité incertaine, énigmatique, inimaginable et inconcevable à partir de laquelle tout se pense comme fatalité cruelle et indifférente aux souffrances qu'elle provoque chez ceux pour qui la vie avait une valeur. Quelle est la laide vérité ? La fausse vérité réfléchie par le miroir de l'entendement ou celle que la sagesse dionysiaque perçoit en toute chose ? Quelle est la vérité qui tue ou qui se prête à un usage criminel[2] : celle qui ment ou celle qui est insignifiante, la vérité des institutions culturelles ou celle de la vie ? La vie n'est ni belle ni laide, elle est puissante, infinie en ce sens qu'elle est sans orientation. La vie n'est pas une valeur, car elle n'a pas de valeur sauf celle que l'être humain lui attribue dans l'espoir que, entre lui et elle, existe une distance qui l'autorise à réfléchir à ce qu'il croit voir alors même qu'il n'aperçoit que ses propres évaluations qui sont autant de mensonges, d'arrangements cosmologiques qui recouvrent ce chaos de métamorphoses qu'il craint tant puisqu'il y perd toute identité. L'art que nous voulons est avant tout l'art de mentir dont celui de mentir sur nos mensonges, ce qui est l'art suprême, celui non des théologiens ou des savants, mais celui des artistes, du moins des vrais artistes. Comme il existe une volonté de

---

[1] *FP.*, XIV, Début 1888 - début janvier 1889, 16 [40], p. 250 ; voir la suite « il n'est pas possible de vivre avec la vérité ; (que) la « volonté de vérité » est déjà un symptôme de dégénérescence… J'expose à nouveau la conception étrangement sombre et déplaisante de ce livre. Elle a sur toutes les autres conceptions pessimistes le privilège d'être immorale : elle n'est pas, comme celles-ci, inspirée par cette Circé des philosophes, la vertu. »

[2] *FP.*, XIV, Début 1888 - début janvier 1889, 15 [43], p. 199.

vérité qui falsifie le réel, il existe une autre volonté qui falsifie la falsification en donnant à voir ce que les connaissances instituées refusent de montrer : « La Vie doit inspirer confiance : la tâche ainsi posée est immense. Pour en venir à bout, il faut que l'homme soit déjà menteur de nature, il faut qu'il soit artiste plus que tout. Et il l'est aussi : métaphysique, religion, morale, science, rien que des sous-produits de mensonge, de fuite devant la Vérité, de négation de la vérité. Le pouvoir même grâce auquel il fait violence à la vérité par le mensonge, ce pouvoir d'artiste de l'homme par excellence, il l'a en commun avec tout ce qui existe – lui-même est un fragment de réalité, de vérité, de nature : comment ne serait-il pas aussi un fragment de génie du mensonge ? »[1] La volonté d'art se veut libératrice et révélatrice en exposant ce que les nihilistes ne veulent pas savoir : la force immédiate et permanente de la vie, immédiate car elle ne procède pas d'une volonté surnaturelle logée dans un autre monde que celui qu'elle produit : « L'art et rien que l'art! C'est lui seul qui rend possible la Vie, c'est la grande tentation qui entraîne à Vivre, le grand stimulant qui pousse à Vivre. L'art, seule force antagoniste supérieure à toute négation de la Vie, l'art, l'antichristianisme, l'antibouddhisme, l'antinihilisme par excellence. »[2] Mais si la négation esthétique du nihiliste a la vertu de rappeler l'existence de la puissance vitale que la volonté de vérité renie, l'art demeure un mensonge : l'art à travers ses compositions est d'autant plus menteur qu'il est beau, car le beau est, comme le vrai, anthropocentrique, en fait sinon formellement. Certes, son nihilisme semble donc plus vivant que les formes syllogistiques de l'entendement ou que les normes ascétiques des moralisateurs, et cela parce que ses performances sont plus sensationnelles.

---

[1] *FP.*, XIV, Début 1888 - début janvier 1889, 17 [3], p. 268.
[2] *FP.*, XIV, Début 1888 - début janvier 1889, 17 [3], p. 269.

Mais elles ne sont pas moins fausses, et cela d'autant qu'elles poursuivent le même effet que les prescriptions éthiques : la réflexion valorisante de l'être humain. Seul l'art tragique – l'art de la dilacération ou la déformation de l'individualité anthropomorphique – est proche du vrai, mais il n'atteint pas ce vers quoi tend la philosophie de Nietzsche qui est avant tout une « ovation à la connaissance », connaissance du tragique, certes, mais qui est aussi « pensée pure » et donc plus libre que celle qui demeure attachée à l'apparence sensible[1].

Le destin du philosophe

Etrange philosophie toutefois que celle du philosophe dionysiaque, puisqu'elle n'ouvre aucune perspective théorique et qu'elle n'apporte aucune solution éthique, politique ou sociale. Elle semble conduire à la disparition du penseur devenu incapable de participer à la vie civile au fur et à mesure qu'il devient plus lucide sur les forces du « monstre froid » qu'est la nature ; tout se passe comme si, plus le savoir du philosophe sur le destin humain s'accentue, plus son pouvoir sur les hommes diminue avec pour corollaire que là où le pouvoir est fort, le savoir est faible. Est-ce que cet isolement est étrange lorsqu'on se souvient de l'exil d'Héraclite, de la tour de Montaigne, de l'errance de Descartes, de l'effacement de Spinoza et plus tard du désespoir de Freud : « A nous qui souffrons gravement de la vie, il (notre Dieu Logos) ne promet aucun dédommagement. »[2]?

La pire des erreurs que le philosophe puisse commettre est de tomber dans le piège que lui tend l'homme de bonne foi : « Le peuple a coutume de se demander avec un sérieux imperturbable au sujet des philosophes s'ils ont

[1] Voir M.DIXSAUT, *Nietzsche par-delà...*, p. 457 et suiv.
[2] FREUD, *L'avenir d'une illusion*, p. 77.

réellement vécu en accord avec leur doctrine (...) Le peuple exige d'un philosophe qu'il ne mente pas, car il croit que seuls les véridiques reconnaissent la Vérité. De même, qu'il vive sans plaisir sensuel, dans le renoncement. »[1] Si le philosophe se conforme à la représentation que le peuple lui impose, à savoir d'être celui qui dit la vérité, il est doublement perdu : il se condamne lui-même à n'être qu'un pitre, un histrion dont Nietzsche, étonnamment prémonitoire, dénonce le ridicule et il s'impose de renoncer aux plaisirs que le peuple lui conteste pour rester fidèle aux vertus qu'il lui prête. Or, le peuple ignore tout de la sagesse : « Le peuple a, comme il se doit, l'idée la plus fausse de l'état dont il est le plus éloigné, de la sagesse »[2], spécialement la dionysiaque pour laquelle « il faut vouloir vivre les grands problèmes dans son corps et son âme. »[3] Le philosophe parle de questions que le peuple ne pose pas et il ne répond pas aux questions qu'il lui pose. Il est voué au malentendu ; ceux qui l'écoutent veulent entendre la vérité alors que la vérité du philosophe est celle que personne ne veut savoir. Cruelle et sournoise vengeance du peuple envers le philosophe : il l'oblige d'exister selon une perfection éthique et scientifique idéale qu'aucun être humain n'est capable de supporter : une existence abstraite, désincarnée, sans faillir ni se tromper. Comme une telle exigence est impossible, le philosophe en devient un imposteur. S'il veut survivre et penser librement, corps et âme, profondément, sans avoir à répondre devant la sagesse populaire des vérités qu'elle ne veut pas entendre, il lui faut porter un masque car « Tout ce qui est profond aime le masque ; les choses les plus profondes haïssent l'image et le symbole. »[4]

---

[1] *FP.*, XII, Eté 1886-automne 1887, 5 [33], p. 197.
[2] *FP.*, XII, Automne 1885 - automne 1887, 5 [30], p. 196.
[3] *FP.*, XII, Automne 1885 - automne 1887, 5 [29], p. 196.
[4] *PBM.*, L'esprit libre, § 40.

Si tout ce qui est profond porte un masque et demeure donc inimaginable et insignifiant, c'est parce que ce qui est profond apparaît de manière énigmatique et troublante comme ces masques que les tragédiens antiques portaient sur scène. Le masque tragique ne cache pas un visage qui lui-même pourrait bien n'être qu'un autre masque mais il donne à voir ce qu'est le tragique : « le chœur dithyrambique a pour tâche de stimuler la disposition dionysiaque de l'auditoire jusqu'au point où, le héros tragique paraissant sur la scène, ce n'est pas l'homme affublé d'un masque difforme qu'il aperçoit, mais la figure d'une vision pour ainsi dire née de sa propre extase. »[1] Et si le masque est difforme, c'est parce qu'il expose ce que seule une disposition dionysiaque permet de voir : l'apparence réelle de l'horreur et des souffrances de la vie : «Les Grecs connaissaient les terreurs et les horreurs de l'existence, mais ils les masquaient pour pouvoir vivre. »[2] Mais masquer n'est pas cacher ; au contraire, la difformité du masque tragique est conforme aux « horreurs de l'existence ». Il montre aux Grecs ce qui est profond, c'est-à-dire ce qui existe simultanément en réalité et en apparence en un même monde sans au-delà : « Les Grecs étaient superficiels... à force de profondeur. »[3] La profondeur est superficielle et la superficie est profonde parce que le réel et la surface sont une seule et même chose apparemment réelle et réellement apparente : comme le dit justement M.Dixsaut, « superficiel n'est pas le contraire de profond »[4], et cela d'autant moins que, dans l'univers de la volonté de puissance, apparence et réalité se donnent à voir simultanément. Le tragique n'est finalement rien d'autre que la conscience de cette parfaite coïncidence

[1] *Ntr.*, § 8, p. 76.
[2] *Ecrits posthumes*, 1870-1873, p. 55.
[3] *Nietzsche contre Wagner*, p. 372.
[4] M.DIXSAUT, op. cit. p. 163.

de la puissance et du visible : comme il n'y a rien derrière l'apparence, tout ce qu'il y a à connaître est là devant nous, et ce qui est devant nous est un monde fait de métamorphoses à la fois insensées, nécessaires et imprévisibles. Le tragique est que nous le savons et, à la fois, que nous refusons de le savoir et de ce refus naissent les formes esthétiques, les valeurs éthiques et les certitudes scientifiques, bref, le monde culturel. Le philosophe sachant que le monde est un monstre de force a lui aussi une apparence qui ne peut être différente de sa réalité, à savoir qu'il est aussi indéfinissable et inimaginable que l'énigmatique volonté de puissance d'où tout procède et dont les sages insignes ne peuvent souffrir qu'elle ébranle leurs certitudes.

Si le philosophe sait le *fatum,* il sait aussi qu'aucun esprit ne peut défier ou maîtriser le monde ; il n'a donc rien à affirmer, à annoncer, à imposer : il n'est ni savant ni prophète ni moraliste. Il ne peut donc que paraître insignifiant et médiocre. C'est en effet ce que nous dit Nietzsche : « La médiocrité est le masque le plus heureux que puisse porter l'esprit supérieur, parce qu'elle ne fait pas penser la grande foule, c'est-à-dire les médiocres, à un déguisement. Et c'est pour tant bien à cause d'eux qu'il le met, pour ne pas les irriter, souvent même par pitié et bonté. »[1] La suprême bonté du philosophe n'est pas tant d'instruire l'ignorant que de le protéger en ne lui exposant pas le magma chaotique connu de Dionysos. Il appartient donc au sage de ne pas paraître savoir ce que la grande foule, avec sa volonté de vérité logique et ses principes moraux, ne veut pas savoir ; il doit porter un masque qui le sauvegarde, lui et la pensée, mais, plus nécessairement peut-être, il doit paraître médiocre, par bonté, pour ne pas troubler ceux pour qui la vérité philosophique est une offense à leurs croyances, lesquelles comme toujours

[1] *VO.*, § 175. Cité par M.Dixsaut

s'entourent d'images et de symboles, de représentations rassurantes. Or, il n'existe pas d'images du chaos, de symboles de la volonté de puissance ou de représentations idéales de la vérité philosophique.

Le philosophe porte un masque pour disparaître, pour ne ressembler à aucune de ces images dans lesquelles la foule ignorant tout de la sagesse dionysiaque, pourrait l'emprisonner. Cet effacement sauvegarde sa passion de connaissance. Mais le masque a une autre utilité, car le philosophe n'a pas pour mission de désespérer ceux pour qui le bien et le mal ou la vérité logique servent de viatiques, ceux qui ne pourraient survivre dans un monde sans valeurs : « il n'y a pas que de la perfidie derrière le masque, il entre tant de bonté dans la ruse. »[1] Quelle est donc cette ruse de la bonté que cache le masque de la médiocrité propre au philosophe et qui le distingue de l'histrion intellectuel ? On la devine ici : « Est-ce trop demander que de vouloir fréquenter des hommes qui sont devenus doux (...)? Qui attendent peu de la vie et la reçoivent plutôt comme un présent que comme un mérite qu'ils se seraient acquis, comme une chose que les oiseaux et les abeilles leur auraient apportée? Qui sont trop fiers pour pouvoir se sentir jamais récompensés? Et trop sérieux dans leur passion de connaissance et de loyauté pour avoir encore du temps et de la complaisance pour la gloire ? De tels hommes, nous les appellerions philosophes ; mais eux-mêmes trouveront un nom encore plus modeste. »[2] Voilà bien l'apparence du sage dionysiaque qu'on représenterait à tort comme un exalté frénétique en proie à des fulgurances oraculaires livrées à des croyants en guise de vérité, pour le prix de leur gloire. Voilà le vrai philosophe, celui qui sait que la vie ne lui appartient pas et qui, contre le ressentiment vulgaire, acquiesce au fait que

---

[1] *PBM*, § 40.

[2] *A.*, V, § 482, p. 252.

c'est elle qui le possède. C'est dans l'ignorance de la grande foule que l'esprit libre s'engage « sur des chemins où bien peu parviennent jamais »[1], car ce que protège le masque du philosophe c'est aussi son détachement, détachement auquel nous invite Nietzsche : « ne s'attacher à aucune personne fût-ce la plus aimée, toute personne est une prison et aussi un refuge. Ne s'attacher à aucune patrie ... »[2].

La ruse suprême est la désinvolture, car elle préserve la pensée pure du philosophe, mais aussi les croyances de l'ignorant, du faible qui ne pourrait survivre sans ce qu'il a de plus cher : la certitude que sa vie a un sens situé au-delà du monde apparent. Passer inaperçu pour passer sans être retenu par les valeurs qui immobilisent ceux qui les vénèrent, tel semble être le destin du sage sauvage. L'on devine alors ce qu'est la sauvagerie du sage : un héroïsme raffiné, discret pour être plus radical, mais surtout solitaire :

> Il y a dans sa manière de vivre [celle de l'esprit libre] et de penser un héroïsme raffiné qui dédaigne de s'offrir, comme son frère plus grossier, à la vénération des foules, et traverse le monde aussi silencieusement qu'il en sort. (...) dès qu'il vient au jour, il reprend sa course insipide, légère et presque sans bruit...[3]

Si la sagesse est l'*amor fati*, l'acquiescement à l'apparence et à l'imprévisibilité, la sauvagerie qui la rend possible n'est autre chose que l'héroïsme de la solitude. Mais c'est la sagesse qui donne à la pensée nietzschéenne

---

[1] *PBM*, §40, p. 91.

[2] *PBM*., § 41. Cette seule recommandation devrait suffire à évacuer les insinuations selon lesquelles Nietzsche aurait pu être l'avant-garde de l'idéologie nazie : le patriotisme nationaliste lui fait défaut, à quoi s'ajoute sa dénonciation de la moralité socialiste : il devient alors très difficile de voir en Nietzsche un précurseur du national-socialisme.

[3] *HH*., I, § 291; « Prudence des esprits libres ».

sa force rebelle, sa vitalité insurrectionnelle, sa puissance d'interprétation, de déchiffrage permettant au philosophe d'être désabusé et de se soustraite aux idéaux captieux des nihilistes ; c'est la sagesse ou le savoir philosophique qui nie le déni de vie et qui, à partir de cette insoumission aux valeurs grégaires, trouve la voie de la liberté ; c'est donc « l'ovation à la connaissance » qui anime la passion philosophique et la « pensée pure », dont le déploiement est la mission même du philosophe, laquelle apparaît comme sauvage pour cette raison que la république des hommes libres n'existe pas et que la spéculation tragique est proscrite dans un monde ordonné selon des fins mystiques.

C'est donc la philosophie tragique qui isole le penseur, le fait devenir sauvage : pour vivre en troupeau, il faut un idéal, une foi commune, fondement des lois avec pour conséquence que toute civilisation repose sur un mensonge : « nous avons besoin du mensonge (...) pour vivre. » [1]. Cette falsification originaire doit demeurer secrète au risque, sinon, que toutes les valeurs toujours téléologiques et donc mobilisatrices apparaissent comme autant de supercheries avec pour conséquence que les fidèles, soudainement conscients d'avoir été dupés, se transforment en sauvages, mais en sauvages sans sagesse : « la foule est terrible quand elle est sans crainte »[2], disait Spinoza. Le secret doit donc être gardé à tout prix et la vérité énigmatique du sage sauvage doit rester enfouie dans l'inconscience de l'homme cultivé, inconscience dont l'autre nom est « idéal ascétique ».

---

[1] *FP.*, XIII, Automne 1887 - mars 1888, 11 [214], p. 365.

[2] *Éthique*, 4, Scolie LIV.

Fatalisme et rébellion

> « Nous "chercheurs de la connaissance" en sommes venus à nous méfier de toutes les sortes de croyants. » *Généalogie de la morale*, «Que signifient les idéaux ascétiques», § 24

Par-delà vrai et faux

L'*amor fati* est affirmation de la vie. Or la vie est impossible à supporter sans ces falsifications qui constituent la culture humaine. Elles aussi sont fatales, elles doivent donc être aimées. Nietzsche n'est pas Socrate : il n'a pas l'intention de corriger la nature, et encore moins l'être humain en lui imposant par la force une forme idéale exprimée comme une vérité éternelle. Il n'a donc pas comme but de nier le nihilisme puisqu'il est essentiel à la vie, non seulement comme métamorphose de la volonté de puissance, mais comme salut existentiel. Sans négation, sans mensonge, la vie est impossible. Aimer la vie – non comme un bon vivant – consiste donc également à aimer les falsifications et les mensonges, le phénomène culturel dans sa totalité, non par amour du faux, mais par amour de sa fonction vitale :

> Je crois même fondamentalement *que les hypothèses les plus fausses nous sont les plus nécessaires,* que sans admettre la fiction logique, sans mesurer la réalité d'après

> le monde *imaginaire* de l'inconditionné et de l'identique, l'homme ne saurait vivre, et que nier cette fiction, refuser de s'en servir dans la pratique, équivaudrait à nier la vie elle-même. *Avouer que la non-vérité est la condition de la vie* : sans doute, c'est une terrible manière de nous défaire de notre sentiment usuel des valeurs – et là, ou jamais, il s'agit de ne pas "mourir d'hémorragie" du fait de la "vérité établie". Dans ce danger extrême il faut en appeler aussitôt aux instincts créateurs, fondamentaux chez l'homme, et qui sont plus forts que tous les sentiments de valeur : ils sont les Mères des sentiments de valeur eux-mêmes, des Mères qui devant la disparition continuelle de leurs enfants trouvent leur consolation sublime à en enfanter sans cesse d'autres. Et en fin de compte : *quelle a donc été cette puissance* qui nous a obligé d'abjurer cette "croyance dans la vérité", sinon la vie *elle-même* et ses instincts créateurs fondamentaux ? – si bien que nous n'avons pas besoin de faire surgir d'en bas ces "Mères" : – elles sont déjà ici en haut ; leurs regards nous fixent; nous ne faisons qu'accomplir ce que leur charme magique nous a persuadés de faire.[1]

Avouer que le faux est nécessaire, est « un danger extrême », mais cette disposition est créatrice de valeurs – non pas salvatrices – mais vitales en ce sens que le faux procède de la vie elle-même qui se perpétue dans sa propre négation, dans ce refus de voir clair. Mais c'est encore la vie elle-même, la puissance, qui oblige à « abjurer de cette croyance en la vérité », à voir qu'il y a du vrai dans le faux et du faux dans le vrai, comme pour l'étranger du *Sophiste* pour qui il y avait de l'être dans le non-être et du non-être dans l'être. Mais Nietzsche avait averti qu'une des conséquences du congédiement de l'idéalisme consistait à briser les séparations entre les idées claires et distinctes[2] pour comprendre leur ambivalence, ce qui équivaut à se défaire de notre sentiment usuel des valeurs, c'est-à-dire à ne plus s'y soumettre. On comprend qu'il s'agit d'une terrible manière d'exister et sans doute surhumaine, comme tout ce qui éloigne de la bienséance culturelle.

[1] *FP.*, XI, Automne 1884 - automne 1885, 35 [37], p. 256-7.
[2] *PBM.*, § 2, p. 22.

D'où le philosophe tire-t-il la force de mener à bien sa tâche libératrice ? Non de l'amour de la vérité puisqu'il l'éloigne du réel, mais de la puissance, de la vie elle-même sous le regard des Mères, qui continueront à enfanter des sages sauvages pour que s'accomplisse « ce que leur charme magique nous a persuadés de faire », à savoir de penser la vie sans ressentiment.

Connaître la vie, consiste aussi à connaître la valeur et les limites de la connaissance ; celles-ci sont précisées en ces termes : « Il est invraisemblable que notre "connaissance" doive s'étendre plus loin que ce qui suffit tout juste à la conservation de la vie. La morphologie nous montre comment les sens et les nerfs comme le cerveau se développent en fonction de la difficulté à se nourrir.»[1] La connaissance est liée à la vie, et cela dans ses formes les plus élaborées, les plus abstraites, les plus schématiques : « Le modèle d'une fiction totale est la logique. Une pensée est le produit de l'imagination poétique, dès lors qu'une pensée est posée comme cause d'une autre pensée; on imagine dépassées toutes les émotions, toute la sensibilité et la volonté. Rien de tel ne se passe dans la réalité.(...) Il n'y a pas dans la réalité de pensée logique et aucune proposition arithmétique et géométrique ne peut être tirée d'elle, car une telle proposition n'y apparaît nulle part.»[2] Mais si la connaissance logique ne donne pas à connaître ce qui est réel, car rien en réalité n'est logique, elle n'est pas révoquée pour autant : « Ce n'est pas le fait qu'une chose demeure inconnue qui me préoccupe ; je me réjouis qu'il puisse bien plutôt exister un type de connaissance et m'étonne de la complexité de ce qui la rend possible. » La fiction répond à une nécessité vitale, comme par exemple la croyance selon laquelle « c'est le "moi" qui est ce qui

[1] *FP.*, XI, Automne 1884 - automne 1885, 36 [19], p. 291.
[2] *FP.*, XI, Automne 1884 - automne 1885, 34 [249], p. 233.

pense »[1]. Si Nietzsche ne concède pas aux métaphysiciens que cette invention « poétique » soit vraie, il en reconnaît cependant l'importance vitale : « Quelque habituelle et indispensable que puisse être par ailleurs cette fiction, cela ne prouve rien contre son caractère d'invention poétique : une chose peut être une nécessité vitale et être fausse malgré tout. »

Le chemin suivi par Nietzsche est étroit et périlleux car entouré de deux précipices : l'un est celui du cynisme dont Nietzsche dénonce dès le début de *Par-delà bien et mal*, la désespérante vulgarité, l'autre est celui de l'idéalisme. Dans le premier cas, le cynique se libère de toute croyance, mais il n'a d'autre loisir que faire commerce de son amertume. C'est bien ce que Nietzsche lui reproche : pour être libre, il ne suffit pas de se délivrer des idéaux et des ressentiments ou de les dénigrer : « Ton mépris, je le méprise. »[2] dit le sage au « singe de Zarathoustra », à ce fou enragé qui crache son ressentiment sur les habitants de la grande ville, tous contaminés par l'opinion publique et dans laquelle toute solitude est impossible. Il ne suffit pas de singer la sagesse sauvage en dénonçant les vices des faibles : « Pourquoi t'es-tu attardé au bord du marécage jusqu'à devenir toi-même grenouille ou crapaud ?», rétorque Zarathoustra au contempteur compulsif dont le discours écœurant n'existerait pas sans ces vertus officielles dont il se plaît à décrire l'hypocrisie. Si l'air de la grande ville est irrespirable, le sage va respirer celui de la forêt ou alors prendre le large en haute mer[3]. La sagesse est vivante et ne s'imite pas, car la vie et la liberté ne s'imitent pas ; l'esprit libre est solitaire, ce qui justifie le mépris de Nietzsche envers les cyniques : comme les

---

[1] *FP*., XI, Automne 1884 - automne 1885, 35 [35], p. 255.
[2] *Z*., « De passer son chemin », p. 227.
[3] *A*., V, § 423, p. 229 : « voici la mer, voici que nous pouvons oublier la ville. »

singes, ils sont incapables de vivre seuls ; ils ont besoin de « témoins »[1] : ce sont des persifleurs histrioniques qui restent attachés au public dont ils décrient l'opinion. L'autre danger est celui de l'idéalisme qui, quant à lui, a toujours une finalité heureuse à proposer, finalité d'autant plus fausse qu'elle paraît certaine.

Or, Nietzsche s'impose une autre tâche : connaître sans croire, avec pour conséquence qu'il ne répudie pas les croyances, dont la croyance en la vérité, mais il les pense et conçoit leur nécessité sans croire en leur contenu. Et de ce fait, en pensant par-delà bien et mal, c'est-à-dire par-delà le contenu des croyances, Nietzsche pense nécessairement par-delà vrai et faux[2], en ce sens que ce n'est pas la vérité ou la fausseté d'une proposition qui la justifie à ses yeux, mais sa fonction vitale. En pensant les croyances dans leur nécessité existentielle sans s'attaquer à leur contenu, Nietzsche les justifie malgré leur fausseté : l'*amor fati* est donc à la fois négation du nihilisme des idéalistes et affirmation de la nécessité vitale des idéaux, quelles que soient la fausseté qu'ils transportent et la servitude qu'ils impliquent. Car ici aussi la sagesse dionysiaque est ambivalente : si la liberté de l'esprit est l'acte même du surhomme, cela signifie aussi qu'elle lui impose de reconnaître qu'il ne vaincra jamais la dilection des faibles pour l'obéissance aux finalités grégaires. La finalité éthique de Nietzsche est le salut du surhomme, non celui de l'humanité tout entière. C'est la raison pour laquelle Nietzsche mène une double lutte politique et philosophique : la première se fixe comme but de sauver

---

[1] *PBM.*, § 21, p. 46.

[2] « Partant de l'expérience, soit de chaque cas où un homme s'est élevé au-dessus de la mesure de l'humain de façon remarquable, nous verrons que tout haut degré de puissance implique la libération à l'égard du Bien et du Mal autant qu'à l'égard du "vrai" et du "faux"... » *FP.*, XIII, Automne 1887 - mars 1888, 11 [33], p. 232.

les forts de la médiocrité déprimante des faibles, la seconde de sauver l'être humain des sauveurs, fussent-ils forts. Si l'œuvre de Nietzsche peut offrir une résistance à l'infâme, c'est sans doute du côté de la sagesse sauvage qu'il faut la chercher.

L'impuissance du pouvoir

Il y a une disproportion entre le programme de sociologie comparée que nous annonce Nietzsche, dans la *Généalogie de la morale* et le résultat obtenu, d'autant plus que la typologie des cultures[1] se résume finalement à opposer une culture fondée sur une morale des maîtres à une autre viciée par le ressentiment des esclaves[2]. En revanche, pour ce qui concerne la rébellion fataliste de l'esprit libre, Nietzsche semble autrement plus déterminant. Il devient dès lors difficile de se persuader qu'une science historique et philologique ou perspectiviste des cultures et des moralités qui les sous-tendent soit un moyen suffisant pour instaurer une culture aristocratique censée renverser le nihilisme dont on sait que le principal effet est de déprimer l'être humain. La grande différence entre ces deux mondes réside dans le fait que la société aristocratique[3] permet à n'importe qui d'être fort et de produire de grandes œuvres scientifiques, politiques ou esthétiques, alors que le troupeau des faibles se venge de ses craintes en poursuivant et en exterminant tous ceux qui manifestent leur force, empêchant qu'apparaisse une

---

[1] Sur la typologie des cultures voir WOTLING, « Quatrième partie » de son *Nietzsche et le problème...*

[2] *PBM.*, § 60, p. 183.

[3] L'aristocratie n'est pas ici une caste dont la pérennité est assurée par la transmission de titres nobiliaires. L'aristocrate, tel que Nietzsche le conçoit, est un être qui maîtrise sa volonté afin que se réalise la « forme supérieure d'être », celle du surhomme, celle de l'esprit libre. *FP.*, XIII, Automne 1887 - mars 1888, 10 [17]. Voir WOTLING, *Nietzsche est le problème..*, p. 346 et suiv.

grande culture qui n'est pas nécessairement une culture de la grandeur. Il faut toutefois rappeler la « vérité cruelle » que Nietzsche énonce : « La culture, que je comprends avant tout comme véritable besoin de l'art, a un épouvantable arrière-fond : mais ce dernier se donne à connaître dans le sentiment crépusculaire de la honte. Pour qu'un sol soit offert à un grand développement artistique, il faut que l'énorme majorité soit soumise à l'esclavage de la nécessité vitale, au service d'une minorité et par-delà les limites de ses besoins individuels. » [1] Lorsque, comme Nietzsche, on n'a pas honte d'oser voir clair, alors apparaît cette tragique évidence : toute civilisation est cruelle, il existe une cruauté aristocratique et une cruauté démocratique, laquelle se distingue de la première en ce qu'elle semble moins meurtrière, puisque les forts sont plus rares ; mais la faiblesse, se privant de grands développements, c'est elle-même, finalement, qu'elle détruit lentement sans en prendre conscience. On serait tenté de penser que Nietzsche met en lumière un déterminisme culturel, mental, invincible, quelles qu'en soient les modalités pratiques : toute civilisation est répressive, mais en même temps, il n'existe pas de culture qui puisse assurer le salut de l'individu et le soustraire aux souffrances inhérentes à la grégarité : non seulement cette revendication est typique de la faiblesse, mais elle fait également partie de la morale de l'homme fort qui s'impose de rester indifférent à la souffrance, autant envers la sienne qu'envers celle de ceux qu'il sacrifie à ses buts.

Lorsque Nietzsche se veut philosophe éducateur et sélectionneur, voire législateur[2], il confirme qu'il n'existe pas de civilisation sans religion et donc sans prohibition :

> Le philosophe tel que nous le comprenons, nous esprits libres, l'homme de la plus vaste

[1] *FP.*, Début 1871, p. 414.
[2] *PBM*, § 211, p. 131.

> responsabilité, qui se sent responsable de l'évolution totale de l'humanité, ce philosophe se servira des religions pour son œuvre de sélection et d'éducation, comme il se servira des conditions politiques et économiques existantes. L'action sélective, éducative, c'est-à-dire destructive autant que créatrice et formatrice, qu'il est possible d'exercer avec l'aide des religions est une action diverse et multiforme selon l'espèce d'hommes qui sont placés sous leur contrainte et leur tutelle. Pour les forts, les individus indépendants, préparés et prédestinés au commandement, pour les hommes en qui s'incarnent la raison et l'art d'une race dominante, la religion est un moyen de plus pour vaincre les résistances et être en mesure de "dominer" ; c'est un lien qui unit les maîtres et les sujets, qui dévoile et livre à ceux-là les consciences de ceux-ci, leur intimité cachée qui aimerait se soustraire à l'obéissance[1].

Si l'homme fort a une telle maîtrise de lui qu'il ne connaît d'autres règles que celles qu'il s'impose à lui-même pour accentuer sa force, il n'en va pas de même du faible qui ne connaît de loi que celle promulguée par ceux à qui il promet d'être fidèle. Dit autrement, il n'y a pas de loi sans mystification théologique, pas de loi sans foi. Mais la loi est aussi la vengeance des faibles[2], la règle qu'ils imposent aux forts pour les réduire à leur niveau avec la satisfaction de détenir le pouvoir de déterminer ce que l'être humain doit être contre la légèreté, le gai savoir[3] dont font preuve les esprits libres. Le danger de la vie commune est la faiblesse, et non la force : « ce n'est pas des plus forts que vient le malheur des forts, mais des plus faibles. »[4] Mais si la faiblesse étouffe la force dans sa toile de lois, elle se détruit elle-même tout autant ; aucune loi, aucune moralité, aucune ferveur religieuse ne

[1] *PBM.*, § 61, p. 75.
[2] *PBM.*, § 216, p. 137.
[3] *GM.*, Avant-propos, p. 221.
[4] *GM.*, « Que signifient... ? », § 14, p. 311.

transformeront un faible en fort, car lorsqu'un être humain consent à jurer fidélité à un principe régulateur, il ne deviendra jamais fidèle à la seule volonté authentique qui soit : la volonté de puissance, la vie même. Le philosophe éducateur doit donc savoir qu'à défaut de convertir le faible à la force, et sauf à tolérer l'anarchie à laquelle Nietzsche ne donne pas droit, il devra le dominer et faire usage du seul moyen de s'assurer de sa docilité : la religion[1].

Le recours à la mystification religieuse a une conséquence implicite : il est inutile d'attendre que les élites insignes favorisent la formation d'une civilisation de la liberté. C'est évidemment peine perdue puisqu'il n'y a pas de ferveur collective sans ressentiment et sans les sermons de ces prédicateurs qui donnent un sens à la rumination des angoissés, un sens, c'est-à-dire un devoir-être ayant, selon eux, plus de valeur que ce qui est. Il est inutile d'attendre que les maîtres à penser renoncent à leur pouvoir, et cela non seulement parce qu'il est renforcé par la docilité de leurs agneaux, mais surtout parce que ces envoûteurs partagent avec leurs fidèles les mêmes angoisses et les mêmes faiblesses. Cela nous avertit que ceux qui seront les plus réfractaires à la passion philosophique, ce sont les sages institutionnels, au contraire des « gens simples »[2] et des paysans[1], c'est-à-dire

---

[1] C'est toute l'ambiguïté du christianisme, comme de n'importe quel système de valeurs théologico-politiques ou esthético-éthiques : d'un côté il est « extrêmement nocif », mais d'un autre, il apparaît comme « un remède, ou du moins un moyen de domptage (il sert au besoin à rendre malade : ce qui peut être utile pour briser la sauvagerie et la grossièreté). » *FP.*, XIV, Début 1888 - début janvier 1889, 15 [61], p. 207. Il serait donc simpliste de réduire le renversement des valeurs à leur suppression pure et simple. Elles conservent une nécessité pratique face à la bestialité.

[2] Pour rappel : « j'ai trouvé la force là où on ne la cherche pas, chez des gens simples, doux et affables, sans la moindre inclination à

les païens. Cela nous rappelle aussi que le propre de la faiblesse est de vouloir dominer alors que le sage dionysiaque sait que vouloir la puissance revient à ne pas savoir ce que l'on veut puisque la puissance dépasse tout ce que l'entendement, la logique et la raison peuvent concevoir ou définir. L'irresponsabilité de l'être humain cherchant obstinément à détenir un pouvoir est patente. Ce n'est pas le moindre des paradoxes que de voir que ceux qui détiennent le plus de pouvoir sont aussi les membres les plus irresponsables du troupeau. Et c'est à eux que Nietzsche refuse de s'adresser pour cette raison qu'il les sait incapables d'être philosophes, puisque c'est chez eux que l'on découvre la volonté la plus farouche et la plus obstinée de ne pas voir ce qui est, c'est-à-dire aussi ce qui apparaît à tous, au philosophe comme aux gens simples, à savoir que la vie est tragique et que rien ne fera qu'elle ne le soit plus. Il reste que Nietzsche est conscient de l'utilité des religions et c'est la raison pour laquelle il manifeste un mépris profond pour les savants éclairés qui ont cru – car eux aussi, plus peut-être que tout autre, sont des croyants – que l'homme religieux est un être stupide : « Chaque époque a sa propre, sa divine naïveté, qui fera l'envie d'autres époques : et combien de naïveté, quelle naïveté adorable, puérile, immensément nigaude n'entre-t-il pas dans cette foi du savant, dans sa supériorité, dans la bonne conscience qu'il prend de sa tolérance, dans l'assurance aveugle et candide avec laquelle il traite instinctivement l'homme religieux d'individu inférieur qu'il a pour sa part, dépassé de bien loin,– lui le petit nain prétentieux, le

dominer – et inversement, l'inclination à dominer m'est souvent apparue comme un signe interne de faiblesse : ils redoutent leur âme d'esclave et la drapent dans un manteau royal (ils finissent pourtant par devenir les esclaves de leurs disciples, de leur renommée, etc.) ». *FP.*, IV, Début 1880 - Printemps 1881, 6 [206], p. 509

[1] *PBM.*, § 263, p. 191.

plébéien, le diligent ouvrier intellectuel et manuel des idées, des "idées modernes". »[1] La ligne qui sépare le supérieur de l'inférieur ne se trouve pas là où le savant l'a tracée. Il croit pouvoir se distinguer du troupeau des ignorants alors qu'il en fait partie lui aussi, mais sans le savoir au contraire de l'homme simple qui semble être plus conscient de ce qu'est la vie. Pour Nietzsche, il ne suffit pas de croire en la vérité rationnelle et de s'affranchir des dogmes mystiques pour se libérer de toutes croyances, car la vérité scientifique est la forme moderne de l'idolâtrie du sujet au sens subjectif du génitif. Le savant insigne reste un croyant parce qu'il croit, contrairement au sage présocratique, au penseur sans idéal, que la vérité invisible a plus de valeur que l'apparence, ce qui constitue un préjugé : « C'est par pur préjugé moral que nous accordons plus de valeur à la vérité qu'à l'apparence. »[2] Si le théologien voulait dominer le faible, le savant, lui, se croit supérieur à l'ignorant, ce qui est peut-être moins respectable, car il témoigne d'une suffisance en ce qui concerne sa propre personnalité, dont les grands mystiques et les saints se sont abstenus.

Par-delà la philosophie et la sagesse

La faiblesse, l'esclavage consenti, est un phénomène culturel qui procède de la négation de la vie. Mais la vie, par-delà bien et mal, n'a pas de valeur et c'est en lui en attribuant une, en la sacralisant, que le faible s'est imposé culturellement, contre le fort qui, sentant que la vie est volonté de puissance, sacrifie délibérément sa propre existence à l'expression de cette puissance qui le déborde de toute part. S'il échappe à la vengeance des faibles humiliés par son impavidité, il accède à la grandeur. C'est

[1] *PBM.*, § 58, p. 73.
[2] *PBM.*, § 34, p. 53. Déjà cité.

à l'avènement d'une culture de l'aristocratie qu'est consacré le programme politique de Nietzsche, programme qui s'annonce incertain puisque sa réalisation est, comme pour toutes choses, subordonnée au hasard : « Les grands hommes sont nécessaires, l'époque où ils apparaissent est accidentelle. »[1] L'intention politique de Nietzsche est peut-être beaucoup plus limitée : il s'agirait seulement d'enlever aux esprits faibles le droit de diriger la Cité pour ne pas la livrer au hasard, à l'absurdité qui règnent « dans l'économie générale de l'humanité et qui exercent les effets les plus destructeurs sur les hommes d'élite »[2]. Or, on sait que la sagesse de Zarathoustra est d'avoir rendu aux hommes l'antique évidence de la contingence. La morale des forts semble contredire celle du surhomme. Mais, en fait, il n'est nullement question de soustraire la vie civile au hasard, mais d'empêcher que les faibles renient l'imprévisibilité de la vie en lui donnant un sens, une finalité et une nécessité factices qui serviront de justifications à des lois débilitantes imposant au monde une éthique contre-nature. C'est cette morale asthénique que la détermination aristocratique doit supprimer au profit d'une autre qui libère, en tout être humain qui en a la volonté, la force que prodigue la volonté de puissance, force qui, toutefois, n'est pleine et entière qu'associée à l'*amor fati,* amour fatal à l'égocentrisme de « l'Européen d'aujourd'hui » [3] . Nietzsche se fait donc philosophe éducateur afin d'assurer le renversement des valeurs, renversement qui n'implique pas leur suppression, mais leur inversion[4] : il s'agit de restaurer la morale des forts contre celle des faibles, contre leur ressentiment, leur rumination, leur dénigrement de tout ce qui est grand et

---

[1] VIII, *Divagations d'un inactuel*, § 44, p. 138.
[2] *PBM.*, § 62, p. 77.
[3] *PBM.*, § 62, p. 78.
[4] VIII, *Ant.*, § 61, p. 232.

leur inextinguible besoin de vengeance. Mais comment concilier l'avenir de l'humanité et l'éternel retour ? Comment soustraire au hasard ce qui surgit de l'imprévisible volonté de puissance ? Comment fonder une culture de la force sur le magma chaotique dont le surhomme connait l'existence ? Comment répondre aux exigences du philosophe éducateur, promoteur de l'aristocratie, sans contester la parole du sage sauvage pour qui la plus vieille noblesse est de délivrer toutes choses de la finalité pour qu'elles puissent exister sous « le ciel de la Contingence, le ciel de l'Innocence, le ciel du Hasard, le ciel du Caprice »[1] ? Or, on l'a vu plus haut, si tout est devenir tout a un avenir mais rien de ce qui est à venir ne peut interrompre le devenir dans son éternel retour, rien ne revient qui mette fin pour l'éternité au retour de la volonté de puissance, à son accroissement et à ses métamorphoses. Parce qu'elle a un avenir, l'avènement de la morale aristocratique est donc assuré, tout comme celle, réactionnaire, des faibles, et cela d'autant plus que la cruauté des forts provoque le ressentiment des soumis qui réprimeront sans merci ceux qui menacent leurs croyances. Comment croire au programme politique du philosophe éducateur [2] et acquiescer la vision claire du sage dionysiaque ? Comment penser l'avenir dans un devenir sans fin, sans terme, sans achèvement ? Faut-il comprendre que l'avenir de la force est aussi nécessaire qu'impossible et que le philosophe éducateur a raison d'œuvrer à sa réalisation, mais que le sage dionysiaque a tout aussi raison de l'avertir de son échec, car dans l'innocence du devenir, aucune morale, faible ou forte, ne vaincra définitivement son antithèse ? Comme toutes les

[1] *Z.*, « Avant l'aurore », p. 215-16.

[2] Programme éminemment platonicien puisque dans la *République* c'est la figure du philosophe qui assure par ses lois, la cohérence hiérarchique de la Cité.

antinomies chez Nietzsche, celle qui oppose la volonté du philosophe et le fatalisme du sage ne peut être surmontée. Mais doit-elle l'être ? Sans doute pas plus celle-ci que les autres. Au contraire, le philosophe n'est peut-être égal à lui-même que s'il est conscient de ce que le sage solitaire lui annonce : la vérité, la bienveillance du philosophe ne sera jamais reconnue, son programme législatif et religieux, aussi salutaire pour l'humanité soit-il, ne sera jamais suivi parce qu'il ne s'adresse pas aux forts qui n'en ont nul besoin, mais aux faibles qui ne le comprendront jamais : « L'idéaliste est incorrigible : le jette-t-on de son ciel qu'il s'arrange pour se faire de l'enfer un idéal. »[1] La philosophie, plus que la sagesse solitaire, est donc une peine perdue, une souffrance tragique en ce qu'elle veut faire connaître une réalité terrifiante à ceux qui ne veulent pas la voir, alors que le sage sauvage continue seul son errance dans la contingence des choses. Il quitte la Cité dans laquelle le philosophe tente vainement de sauver les faibles de leurs propres faiblesses en confiant leur destin aux aristocrates, aux meilleurs, aux maîtres d'eux-mêmes, impassibles face au « monstre froid ». Il s'agit de donner aux faibles des lois, des valeurs esthético-éthiques et des certitudes qui atténueront leur peur du vide tant qu'ils y croiront et les respecteront, valeurs et certitudes au contenu desquels ni le sage ni le philosophe, ni l'aristocrate ne croient ; mais ils connaissent le pouvoir narcotique de leurs prescriptions, chez ceux qui les suivent régulièrement. C'est en cela aussi que le philosophe éducateur se présente comme le « médecin de la civilisation »[2], d'autant plus médecin qu'on découvre chez Nietzsche, à l'instar de ses « confrères », une froide lucidité sur la nature du mal humain et une indéfectible générosité qui le détermine à lutter inlassablement contre

---

[1] *HH.*, II, § 23, p. 31.
[2] *FP.*, II *, Eté 1872 - hiver 1873-1874, 30 [8], p.459.

la souffrance, sinon contre le mal, spécialement contre la souffrance que l'homme s'inflige à lui-même à cause des croyances[1]. Mais le faible est incapable d'être maître de lui-même ; il se confie donc aux directeurs de conscience qui auront tôt fait d'orienter son ressentiment vers la négation de la vie, avec les conséquences que l'on devine : la servitude jusque dans ses aspects « les plus maudits et les plus infâmes de l'existence ». Le contrepoison du nihilisme est l'affirmation de la vie, non pas contre ceux qui n'ont pas la volonté fataliste de l'aimer, mais malgré eux. Toutefois, vaincre l'épidémie du ressentiment qui fait des ravages depuis deux millénaires, est une tâche dont Nietzsche dit lui-même que les effets bénéfiques sont d'autant plus incertains que la nature « gaspille »[2] et que la volonté de puissance produit simultanément faibles et forts. C'est la vie elle-même qui engendre ceux qui la nient. Le salut n'est donc pas naturel, mais culturel, avec cette réserve que la culture des forts est, elle aussi, un artifice et, comme la médecine, elle ne peut garantir l'avènement d'une humanité guérie de cette souffrance mentale qu'est la rumination du devoir-être contre la vision de ce qui est. Le généalogiste de la morale sait parfaitement que ce sont les faibles ratiocineurs qui ont rongé la pensée des présocratiques dont rien n'indique qu'elle reverra le jour, car l'éternel retour n'est pas la reproduction du même. Ce serait alors une entreprise incertaine que de vouloir inverser les valeurs de l'humanité. Sans doute, mais ce serait faire preuve d'un cynisme_certain que de ne pas s'y essayer, cynisme dont Nietzsche a dénoncé les répugnantes et vaniteuses prestations[3].

---

[1] *Cin.*, **, IV, 4, p. 117 « on ne peut pas être heureux aussi longtemps qu'autour de nous tout souffre et *se fait souffrir...* »

[2] *FP.,* II *, Eté 1872 - hiver 1873-1874, 29 [223], p. 447.

[3] M.Dixsaut note justement que « Zarathoustra ne cesse de se défendre contre le "serpent noir" du dégoût et le mépris des hommes », *Platon -*

Le « granit d'un fatum spirituel »

Toutefois, chez Nietzsche, il existe aussi une rébellion intemporelle et donc immédiate, rébellion puissante mais discrète, dirigée à la fois contre le déni idéaliste et contre la sauvagerie bestiale, rébellion qui n'est ni hypothétique ni métaphorique. Certes, la volonté de puissance pourrait n'être qu'une hypothèse, ou une « métaphore opérationnelle » [1], comme le suggère P.Wotling. Sans doute ! Car la considérer comme telle permet d'évacuer les concepts d'entité ou de cause première sans prétendre avoir atteint une réalité première qu'il serait possible de connaître avec certitude, comme le croient les idéalistes et les positivistes. En donnant à la volonté de puissance le statut d'hypothèse, Nietzsche resterait dans l'incertain, mais non pas dans l'impensable, ce qui permettrait de faire éclater tout discours sur la réalité qui, se présentant comme vrai, prétendrait saisir et définir un objet, un atome premier, cause de tout. De plus, si la volonté de puissance est une hypothèse, elle est équivoque, ce qui oblige à poser ces questions : est-ce l'homme qui pense la volonté de puissance ou est-ce la volonté de puissance qui se donne à penser à travers l'homme ? Est-elle une interprétation du réel au sens objectif ou subjectif du génitif : est-ce la réalité qui se laisse interpréter comme volonté de puissance ou est-ce la volonté de puissance qui se laisse définir comme telle ? Dans les deux cas, la volonté de puissance reste partiellement énigmatique, car, dans le premier, elle est une hypothèse qui, en tant que telle, n'est pas entièrement vérifiée, et dans le second, elle pourrait n'être qu'une apparence, une ruse de la volonté de

---

Nietzsche , p. 273. On pourrait suggérer que la passion philosophique suprême du surhomme consiste justement à aimer et à connaître l'homme réel par-delà ce qu'il a d'effroyable, par-delà sa suffisance et son déni du chaos dont chaque individu n'est qu'un moment altérable.

[1] *Nietzsche et le problème de la civilisation*, p. 53.

puissance qui se dissimule totalement au point qu'elle pourrait être tout autre que son apparence. Cette question doit rester insoluble si l'on veut éviter de retomber dans le travers des textes faits d'idées fixes, voire obsessionnelles, typiques des dominateurs. Pour briser leur suffisance captieuse, il faut ébranler leur certitude, ce qui ne peut être fait en leur opposant une autre certitude. Il faut leur exposer une possibilité inquiétante, car ce que Nietzsche reproche aux idéalistes n'est pas ce dont ils sont certains, mais c'est le fait même d'être certains, de préférer les vérités certifiées et l'assurance qu'elles leur donnent au mépris de ce qu'il y a à connaître au-delà de leurs évaluations. Faire de la volonté de puissance une hypothèse a la vertu de détruire leurs discours, ce qui, pour Nietzsche, est nécessaire, car ce n'est qu'après avoir défait la belle assurance des textes logiques, que l'esprit libre peut enfin, affranchi de toute terminologie fixée [1], s'exprimer.

Mais la volonté de puissance n'est-elle qu'une hypothèse sans plus de nécessité ? Si la volonté de puissance est la vie, il semble présomptueux de la considérer comme une supposition intellectuellement envisageable. De plus, lorsque que Nietzsche nous dit par deux fois que le monde est la volonté de puissance et « n'est rien d'autre »[2], il devient difficile de la considérer comme une hypothèse ; la volonté de puissance est un fait, voire le *fatum* même, et non pas une supposition probable ou une interprétation vraisemblable. La cruauté de la vie, sauf à céder à cette coquetterie nominaliste qui veut que tout ne soit qu'une question de mots, n'est pas une hypothèse, pas plus que la transe orgiaque, où s'éprouve la

---

[1] « il faut tout dire aussi précisément que possible et laisser de côté toute terminologie, y compris le terme "volonté" » FP., 19 [46], p. 188

[2] *PBM.*, § 36 et FP., XI, Automne 1884 - automne 1885, 38 [12], p. 333.

puissance déchirante de la nature, n'est un éclatement festif. Si le penseur libre doit congédier le texte scientifique ou ontologique et lui substituer le texte de la réalité, cela ne fait pas de la réalité elle-même un texte qu'il suffirait de lire pour comprendre le destin humain dont les abstractions logiques ne rendent pas compte. Il s'agit de les renverser en même temps que le pouvoir des prédicateurs logiciens qui consiste à nommer, à attribuer par un jugement un nom aux choses : en effet, pour Nietzsche, nommer c'est maîtriser et s'approprier ce qui est désigné [1] ; les prédicateurs veulent que les choses ressemblent aux noms ou aux prédicats qu'ils leur donnent pour qu'elles deviennent leur propriété ; c'est ce texte d'appropriation qu'il s'agit d'effacer pour « retrouver le texte primitif, le rude texte de l'homme naturel »[2], ce qui suppose d'avoir compris que « tout ce respectable faste verbal relève de la panoplie de mensonges, de la poussière dorée dont se revêt inconsciemment la vanité humaine ». Nietzsche semble nous dire qu'un texte primitif doit ressurgir contre le texte logique, mais il faut aussi voir que le texte logique d'une réalité qui ne l'est pas diffère du texte primitif en ce que le premier est un « griffonnage » qui se superpose au réel pour le voiler, alors que le « rude texte » est celui de l'homme naturel, ce qui donne *a priori* à penser que l'autre texte est celui de l'homme artificiel, de l'homme cultivé idéalement, de l'homme dualiste, car être idéaliste, c'est aussi être dualiste, c'est-à-dire croyant en un autre monde plus vrai que celui de l'homme rude. Pour pervertir le texte logique, il faut donc y introduire la

---

[1] *GM.*, « Bon et méchant... », § 2, p. 225 : « le droit des maîtres de donner des noms va si loin qu'il serait permis de voir dans l'origine du langage même une manifestation de la puissance des maîtres ; ils disent "telle chose est ceci et cela" et marquant d'un son toute chose et tout évènement, ils se les approprient pour ainsi dire. » Déjà cité.

[2] *PBM.*,231, p. 150.

négation d'une idée certaine, à savoir une métaphore inquiétante, inquiétante parce qu'elle réunit des termes qui, sans être antinomiques, n'en sont pas moins problématiques : la volonté de puissance. Ces termes sont troublants, car on ne sait s'il faut comprendre que la volonté est coextensive à la puissance ou si la puissance, bien qu'elle la provoque et la détermine, peut exister sans manifestation de la volonté qui n'en serait alors qu'une des transformations possibles. Ils n'ont pas la simplicité stable d'une idée claire et distincte. Ces termes sont également inquiétants parce qu'ils relient la volonté à une puissance qui n'est pas celle du sujet idéal. Mais peut-on dire que les termes « volonté de puissance » sont métaphoriques ? Sans doute pour le texte idéal et logique, mais pour le texte rude, le sont-ils autant ? Est-ce que la vie est une image suggestive, un terme poétique ? On peut penser que la question change avec le fait que le rapport entre le texte logique et la réalité qu'il prétend contenir est l'inverse du texte du philosophe dionysiaque, texte pathétique, dithyrambique : dans le premier, le prédicateur, le maître à penser, nomme ce qu'il veut savoir ; dans le second, le penseur passionnel accueille ce qu'il entend : il ne désigne plus le contenu de son discours : il n'est plus qu'un surhomme excentrique qui voit clair dans ce qui est ; et ce qui est, c'est une volonté de puissance dont le texte n'est qu'un fragment. L'écrivain devient alors lui-même œuvre d'art, mais une œuvre dont il n'est pas l'artiste ou le créateur autonome, car c'est la vie elle-même qui le transforme radicalement au point qu'entre lui, son œuvre et la vie, il n'existe plus de différence : « l'homme n'est plus artiste, il est devenu œuvre d'art »[1]. Le dualisme qui

[1] *Ntr.*, § 1, p. 45. Pourquoi Nietzsche aurait-il changé d'avis depuis la *Naissance de la tragédie* ? On y apprenait que la tragédie n'était pas la création objective d'un artiste, mais une des apparences de la nature ; c'est la nature qui s'exprime à travers lui. En ce sens : « Nietzsche,

maintient une distance artificielle entre le sujet et l'objet contenu dans le texte logiquement idéal, dans le texte de maîtrise, s'efface : le texte rude n'est plus le texte d'un sujet ; il n'a pas d'objet : il est l'expression de la vie elle-même. Or, la vie ou la volonté de puissance n'est pas seulement une métaphore subvertissant un texte idéal, c'est le texte lui-même qui devient une des métamorphoses de cette volonté de puissance tout comme le penseur qui l'écrit sait lui-même n'être qu'un fragment du *fatum.* Ce dont il s'agit surtout, c'est de renverser un discours moralisateur qui renie ce qui le sous-tend, à savoir la crainte, par un autre qui assume la violence et la contingence que les savants post-socratiques ne veulent pas voir : celle du magma chaotique. Et pour ce faire, il convient d'entendre ce que l'entendement ignore, mais que l'affectivité nous signale. Il s'agit de donner droit à un affect, voire à un sentiment de vérité, d'une autre vérité que celle de l'entendement, mais à une seule fin : celle indiquée dans *Par-delà bien et mal* : la connaissance qui porte le nom de psychologie, science qui nous conduit à l'essentiel [1] . Et si l'essentiel ne peut se dire que métaphoriquement, comme « monstre froid », c'est par antithèse face aux thèses logiques. La psychologie donne une apparence à ce qui, dans la logique du sujet, reste imprédictible ; elle congédie les jugements toujours potentiellement judiciaires et les idées fixées, pour redonner une préséance à l'affect, à l'épreuve essentielle qui survient lorsque l'être humain sent qu'il n'est qu'un fragment éphémère d'une puissance inintelligible. Car,

---

Zarathoustra, font partie du texte de la réalité, ils sont volonté de puissance, ils sont eux-mêmes ce jeu dionysiaque de création et de destruction » P.WOTLING, *Nietzsche et le problème* ..., p. 382. Voir aussi : III, *HH.*, 1, § 588, p. 312 : « Il existe une modestie vraie (c'est reconnaître que nous ne sommes pas l'œuvre de nous-mêmes). »

[1] « Car désormais la psychologie est redevenue le chemin qui conduit aux problèmes essentiels. » *PBM.*, § 23, p. 41, déjà cité.

face à la volonté de puissance, l'être humain reconnaît clairement sa déréliction dans l'imprévisible mouvance de la nature et il sait que l'existence de l'humanité demeure inexplicable. Mais la rude vérité tragique restaurée – celle des Grecs – n'est pas qu'une hypothèse ou une métaphore ; elle est la réalité même, parfaitement visible dans des apparences infinies dont l'une d'elles est le texte nietzschéen fait d'aphorismes, de sentences de l'éternité[1], de fragments de l'éternel retour plus que de suggestions métaphoriques. Par-delà bien et mal, par-delà vrai et faux, là où la distinction entre l'apparence et la réalité devient dérisoire, comme la protection contre l'angoisse qu'elle semblait rendre possible, qu'importe que la volonté de puissance soit une métaphore ou une hypothèse : lorsque l'image visible et le réel ne se distinguent plus, le « monstre froid » est l'allégorie de la chose même, un terme qui se confond avec ce qu'il présente. En fait, fatalement, la volonté de puissance n'est pas une réalité supposée dont seule une allusion imagée pourrait évoquer l'existence, car dans l'univers dionysiaque, le réel est apparent et l'apparence est réelle ; il n'existe de soubassement invisible que pour les idéalistes. Pour le philosophe dionysiaque il n'y a qu'une puissance indifférente au sort de l'être humain qui se trouve immergé dans le flux et le reflux du magma chaotique.

Or, c'est de cette immersion dans le réel, de ce baptême païen[2] dans la fatalité que le salut de l'homme dépend :

> Replonger l'homme dans la nature ; faire justice de ces nombreuses interprétations vaniteuses, aberrantes et sentimentales qu'on a griffonnées sur ce texte primitif; vouloir que l'homme se tienne

[1] « L'aphorisme, la sentence (...) sont les formes de "l'éternité". » VIII, *Divagations...*, § 51, p. 145. Cité par Dixsaut.

[2] « Païen est le dire oui au naturel, au sentiment d'innocence dans le naturel, la "naturalité". » FP., XII, Automne 1885 - automne 1887, 10 [193], p. 201.

désormais en face de l'homme comme, aujourd'hui déjà, dans la discipline de l'esprit scientifique, il se tient en face de l'autre nature, avec les yeux sans peur d'un Œdipe et les oreilles bouchées d'un Ulysse, sourd à tous les appeaux des vieux oiseleurs métaphysiques qui lui flûtent depuis trop longtemps : "Tu es davantage ! tu as l'âme plus haute! tu as une autre originel", voilà qui peut sembler une tâche étrange et folle, mais une tâche, qui le niera? Pourquoi l'avons-nous choisie, cette tâche insensée? Ou, en d'autres termes : pourquoi la connaissance? Tout le monde nous le demandera. Et nous, pressés de la sorte, nous qui nous sommes interrogés cent fois sur ce sujet, nous n'avons trouvé et ne trouvons pas de meilleure réponse... [1]

Replonger l'homme dans la nature, lui faire prendre conscience de son immanence, pour lui faire perdre sa suffisance, pourrait constituer l'axe d'une rébellion capable de résister à ce que la vanité de l'être humain peut provoquer : des catastrophes culturelles plus dévastatrices que les cataclysmes naturels : si la nature fait des ravages, elle n'est pas cruelle comme le sont les religions :

toutes les religions sont au plus profond d'elles-mêmes des systèmes de cruauté[2].

Mais cette résistance est liée à une tâche insensée : la connaissance, car ce n'est ni une religion de paix – pour autant qu'une religion puisse être pacifique – ni un texte idéaliste qui vaincront l'infâme puisque, souvent, il procède d'idéaux porteurs d'utopies meurtrières. La connaissance rebelle, résistante, est simultanément maîtrise de soi – non des choses – et fataliste :

Apprendre nous transforme, apprendre agit sur nous à la manière de n'importe quel aliment, qui ne se borne pas à "entretenir la vie", comme les physiologistes le savent bien. Mais au fond, "tout au

[1] *PBM.*, § 231, p. 150.
[2] *GM.*, II, § 3, p. 254.

> fond" de nous, il existe quelque chose de rebelle à l'instruction, le granit d'un *fatum* spirituel[1].

Quel est ce granit indestructible, ce *fatum* spirituel rebelle à l'instruction ? Nietzsche a déjà évoqué ce fondement granitique, dès les premières lignes de « l'esprit libre »[2] : « la science n'a pu s'édifier jusqu'ici que sur ce fondement, désormais ferme et granitique, de notre ignorance ; notre volonté de savoir s'est élevée sur le fondement d'une volonté bien plus puissante, celle de ne pas savoir, de nous confier à l'incertain et au non-vrai. Cette volonté de savoir n'est pas l'antithèse de l'autre, mais son expression plus raffinée. » On pourrait se trouver ici face au fondement de la pensée de Nietzsche : la volonté de savoir est aussi, on l'a vu, une volonté de vérité réfléchie qui falsifie le réel afin que l'être humain puisse jouir de la vie[3]. Or, cette volonté de vérité repose sur la volonté de ne pas savoir ce dont elle est l'expression raffinée. Contrairement à ce que laisserait croire l'idéal d'une vérité adéquate au réel, le savoir vénère secrètement le faux qui prend les formes de la clarté, de la simplicité, de la logique, de la causalité, etc., c'est-à-dire de ce qui favorise la joie de vivre : « Comme nous avons su, dès le commencement, préserver notre ignorance pour jouir, à un degré presque inconcevable, de la liberté, de l'insouciance,

[1] *PBM.*, § 231, p. 150. « L'instruction : un système de moyens visant à dresser le goût contre l'exception, au profit des médiocres. » *FP.*, XII, Automne 1885 - automne 1887, 16 [10], p. 238.

[2] *PBM.*, § 24, p. 43.

[3] « Dans quel monde étrangement simplifié et falsifié vit l'homme ! Nous ne nous étonnerons jamais assez, pour peu que nos yeux se soient aperçus une seule fois de ce miracle ! Comme nous nous sommes entendus à tout rendre clair et libre et léger et simple autour de nous, à laisser nos sens s'aventurer à leur guise vers tout ce qui est superficiel, à laisser notre pensée exécuter des sauts capricieux et se payer de raisonnements erronés, selon notre divin bon plaisir! Comme nous avons su, dès le commencement, préserver notre ignorance pour jouir. » *PBM.*, § 24, p. 43.

de l’imprudence, de la vivacité, de la joie de la vie – pour jouir, en un mot, de la vie. » Autrement dit, la falsification du réel est non seulement spontanée et naturelle, mais elle est également salvatrice dans la mesure où elle rend possible l'édification d'un univers artificiel dans lequel l'homme espère connaître une joie de vivre authentique. Il est donc vain de croire que l'être humain pourrait se dépouiller de toute science pour retrouver derrière elle un savoir spontané, intuitif, permettant la saisie immédiate d'une réalité essentielle, inconnue des savoirs formels, axiomatisés, régularisés. Derrière le faux qui, pour la jouissance de la vie, porte le nom de vérité, il n'y a que la volonté de ne pas savoir. Mais alors, comment concilier chez Nietzsche cette volonté avec la rébellion à l'instruction qui semble surgir de ce granit du *fatum*, avec la libération de l'esprit et avec le fait que tout cela est écrit par un « chercheur de la connaissance » ? Si le granit de la rébellion est aussi une volonté de ne pas savoir, il faut en déduire que celle-ci ne peut être comprise comme un désir d'accéder à une forme de stupeur hébétée, une prostration extasiée que semblent connaître les adeptes de l'opium qui, pour certains, provoque le même effet que la religion. Chez Nietzsche, ce serait plutôt la vérité scientifique, réfléchie par le miroir aux certitudes, qui semble produire cet effet « narcotique ». Si le granit du *fatum* est rebelle, alors la volonté fondamentale de ne pas savoir l'est aussi, quand bien même dégénérerait-elle dans cette forme nihiliste qu'est la volonté de vérité, dégénérescence d'autant plus facile que la volonté de vérité n'est pas l'antithèse de la volonté de ne pas savoir, mais une de ses métamorphoses favorisée par la faiblesse et la peur qui caractérisent la pensée depuis Socrate. Dans cette perspective, la volonté de ne pas savoir n'est pas une volonté négative, une volonté de refus, une volonté de ne rien voir. Le granit fondamental qui se donne simultanément comme volonté de ne pas savoir et comme fondement de la rébellion, est une volonté positive, affirmative, puissante de ne pas céder à l'illusion des sciences, et cela afin de voir ce qui ne peut faire l'objet d'aucune instruction logique : l'incertain et le non-vrai, le *fatum*, la contingence qui reste impensable pour un amateur de savoirs logiquement constitués ou pour un collectionneur de concepts, mais non pour un chercheur de la connaissance ou pour un sage dionysiaque. Car, chez Nietzsche, la pensée rebelle ne découle pas d'un savoir ou d'un amour de la vérité – vérité idéale de l'homme cultivé, rassuré par ses certitudes – mais d'une passion philosophique, d'une souffrance que rien ne peut compenser et cela d'autant plus que les idéaux qui devraient l'atténuer ne font, en fait, que l'accentuer. La résistance au dogmatisme et à la faiblesse ne procède pas de l'entendement ou de la raison, puisque ce sont ces facultés qui produisent les représentations falsifiées du monde, mais de la pensée de la vie, et cette pensée est bien celle qui ne veut rien savoir parce qu'elle sait passionnellement que la science, avec sa volonté de vérité, ment[1]. Si la volonté fondatrice se mue en volonté de vérité, c'est pour cette raison que Nietzsche nous a donnée : la savoir procède de la lâcheté du faible pour qui « n'importe quelle explication vaut mieux que pas d'explication du tout »[2]. Le savoir trahit, par crainte de la réalité, la volonté primitive de la pensée, volonté de puissance – au sens génitif du terme – volonté d'accroissement, d'élargissement et donc de libération de la vie. Autrement dit, la volonté granitique de ne pas savoir consiste à acquiescer à l'inexplicable, à l'incertain et à les

[1] « Le monde "apparent" est le seul. Le monde "vrai" n'est qu'un mensonge qu'on y rajoute. » VIII, *La raison dans la philosophie*, § 2, p. 75.
[2] *Cid.*, « Les quatre grandes erreurs », § 5, p. 92.

aimer, comme seul un surhomme peut le faire : héroïquement, tragiquement, solitairement, sagement et sauvagement, c'est-à-dire sans substituer à cette tragique acceptation une science frelatée. Cet acquiescement – dont la forme la plus radicale est une rébellion à l'instruction, c'est-à-dire à l'envoûtement idéaliste, dualiste et finaliste, au mensonge civilisateur et à la « névrose religieuse »[1] – est la cause même de la libération de l'esprit qui s'oppose au libre penseur, principalement parce qu'il en est la négation : le libre penseur se sublime dans l'illusion de son autonomie, alors que l'esprit libéré de cette illusion assume joyeusement son immersion dans la puissance qui détermine sa volonté. L'esprit libre n'a donc rien à communiquer au libre penseur[2] :

> C'est à cela que se rapporte enfin cette disposition de l'esprit, pour le moins préoccupante, à tromper d'autres esprits et à se dissimuler à leurs regards, cette pression et ce penchant continuels d'une force créatrice, formatrice, habile à se métamorphoser : l'esprit y jouit de la multiplicité de ses masques et de sa rouerie, il y jouit également de son sentiment de sécurité, – ce sont justement ces artifices de Protée qui le défendent et le cachent le mieux ! – C'est à cette volonté d'apparence, de simplification, de masque, de manteau – que s'oppose ce penchant sublime de l'homme de connaissance qui aborde et veut aborder les choses de manière profonde, multiple, radicale : penchant qui est une espèce de cruauté de la conscience et du goût intellectuel que tout penseur courageux reconnaîtra en lui, à supposer qu'il ait assez longtemps, comme il convient, durci et aiguisé le regard qu'il porte sur lui-même (…) [3].

---

[1] *PBM.*, § 47, p. 65.
[2] *PBM.*, § 44, p. 67.
[3] *PBM*, § 230, p. 205.

Ni la science ni l'art ni la philosophie, sans parler des mystifications théologiques, ne libèrent la pensée. Tout semble se passer comme si l'homme cultivé craignait de savoir ce qu'est, en réalité, l'humanité et le monde dans lequel il vit, dans lequel il s'oblige à vivre par déni de la réalité, par peur. Certes, ces supercheries sont nécessaires puisque, lui procurant des interprétations et des évaluations qui apaisent ses angoisses, elles lui permettent de supporter la vie en croyant la dominer : « l'interprétation est un moyen en elle-même de se rendre maître de quelque chose. »[1] Mais elles enferment l'esprit dans des représentations qui, pour certaines qu'elles paraissent, n'en sont pas moins fausses. Cependant, Nietzsche n'oppose pas la vérité philosophique aux faux culturel, car la vérité elle-même est une erreur et elle l'est d'autant plus qu'elle est savante. Ce qui lui permet de résister aux valeurs du troupeau, c'est une autre façon de connaître d'où ne résulte rien qui soit bien ou mal, vrai ou faux, c'est-à-dire rien de semblable à ce qui fascine le savant et le croyant, à savoir ce qui est « stable » et absolu[2], universellement identique à soi et intelligible ; telle est en effet la complaisance de l'idéaliste : l'intelligence ne s'occupe que de l'intelligible alors qu'elle devrait s'avancer vers l'inconnu, non pour le subordonner à ses axiomes, mais pour comprendre le vrai destin de la pensée face au chaos et pour connaître les limites de ses croyances. Le savant qui se croit éclairé par la raison n'est

---

[1] *FP.*, XII, Automne 1885 - automne 1887, 2 [148], p. 141. Déjà cité.

[2] *CI.*, I, § 8, p. 55. P.WOTLING écrit justement : « Le propre de la force, tout au contraire, est de savoir se passer de cette aspiration à l'absolu, de ce besoin fanatique de croyance, et de prendre plaisir à l'aspect problématique, contradictoire, et douloureux de l'existence. (...) La forme suprême de la force consiste à accepter le caractère changeant et insondable de l'apparence, donc le perspectivisme, alors que toute interprétation issue de la faiblesse refuse le devenir. » *Nietzsche et le problème de la civilisation*, p. 153.

pas plus libre que le fidèle mystifié par les dogmes. Refusant le *fatum*, la nécessaire contingence, obsédé par une causalité artificielle, le savant, l'élite moderne, n'a aucune des dispositions spirituelles requises pour atténuer les souffrances morales qui résultent de la vie commune ou pour empêcher les catastrophes culturelles produites par le fanatisme. On devine donc la difficulté de Nietzsche puisqu'il ne peut trouver du côté des savants le soutien et l'assistance nécessaires pour assumer sa responsabilité philosophique en ce qui concerne « l'évolution totale de l'humanité.» [1] Il n'y aura donc pas de communauté d'hommes libres[2], ce qui n'implique pas de renoncer à la liberté, mais seulement à la sociabilité[3] et c'est dans ce sens que l'on peut relier le fatalisme et la résistance à la barbarie, résistance qui n'apparaît plus comme une lutte de la civilisation du bien contre le mal de la sauvagerie, mais, avec Nietzsche, comme l'affirmation de l'incertaine vérité de la passion philosophique contre les certitudes sans vérité qui rassurent les membres du troupeau, les sages insignes plus que les « gens simples ». Le fatalisme dionysiaque est la résistance même puisqu'il conteste tous les dogmes, les mythes, les idéalismes et les fanatismes qu'ils engendrent.

La césure tragique

Nietzsche se rebelle contre la finalité surnaturelle dont les théologiens se servent pour orienter le ressentiment des

---

[1] *PBM.*, § 61, p. 75.

[2] « Nous autres "esprits libres" vivons chacun isolément et dispersés çà et là sur la terre – on n'y peut rien changer : nous sommes une minorité – et c'est justice d'ailleurs. » *FP.*, XI, Automne 1884 - automne 1885, 40 [59], 2 p. 395.

[3] *PBM.*, § 29, p. 49 ou § 44, p. 62 : « car nous sommes les amis nés, jurés et jaloux de la solitude du plein midi et du plein minuit – voilà l'espèce d'hommes que nous sommes, nous, les esprits libres. »

faibles, contre la légalisation de la nature par laquelle les savants croient pouvoir la dominer, contre la manie correctrice de la logique et contre la présomption de la subjectivité autonome. Mais qui est ce rebelle ? L'aristocrate ? La césure se trouve ailleurs : entre les solitaires et les grégaires, c'est-à-dire entre ceux qui se maîtrisent eux-mêmes[1] et ceux qui refusent la souffrance philosophique. La vraie distinction ne se trouve pas entre les dominants et les dominés, les maîtres et les esclaves, les savants et les ignorants qui tous, selon différents statuts, s'inscrivent dans la dialectique de la servitude réunissant dans une infernale compromission les êtres civilisés. C'est bien ce que voit Nietzsche lorsqu'il dit : « plus forts et plus faibles sont en ceci identiques qu'ils étendent leur pouvoir autant qu'ils le peuvent »[2]. Les dominés, autant qu'ils le peuvent, ne renoncent pas au pouvoir, mais ils le transposent dans un autre monde où ils pourront enfin exister pleinement. C'est en cela qu'ils sont identiques aux dominants : ils ont la même obsession du pouvoir qui est précisément l'illusion à laquelle renonce celui qui sait que tout procède et retourne dans le magma dont l'homme cultivé ne veut rien savoir, quitte à persécuter cruellement ceux qui évoquent la dérision de la condition humaine contre les lois qui tentent de lui donner un sens. Hors du sens commun et de la cité, il n'y a plus de valeur ni de certitude. L'esprit libre s'en est affranchi ainsi que de la fidélité et de l'obéissance qu'implique le culte des idéaux. Une fois que la pensée sait que le réel n'est constitué que par les imprévisibles métamorphoses de la volonté de puissance, lorsque l'esprit libre comprend que tout sera toujours nécessairement contingent, aussi

---

[1] « Celui qui est puissant devient toujours davantage celui qui se maîtrise lui-même, celui qui déborde de puissance. » *FP.*, IX, Hiver 1882-1883, 7 [101], p. 286

[2] *FP.*, Juin-juillet 1883, 12 [48], p. 43.

paradoxale que puisse paraître cette liaison entre la nécessité et la contingence, il n'a plus rien à dire ni à faire dans le monde civilisé. Or, cette liberté n'est pas un privilège ; elle est accessible à n'importe quel être humain qui peut à tout moment suspendre son allégeance aux maîtres à penser et les laisser au milieu de leurs disciples, s'il leur en reste. Elle procède d'une façon de penser « qui aborde et veut aborder les choses de manière profonde, multiple, radicale », et qui donne cours à un « penchant sublime (...) qui est une espèce de cruauté de la conscience »[1]. Cette pensée met au jour une vérité qui ne prend jamais la forme que lui imposent la logique, la dialectique, les mathématiques et toutes les évaluations esthético-éthiques[2] : une vérité contrariante, et c'est elle qui devrait guérir l'homme cultivé, non en le délivrant du mal, mais en l'affranchissant du bien et du mal simultanément. Avec pour conséquence, non pas qu'il cesse de souffrir mais seulement qu'il cesse de ruminer et de dénier ses souffrances en entretenant l'illusion qu'elles n'auraient pas dû exister. La seule victoire du surhomme – l'acquiescement ou l'*amor fati* – est celle qu'il peut remporter sur lui-même en assumant et en pensant sa déréliction dans le chaos originaire qu'aucune science ne pourra dominer. Or, cette pensée est aussi une rébellion

---

[1] *PBM*, § 230, p. 205.

[2] « Les mathématiques et la mécanique ont été longtemps considérées comme des sciences d'une valeur absolue, et de nos jours seulement on ose soupçonner qu'elles ne sont ni plus ni moins que de la logique appliquée, fondée sur l'hypothèse précise et indémontrable qu'il existe des "cas identiques" (...) il faudrait dévoiler et réviser les jugements de valeur qui enserrent la logique: par ex. ceux-ci : « ce qui est certain a plus de valeur que ce qui est incertain », « la pensée est notre fonction suprême »; de même, le rôle de l'optimisme dans la pensée logique, le sentiment de triomphe qu'inspire toute conclusion, l'aspect impératif du jugement, l'innocence de la foi en l'intelligibilité des concepts. » *FP*., XI, Automne 1884 - automne 1885, 40 [37], p. 380.

qui surgit d'une réalité indestructible, le « granit du fatum », la pensée essentielle de la contingence, dont on a vu qu'elle était aussi celle de Zarathoustra.

Il y a en lui quelque chose d'inhumain : son refus de participer aux types culturels, de s'affilier à une croyance, et donc de vivre dans la « cité bariolée », inhumain, car disqualifié. Un tel être, celui qui désigne sa pensée comme une « sagesse sauvage » existe-t-il réellement? Serait-il le surhomme ? Lorsque Nietzsche nous dit que « Jamais encore il n'y eut de surhomme. Nus je les vis tous deux, le plus grand et le plus petit des hommes. Bien trop encore ils se ressemblent. En vérité, même le plus grand, je l'ai trouvé bien trop humain »[1], on apprend que ce n'est pas dans la grandeur que se trouve la surhumanité, mais aussi que le surhomme il n'y en eut jamais. Le surhomme serait-il alors un modèle de plus, un idéal, une croyance parmi d'autres qui n'a d'autre existence qu'imaginaire ou au contraire est-il un anti-modèle qui n'existe ni comme être humain incarné ni comme idéal, non parce qu'il n'existe pas, mais parce qu'il ne vit pas dans un milieu humain comme un être humain, mais sous le masque de la médiocrité, indifférent aux modèles par lesquels l'homme cherche à se faire reconnaître ? La surhumanité n'est en fait ni une qualité ni une valeur ; s'il n'y a jamais eu de surhomme, c'est avant tout parce que le désigner, le nommer, c'est-à-dire le maîtriser, est impossible sauf à l'inscrire dans le registre des êtres repérables grâce à leur dénomination, à leur apparence typique. Le surhomme est méconnaissable d'abord parce que ce qui le constitue n'est pas définissable, pas plus que ne le sont la passion philosophique, la sagesse dionysiaque, la pensée pure ou l'esprit libre, libre lui aussi de toute définition, virtuellement normalisatrice. La surhumanité est un acte, non un état. Si le surhomme existe, c'est peut-être comme

[1] *Z.*, « Des prêtres », p. 108. Déjà cité.

un homme sans qualité. Or, comment dire d'un homme sans qualité qu'il existe, fût-ce comme homme puisque ce sont des qualités, des valeurs et les noms qui lui donnent une apparence humaine avec laquelle son existence se confond[1] ? A quoi n'ont pas cru les sages insignes grâce aux noms qu'ils donnaient à ce qu'ils désiraient voir exister, comme par exemple un au-delà plus vrai que la nature qu'ils avaient sous leurs yeux, ou encore un *cosmos* plus certain que le chaos dont leur logique niait l'évidence ? Inversement, comment dire qu'existe ce qui se dérobe à toute dénomination, à toute évaluation et qui demeure hors de toute perspective ? Il serait contradictoire que Nietzsche, après avoir dénoncé la supercherie des dénominations idéales, les remplace par une autre, conforme à ses croyances personnelles. Le modèle idéal du surhomme semble destiné à demeurer fatalement introuvable puisque sa contingence, son imprévisibilité le rendent peut-être indiscernable, mais surtout, ce qui est plus insupportable pour les idéalistes, inintelligible. Mais la question se pose de savoir s'il est introuvable parce qu'il n'existe pas ou s'il est introuvable parce que le surhomme est effectivement indiscernable et qu'il n'existe que comme tel, dans la médiocrité, c'est-à-dire comme anti-modèle, anti-idéal, comme un être sans forme définie, voire difforme, un être sous un manteau. Le surhomme pourrait également être un modèle insaisissable ou, mieux, le modèle de l'insaisissabilité même parce que le modèle de l'homme d'avenir, de l'esprit libre en devenir qui n'est jamais fixé définitivement et qui ne se laisse saisir par aucune dénomination : le type même de l'être atypique. Dit autrement, à quoi ressemble un esprit libre ? Et s'il ne ressemble à rien de connu ou d'habituel, faut-il déduire

---

[1] « L'homme est l'animal dont le caractère propre n'est pas encore fixé. » *PBM.*, § 62, un être sans qualité, en d'autres termes, ce dont le surhomme est conscient.

qu'il n'existe pas ou qu'il n'existe que comme une hypothèse formelle. Ce que Nietzsche ne nous dit pas.

Qu'il n'y eût jamais d'homme en tant que surhomme, cela paraît évident puisqu'il est un sujet sans attribut, indéfinissable et donc introuvable, mais dire qu'il n'y eût jamais de surhomme, d'être humain sans aucune des qualités dont l'individu s'affuble pour se convaincre d'être insigne, cela reviendrait à dire qu'il n'y aurait jamais eu, nulle part et à aucun moment, une pensée pure, rebelle à l'instruction, voyant ce qui est, acquiesçant au devenir, aimant le *fatum* et sachant, d'un savoir irrépressible, que la liberté et la sagesse dionysiaque sont un acte à la portée de tout être courageux, des gens simples plus que d'autres, car ceux-ci semblent préservés du besoin pervers de dominer, compulsion nihiliste typique du ressentiment et de la faiblesse. S'il n'y a pas de surhomme, de penseur sans qualité, d'où procède la philosophie ? Certes, ce n'est pas le surhomme en tant que personnage idéal, en tant qu'idole, qui devient philosophe ; celui-là en effet n'existe ni comme surhomme ni comme philosophe ; il n'est qu'une représentation du sage parfait, la statue d'un fantôme[1].

Mais lorsqu'un être humain pense librement, il se surhumanise, il transgresse sa propre humanité, abandonne

---

[1] *HH.*, I, § 160, p. 141: « Un homme réel est quelque chose de nécessaire de bout en bout (même dans ces prétendues contradictions), mais nous ne reconnaissons pas toujours cette nécessité. Le personnage inventé, ce fantôme, prétend signifier quelque chose de nécessaire, mais seulement pour des gens qui ne comprennent l'homme réel lui-même que par une simplification grossière, contraire à la nature : si bien que quelques traits appuyés et souvent répétés, avec beaucoup de lumière dessus et beaucoup d'ombre et de pénombre autour, suffisent à toutes leurs exigences. Ils sont donc tout disposés à traiter le fantôme en être réel, nécessaire, étant habitués à prendre pour le tout de l'homme réel un fantôme, une ombre chinoise, une abréviation arbitraire. Quant au peintre et au sculpteur, soutenir qu'ils expriment l'«Idée» de l'homme, c'est vaine imagination et pure hallucination »

son être habituel, prend le large pour voir ce qui est, par-delà bien et mal et donc par-delà vrai et faux, par-delà les antinomies ; alors cet être se situe par-delà l'humanité, le temps de son œuvre, de son acte. Il apparaît alors rebelle, existentiellement sinon typiquement : un être indéfini mais réel comme tout ce qui procède de la volonté de puissance ; avec le surhomme, c'est la nature humaine qui renie la culture humaine et sa cruauté : la cruauté de la conscience se soulève contre celle de la croyance. Il devient alors évident que la résistance à l'abjection est, elle aussi, en éternel retour. La surhumanité ne se rencontre donc pas, elle se pense et ne se partage qu'entre ceux qui acquiescent au réel tel qu'il apparaît. C'est en cela que le surhomme n'est pas un révolté ou un indigné[1] : il voit la nécessité de tout ce qui est, nécessité qu'aucune volonté ne peut modifier à sa guise. Le révolté croit qu'il pourra changer le cours des choses, influer sur l'histoire du monde et faire le bien contre le mal. Il croit en lui, en sa force et en la légitimité de sa volonté ; il croit pouvoir s'imposer à ce qui le nie. Mais c'est là le désir profond du faible, de celui qui ne peut acquiescer à la contingence des évènements. C'est lui qui se soulève pour maîtriser le monde par tous les moyens, notamment ceux décrits dans le § 3 de *Généalogie,* que Nietzsche appelle « les instruments de culture »[2]. C'est alors au nom du bien qu'il fait le mal.

Le surhomme, quant à lui, demeure désarmé ; l'esprit libre ne s'assigne pas de mission ; la « pensée pure » fait ce qu'elle fait depuis longtemps : comme Héraclite, comme Spinoza dont le sang coule dans les veines de Nietzsche, le sage sauvage énonce des propositions, et non des suppositions, des fragments de vérité qui échoueront chez d'autres rebelles sans jamais inspirer ceux qui ne sont pas déjà acquis à l'évidence de la fatalité et de

---

[1] *PBM.*, 26, p. 46.
[2] *GM.*, 1, 11, p. 239.

l'imprévisibilité du devenir. Il reste des œuvres qui, avant d'être brûlées par les tyrans, défient la malice des prédicateurs, sinon la conscience de leurs acolytes et qui, sait-on jamais, fédèrent des surhommes silencieux, indociles, indisciplinés dont les réactions resteront, elles aussi, imprévisibles comme la vie. Qui connaît le nombre des maîtres d'eux-mêmes, fatalistes et donc rebelles, méprisant et la bestialité et les croyances idéales ? Qui sait la puissance des philosophes discrets ?

Mais si on ne peut définir et repérer le sage sauvage, on sait au moins ce qu'il n'est pas. Le surhomme n'est pas sujet politique ; il n'obéit à aucune idéologie, n'a aucune morale à proposer ou à imposer[1] puisque, en réalité elles se trouvent anéanties sous le ciel de la contingence : que reste-t-il d'un idéal ou d'une loi – civile ou de la nature – s'ils sont dépourvus de toute nécessité intrinsèque ? Que reste-t-il de la croyance lorsque son contenu apparaît relatif à la faiblesse et à la docilité du croyant et non plus à la vérité de ce à quoi il croit ? Et c'est en cela qu'il se distingue du philosophe éducateur et de l'aristocrate : il n'impose rien et donc ne s'impose pas lui-même parmi les forts, à l'instar de ces grands hommes, formateurs des grandes cultures ou d'un grand style. La surhumanité n'a rien à voir avec une quelconque grandeur : elle demeure

---

[1] Voir WOTLING, *Nietzsche et le problème...*, p. 344 et suiv : « ce n'est pas la suprématie politique, mais le surpassement de soi dans la transfiguration de l'existence qui représente le plus haut degré de la volonté de puissance. De la sorte se trouve écartée l'interprétation du surhomme comme individu dominateur, se servant d'autrui pour assouvir sa soif de pouvoir, ou comme grand homme (...) ; le surhumain représente toujours un type et non un individu isolé...) » Sur ce dernier point, on serait plutôt tenté de dire que le surhomme n'est pas un modèle ou un type et qu'il est si peu typique qu'il en devient méconnaissable, portant le masque de la médiocrité. Mais pourquoi le surhomme ne pourrait-il exister en grand nombre, parmi les « gens simples », parmi ceux qui ne cherchent pas à dominer ?

incommensurable et donc à peine reconnaissable. Serait-il le « médecin de la civilisation »[1] ? A n'en pas douter, la psychologie de la volonté de puissance, la psychologie de la vie, peut diagnostiquer infailliblement les souffrances que l'homme s'inflige en vertu de ses idéaux ou de sa bestialité. Mais le médecin dionysiaque peut-il soulager l'homme cultivé, celui qui, se croyant en bonne santé mentale, dénie la souffrance qui pourtant le ronge et le rend méchant ? Et quel avantage peut-il tirer des remèdes que le « philosophe médecin »[2] lui propose ? En quoi le soulageront une méditation tragique, un fatalisme intransigeant et une exigence de connaissance qui conduit à la dilacération de ses idéaux grâce auxquels il vit dans un monde de rêves, entouré de certitudes rassurantes ? Si la philosophie était salutaire, il y a longtemps qu'elle serait devenue une science pratique, voire technique. Le philosophe serait-il un éducateur ? Sans doute, mais non un maître à penser, si l'on veut se souvenir que Nietzsche recommande aux disciples de n'avoir aucun maître[3] parce que le vrai savoir est une rébellion contre l'instruction. Et qui peut-il éduquer si ce n'est des penseurs déjà convertis à la sagesse sauvage, des esprits déjà libérés des croyances idéales comme des obsessions jouissives. Nietzsche, peut-être plus que tout autre, apporte la preuve que l'éducation du philosophe ne libère pas mais qu'il faut être déjà affranchi du sommeil idéal pour y goûter. Ses textes ont inspiré les sycophantes nazis contre toute vérité puisque, on l'a vu, Nietzsche n'est ni nationaliste ni socialiste, et à aucun moment il ne soutient l'idée que la faiblesse est génétiquement associée à une race de sous-hommes. Mais

[1] *FP.*, II *, Eté 1872 - hiver 1873-1874, 30 [8], p.459.
[2] *GS.*, Préface , § 2, p. 24.
[3] *A.*, V, § 447, p. 238 : « Il appartient à l'humanité d'un maître à penser de mettre en garde ses élèves contre lui-même. ». Déjà cité. Incipit de *GS.*, « je me ris de tout maître qui n'a su rire de lui-même. »

son œuvre a aussi donné à croire que par-delà bien et mal signifiait au-delà du bien et du mal et donc au-delà de toutes les prohibitions morales pouvant restreindre le droit de jouir sans frein. Or, pour rappel, la liberté de l'esprit n'est pas une pure licence et l'inversion des valeurs n'implique pas leur suppression puisque, au contraire, le philosophe éducateur les utilise à ses fins pour favoriser l'avènement d'une morale aristocratique. Il faut se souvenir que l'enseignement de Nietzsche consiste à s'endurcir, pour résister aux envoûtements de l'instruction en retrouvant le « granit du *fatum* », et cela grâce à la cruauté de la conscience, cruauté qui s'applique à chacun et sans laquelle le texte philosophique, celui de Nietzsche comme celui de ses prédécesseurs, ne ressortirait qu'à l'histoire de la pensée, alors qu'il s'agit ici d'une pensée en éternel retour, d'une pensée insurrectionnelle fatalement sans histoire. Il faut dire aussi que l'effet de la conscience cruelle est d'éradiquer ce qui cause, en tout être humain, à la fois l'idéalisme et la bestialité, à savoir la bêtise, non pour lui substituer l'idéal de l'intelligence ou de la virtuosité logique qui en est une des formes – surtout lorsqu'on la confond avec la pensée –, mais pour accéder à l'*amor fati*. Il importe de préciser que la bêtise, chez Nietzsche, n'est pas un déficit d'intelligence, un manque de connaissance ou un défaut de conscience morale : le chameau est d'une abnégation éthique sans égal et la tarentule est experte en syllogismes ; le contraire de la bêtise n'est ni la malice ni la probité qui sont autant de dispositions intellectuelles et morales que l'on retrouve dans les paradigmes précités du bestiaire nietzschéen. La bêtise est l'antithèse de la passion philosophique que ne connaissent ni le logicien ni le moraliste. Le premier vit dans un monde fictif, dans une toile conceptuelle, accroché aux axiomes simplificateurs de l'entendement qu'il substitue à la réalité[1], c'est-à-dire au devenir ; il se refuse du même coup à voir clair dans ce qui est. Le deuxième ignore l'impératif humain, trop humain, du dionysisme – « je dois ce que je veux » – pour souscrire passivement à celui du croyant kantien : je veux ce que je dois. L'un et l'autre sont donc bêtes parce qu'ils renoncent craintivement à l'esprit libre propre au sage dionysiaque. Ce n'est pas seulement par métaphore que le chameau représente l'homme qui supporte le fardeau de la moralité pour traverser le désert de la civilisation : l'homme, dans son abnégation docile, est un chameau ; il n'est ni un saint ni un fidèle courageux qui assume avec résignation son devoir moral. Si un individu accepte qu'on le charge de valeurs, il est bête comme un chameau, exactement comme cet autre qui, pour tout dominer, relie chaque chose pas des fils qu'il tire à sa guise : il est bête comme est bête le fonctionnaire des syllogismes, bête comme une tarentule. Il est inutile d'attendre de lui qu'il se comporte autrement qu'une araignée. Il faudrait qu'il se surmonte et quitte sa toile, qu'il cesse d'être bête pour devenir humain. Il en va de même pour le chameau qui symbolise l'homme soumis ; si celui-ci veut s'alléger du poids qui l'écrase, il ne peut pas simplement le laisser tomber, il doit cesser d'être bête comme cet animal qui supporte tout ce qu'on lui met sur le dos : il doit oser vivre par-delà le bien et le mal pour n'avoir plus jamais à ployer sous le joug des lois idéales. Il n'est pas possible d'être bête et libre ; la servitude est donc une forme de bêtise. Il faut bien voir

[1] « Cette pensée logique dont il est question en logique, ce mode de penser où la pensée elle-même est supposée cause d'autres pensées, est le modèle d'une fiction achevée : cette sorte de pensée n'existe jamais dans la réalité, mais elle sert de schéma et de filtre à l'aide desquels nous diluons et nous simplifions les phénomènes réels et extrêmement complexes qui composent la pensée; de telle sorte que notre pensée devienne saisissable, notable et communicable par signes. » *FP.*, XI, Automne 1884 - automne 1885, 38 [12], p. 331.

que ce n'est pas la servitude qui affaiblit l'être humain, mais sa faiblesse consentie, voire vénérée, qui est la cause de sa soumission, laquelle consiste à se conduire bêtement, c'est-à-dire docilement pour les idéalistes ou bestialement pour les abrutis.

Imaginons un instant que, dans les nuits blafardes de Nuremberg, lorsqu'un pitre aux intonations gutturales, vociférait ses sinistres et ineptes oraisons, des jeunes casqués s'étaient mis à penser, non en philosophes législateurs mais en philosophes fatalistes, comme par exemple Machiavel pour qui la fortune est maîtresse de la moitié de nos œuvres[1], ce qui divise par deux la fiabilité des programmes politiques ; comme Descartes qui ne recevait rien en sa créance qu'il n'eût conçu clairement et distinctement, à savoir rien du tout avec pour seule règle une morale par provision, qui n'en comporte aucune ; comme Spinoza avec sa défiance (caute), ou comme Nietzsche qui voulait nous sauver des sauveurs[2]. Que serait-il advenu du *Führer* ? Ce qu'un esprit libre, Charly Chaplin par exemple, a fait du prédicateur pervers : un bouffon ivre de sa suffisance, dont un « rire sanctifié »[3], mieux que toute autre attitude, révèle l'infâme bêtise. Peut-

---

[1] *Le Prince*, XXV p. 365 :« Néanmoins, pour que notre libre arbitre ne soit éteint, j'estime qu'il peut être vrai que la fortune soit maîtresse de la moitié de nos œuvres, mais qu'*etiam* elle nous en laisse gouverner à peu près l'autre moitié. »

[2] « Zarathoustra enseigne à être sauvé des sauveurs » *FP.*, IX, Eté 1882 - printemps 1884,9 [36] p. 369.

[3] «Zarathoustra le vrai-disant, Zarathoustra le vrai-dansant, le non-impatient, le non-inconditionnel, celui qui aime et sauts et entrechats ; moi-même me suis ceint de cette couronne. Cette couronne du rieur, cette couronne de roses, à vous, mes frères, je lance cette couronne ! *j'ai sanctifié le rire : Ô vous, hommes supérieurs, apprenez donc à rire.* », « Essai d'autocritique », in *Ntr.*, p. 35.

être que ces jeunes gens[1], si la passion philosophique les avait réveillés, auraient alors déposé leurs casques, leurs Mauser, leurs cartouchières et auraient rompu le rang pour s'en aller sur leur propre chemin. Non ! ils ont marché au pas de l'oie[2]. Et fièrement ! La Boétie, avec son *Contre un*, avait vu juste : l'être humain préfère être conduit que se conduire.

L'avertissement de Nietzsche est terrifiant : on n'échappe pas à la culpabilité et au ressentiment en les niant. La liberté n'est pas le contraire de la servitude. Elle ne consiste pas à décharger l'être humain de toutes obligations morales. Et en ce sens, elle n'est pas contingente mais parfaitement nécessaire : ce ne sont pas ceux qui, par hasard, ont la force de s'affranchir des principes moraux qui sont libres, ce sont au contraire ceux qui sont libres qui, nécessairement, s'en trouvent délivrés. La liberté est l'essence granitique de l'homme et il suffit d'être humain pour être libre, mais non pas d'une liberté spirituelle niant le corps ou d'une liberté physique oubliant la pensée. La liberté humaine est celle d'un être fini, incarné, lucide sur sa fragilité et sur son immanence en un monde insensé dans lequel des lois sont formées par des êtres qui ont l'apparence de l'homme et la réalité de la bête. Le terrible ici est que l'homme-bête ressemble toujours à une personne et qu'il faut voir clair dans ce qui est pour comprendre que la personne est le masque d'un chameau, d'une tarentule ou d'un lion. Alors que l'homme libre, lui,

---

[1] Ce qui vrai des nazillons l'est aussi des crétins de la garde rouge de Mao qui ont enthousiasmé des théoriciens et de grands intellectuels occidentaux malgré les avertissements documentés de Simon Leys.

[2] Animal du bestiaire que Nietzsche associe aux chèvres, qui comme des écervelés, marchent au premier rang sous la conduite d'un « saint esprit », *Z.*, « Des tables anciennes et nouvelles », § 12, p. 256. Plus terrible encore est ce souhait de Nietzsche : « en vérité je voudrais que la terre entrât en convulsions lorsqu'un saint s'accouple avec une oie.», « De la libre mort », p. 110.

ne ressemble à rien, car il porte le masque de l'insignifiance, de l'anodin ou de la médiocrité : le plus libre, le plus humain est aussi le plus effacé pendant que la bête fait bonne figure, souvent en haut lieu. Libre ou bête, trop humain ou totalement inhumain, telle pourrait être aussi l'alternative radicale de la typologie psychologique de Nietzsche, le bestiaire décrivant les formes infinies de l'inhumanité tandis qu'aucune forme ne caractérise l'homme libre, qui demeure donc libre de ne ressembler à personne et dispensé de se conformer à un modèle idéal de la nature humaine.

Ce que le surhomme sait, c'est qu'aucune culture n'aura, finalement, raison de la cruauté, de la crainte et de l'ennui qui caractérisent la vie commune, comme il sait que la stupidité hédoniste ne comble pas les frustrations qui résultent de la vie grégaire. Il est donc sage contre la sauvagerie bestiale et sauvage et contre la sagesse idéale. Mais n'est-il que le négateur des nihilismes et des aliénations qui en résultent ? Nullement, en atteste cet aphorisme : « Le *fatum* est une pensée exaltante pour celui qui a compris qu'il en fait partie. » [1]

La pensée de l'immanence dans la volonté de puissance, dans la puissance de la nature, est exaltante, car elle affranchit de tous les dogmes. Il n'est nul besoin de science, de métaphysique, de calcul logique, pour se soustraite aux théorèmes de l'angoisse que sont les certitudes idéales et les préceptes moraux. Il suffit d'être fataliste, ce dont tout homme est capable ; désinvolte et dansant, mais aussi discret, masqué, ce qui n'est impossible pour personne. C'est pour cette raison qu'il n'y a pas, chez Nietzsche, de révolte mais une rébellion, en vertu du granit du *fatum*, contre l'instruction et pour l'innocence du devenir. Ce sont les faibles qui se révoltent contre les forts pour faire valoir leur civilisation sécuritaire

---

[1] *VP.*, Vol. II, IV, § 686, p. 466.

du ressentiment contre le mépris du bonheur dont témoignent les conquérants[1]. Mais le fataliste dionysiaque, solitaire, prend le pouvoir de court, celui des forts et celui des solidaires craintifs dont il méprise la discipline ruminée. Car il parle d'autre chose qui n'est ni aristocratique ni démocratique, à savoir de ce qui est : de la puissance de la nature, de la cruauté de la civilisation et des mystifications de la culture, dont font partie la théologie, l'art et la science.

Le salut pérenne

On ne trouvera chez Nietzsche aucun système de valeurs qu'il faudrait sacraliser afin de lutter légitimement et légalement contre la barbarie. Tous les systèmes en tant que tels sont congédiés[2] en même temps que les principes qu'ils contiennent. Il ne peut être question d'opposer une croyance à une autre, et notamment cette croyance qu'il faut collectivement participer au combat du bien contre le mal. L'esprit libre est aussi celui qui résiste à l'envoûtement des prédicateurs – des oiseleurs – avant qu'ils parviennent à la mobilisation meurtrière qu'ils préparent. Penser avant de croire, demeurer innocent ou refuser de penser ce qui doit l'être pour ne plus voir et penser que ce qui est, et cela seulement, telle est l'innocence qui résiste à l'envahissement de l'esprit par des idéaux qui sont toujours des pensées virtuellement législatrices puisqu'elles s'imposent comme universellement vraies et correctrices. L'innocence n'est ni naïve ni ignorante, mais elle est la « pensée pure » de toutes connaissances idéales, une forme de savoir sans

---

[1] « La liberté signifie que les instincts virils, les instincts belliqueux et victorieux, ont le pas sur les autres instincts, par exemple, celui du "bonheur" » *Cid.*, « Divagations d'un inactuel », § 38, p. 133.

[2] « Je ne suis pas assez borné pour un système – pas même pour mon système. » *FP.*, XIII, Automne 1887 - mars 1888, 10 [146], p. 175.

jugement qui, partant d'une vision claire, s'avance dans ce qui, pour les logiciens, est et demeurera inintelligible : la vie même. Cette innocence est autant celle du devenir que celle de la pensée en devenir. Dans un monde où tout est éternellement en devenir, tout a un avenir ; ainsi de même pour le philosophe. Mais son avenir, comme celui de toute chose, est sans avènement et sans achèvement définitif, ce qui est singulièrement vrai pour le philosophe dionysiaque qui sait que la différence entre la pensée libre d'une part et la sagesse insigne figée dans ses valeurs d'autre part, sans même parler du sauvage indifférent à toute vraie connaissance, est irréductible. Quelle est alors la place du philosophe dans le monde ou, autre façon de poser la question : quel est son rôle et donc son apparence, car il est impossible de concevoir le rôle d'un être humain sans qu'il soit apparent dans un lieu ? Or, on sait que chez Nietzsche, le discours philosophique n'existe vraiment que par-delà bien et mal, c'est-à-dire en-dehors du miroir culturel et des perspectives esthético-éthiques du monde civilisé. Ses actes sont donc sans valeur insigne et sans intérêt pour le sauvage qui ne veut rien connaître d'autre que ce qui le fait jouir. Il est cependant problématique de prétendre, comme beaucoup le font, que Nietzsche introduit dans la philosophie le soupçon à propos des idéaux et de toutes les formes de connaissance systématique, comme s'il avait un doute sur leur valeur cognitive. Nietzsche fait plus que soupçonner que toute représentation est une falsification du réel ou une mystification. Il affirme qu'avec la représentation, l'être humain pose devant lui un miroir dans lequel il contemple ce qu'il veut voir, c'est-à-dire ce qui le rassure : la régularité des successions causales. La nature, la volonté de puissance ou le magma chaotique ne peuvent être conçus ou représentés en vérité car dans l'Un originaire toute vérité s'abîme : « le noyau de la nature, l’étant véritable, l'être en soi, le véritable anonyme, la boule de l'être éternel, l'inaccessible Un et éternel, un abîme de l'être vrai »[1]. La volonté de puissance existe, mais non en tant qu'Etre vrai : elle est le réel sans l'Etre, c'est-à-dire l'apparence même, car la volonté de puissance se donne comme autre que ce qu'elle est, et c'est comme telle que la vie n'est pas trompeuse : visible, mais insaisissable, indéfinissable, toujours altérée ; la volonté de puissance ne s'offre qu'à travers ses éternelles modifications qui révèlent sa présence en dissimulant son essence, laquelle devient de ce fait l'essence du devenir autre, une essence excentrique qui ne se présente que dans ses altérations, et donc dans ses erreurs. L'homme lui-même, en tant qu'individu, est une erreur[2] en ce sens qu'il ne se connaît qu'à travers une vérité toujours inadéquate, un genre de connaissance toujours trop profond ou trop superficiel, trop profond lorsque, soupçonnant que, en toute vérité, il y a autre chose à l'œuvre, la pensée s'enfonce dans l'inaccessible et se perd en conjectures sur son destin mondain ; trop superficiel lorsqu'il transforme une vérité en certitude universelle. Lorsque Nietzsche balaie d'un coup de plume les réalisations des sciences, il semble un peu léger, et cela d'autant plus que ses compétences scientifiques n'ont pas la réputation d'être très grandes. Il énonce toutefois une vérité incontestable : la physique peut fournir toutes les interprétations de phénomènes naturels et celles-ci peuvent être incontestables, parfaitement cohérentes et vérifiées expérimentalement. Elle restera muette quant à savoir pourquoi le monde et l'être humain existent[3]. La science ne résout pas les problèmes de la vie et elle ne résout pas plus ceux qu'elle a créés elle-même ; c'est au contraire la vie, et non le savant

[1] *FP.*, Fin 1870 - avril 1871, p. 308.
[2] *FP.*, V, Eté 1881 - été 1182, 11 [7], p. 315.
[3] *PBM.*, § 14, p. 32. Déjà cité.

qui donne aux savoirs leur véritable mesure : « Si on ne tient pas la vie pour une bonne chose qu'il faut conserver, toutes nos aspirations à la science en perdent leur sens même (leur intérêt), à quoi bon la Vérité ? »[1]

Le sage sauvage, quant à lui, est dépositaire d'un gai savoir, qui doit son allégresse au fait de ne plus devoir supporter le poids moral que représentait l'existence d'un dieu législateur : le surhomme n'a pas de surmoi. Mais ce n'est pas Nietzsche qui a assassiné les dieux ; ils sont morts depuis longtemps puisque déjà Epicure, considérant qu'il n'avait pas à les craindre, anéantissait leurs prétentions judiciaires. Spinoza, confiant la question de Dieu à la raison, et non à la foi, évacue l'idée d'un dieu qui décrète, tel un souverain, des règles qui seraient à la fois naturelles et morales, et cela à l'avantage d'une seule et unique loi, celle de la nature : *Deus sive natura*. Avec Nietzsche, la « névrose religieuse » devrait prendre fin comme, par extension, la névrose scientifique, esthétique, et finalement la névrose humaniste. Mais c'est nier l'autre avertissement de la conscience cruelle, de la conscience tragique : il n'existe pas de solutions culturelles, collectives ou grégaires à la condition humaine ; il n'en existe que de solitaires, idiosyncratiques, qui exigent la maîtrise de soi, un endurcissement qui impose la solitude comme prix de la liberté : le sens commun – selon le terme de Kant – c'est l'aliénation, et donc la rumination du devoir-être et du déni de ce qui est. Dit autrement, il n'y a pas de liberté dans le déni de vérité, dans la volonté de ne pas savoir qui caractérise les idéaux ascétiques, mais aussi la bestialité dont celle du sauvage compulsif.

Chez Nietzsche, il n'y a pas de vraie sagesse sans sauvagerie mais sans sagesse, sans ovation à la connaissance, la sauvagerie n'est qu'une stupide brutalité, la dégénérescence même. La passion philosophique ne

[1] *FP*., Eté 1878, 29 [7], p. 355.

peut qu'induire la solitude et l'isolement du sage fuyant l'asile d'ignorance, le monde civilisé et le miroir culturel qui renvoie à chacun l'image de la personne idéale. Le savoir sauvage ne peut détruire les idéaux ascétiques qui rassurent et fédèrent les communautés, en ce compris celle des savants. C'est en cela que la passion philosophique est tragique : plus elle connaît la valeur des idéaux, plus ils apparaissent indestructibles comme les murs les plus épais de la forteresse la plus invincible ; celle de la certitude et de la conviction. C'est la grande leçon : la philosophie dionysiaque est vouée à l'échec, échec héroïque mais inéluctable, d'autant plus qu'il est prévisible ; c'est peut-être la seule chose qui soit soustraite à la causalité erratique de la volonté de puissance : la vérité ne renverse jamais les certitudes du sujet, sauf à détruire le sujet lui-même. Ce n'est pas par hasard que le sage devient sauvage, mais en vertu de l'éternel retour d'une lutte entre l'immanence dionysiaque et la sublimation apollinienne : s'il veut vivre en vérité, il est condamné à l'exil. De qui, en effet, pourrait-il se faire entendre ? Du sauvage compulsivement débauché ? Mais celui-ci, toujours hébété, est indifférent à toute forme de connaissance. Du sage insigne ? Il perdrait sa sagesse et son autorité à laquelle il tient comme à lui-même. C'est du reste auprès de lui que le philosophe dionysiaque court le plus grand danger car les maîtres à penser se vengent toujours de ceux qui menacent de dénoncer leur supercherie qui consiste à lier le pouvoir au savoir, alors qu'en fait c'est leur pouvoir qui leur donne le droit de faire croire en la nécessité de leur savoir. C'est le vieil artifice des oracles et des prédicateurs : une science infuse sacralise leur parole et les commandements qu'ils prononcent alors que le philosophe dionysiaque sanctifie le rire. Il ne se révolte pas contre la science des illustres, pas plus qu'il ne la conteste, puisqu'elle est incontestable. Une conclusion logique, un théorème axiomatiquement démontré sont vrais en eux-mêmes et donc inattaquables. Dionysos ne corrige pas Socrate, il parle d'autre chose en vertu d'une autre connaissance d'où aucun jugement ne peut sortir, car aucun ne perdure dans le chaos, non parce qu'il serait faux, mais parce qu'aucun jugement ne peut prétendre être adéquat au flux et au reflux de la volonté de puissance : c'est dans un monde à l'envers, dans un univers réfléchi, dans le miroir aux certitudes que la pensée s'expose dans la forme du jugement, c'est-à-dire dans une stabilité intemporelle. En fait, le jugement relie et fixe des idées les unes aux autres avec la volonté que cette liaison soit définitive et devienne universellement la vérité irréfragable, vérité qui s'imposerait alors à l'instinct alors que celui-ci sait, d'un savoir sans idéal, que le monde est une masse en fusion, une infinie puissance en acte qu'aucune volonté ne peut connaître et maîtriser logiquement, fût-elle la volonté de vérité.

L'homme est violent ; cette violence n'est pas une réaction de défense face à un péril – comme si l'être humain n'était qu'occasionnellement cruel – mais une métamorphose de la volonté de puissance ; elle ne sera donc jamais vaincue et, lorsqu'elle trouve un exutoire qui lui donne l'occasion de s'exprimer sans retenue, elle s'y épuisera quelles qu'en soient les conséquences. La différence entre les messagers de la paix et le sage sauvage se trouve dans le fait que celui-ci sait ce que les autres ignorent ou ne veulent pas savoir : la puissance ne peut être contenue par aucun moyen, les pires étant sans doute ceux qui lui servent de dérivatifs car ils sont frustrants : ils laissent penser que la jouissance éteint le désir et la violence qui le sous-tend. Il n'en est rien. La puissance n'a pas de fin, et c'est en le sachant que la sagesse sauvage vient péniblement au secours de la belle personne et du sauvage : ni la sublimation idéaliste qui voudrait soustraire la vérité au chaos ni la compulsion hédoniste ne trouveront la paix. La tentative culturelle, le déni commun ne peut étouffer le ressentiment qui rancit l'esprit de ceux qui n'ont pas le courage d'acquiescer à leur propre dérision face à la puissance du chaos. Mais ce courage, cette dureté et cette « cruauté de la conscience » sont des performances solitaires. C'est en cela que le fatalisme, l'*amor fati*, est un acte de résistance, non pas contre le mal de la violence pour le bien de la paix, mais contre l'illusion de l'égocentrisme que l'on retrouve chez l'idéaliste et chez l'hédoniste. Cependant cette résistance est vaine collectivement car la passion philosophique n'a rien d'autre à offrir qui puisse compenser l'espoir perdu des beaux sujets. S'il est vrai que « n'importe quelle explication vaut mieux que pas d'explication du tout »[1], il semble, avec Nietzsche, tout aussi évident que, pour le faible, n'importe quelle jouissance fictive vaut mieux que la jouissance réelle, celle que seule la dureté de la pensée libre rend possible. En effet que trouve-t-on par-delà bien et mal : serait-ce une licence totale par laquelle tout individu peut revendiquer l'assouvissement de ses désirs au seul prétexte que les lois tombent, face à l'esprit libre, en désuétude ? Certes, par-delà les évaluations esthético-éthiques, il n'y a pas de normes, mais de ce fait, l'homme normalisé disparaît lui aussi avec ses phantasmes d'homme normal. Face à la puissance absolue, le désir s'éteint dans l'acquiescement, un amour comblé par la fatalité.

Il y a chez Nietzsche une manière de penser qui ressemble à la connaissance du troisième genre, ou science intuitive, de Spinoza, source de liberté et de béatitude, joie irréversible qui survient lorsque l'être humain pense à la puissance infinie de la nature, car cette pensée éthique,

---

[1]*Cid.*, « Les quatre grandes erreurs », §5. Déjà cité.

« métaphysique et physique »[1], l'affranchit de la crainte des divinités morales. A cet instant, il se connaît non comme une créature subordonnée aux lois que lui prescrivent les intercesseurs des dieux, mais comme un mode éphémère de la puissance naturelle ; il prend alors conscience que sa persévérance dans l'existence, c'est-à-dire son essence, est l'expression de cette puissance, essence nécessairement énigmatique et énigmatiquement nécessaire puisque la puissance qui l'anime le déborde de toute part. Or, c'est d'une pensée de la puissance qu'est faite la philosophie de Nietzsche, pensée infinie pour laquelle le magma reste inimaginable, inconcevable, inquantifiable mais déterminant. En pensant au chaos éternel, le philosophe dionysiaque accède à la liberté, car tous les idéaux devenant dérisoirement nihilistes, voire simplement ridicules, il s'en affranchit joyeusement, en dansant, sans aucune culpabilité rémanente. Son salut est pérenne : il apparaît comme l'éternel retour de la passion philosophique, de la pensée libre, innocente, sauvage, comme la résurgence spontanée d'une méditation sans ressentiment dont la puissance est fatale aux idées fixes des sages insignes et aux prescriptions surnaturelles des sauveurs de l'humanité.

---

[1] SPINOZA, *Lettre XXIV* à Blyenbergh : « L'éthique qui, on le sait, a son fondement dans la métaphysique et la physique. »

ANDLER CH., I, *Nietzsche, sa vie et sa pensée, Les précurseurs de Nietzsche, la jeunesse de Nietzsche*, Gallimard, Paris, 1958.

ANDLER CH., II, *Le pessimisme esthétique de Nietzsche, la maturité de Nietzsche*, Gallimard, Paris, 1958.

ANDLER CH., III, *Nietzsche et le transformisme intellectualiste, la dernière philosophie de Nietzsche*, Gallimard, Paris, 1958.

ARISTOTE, *Métaphysique*, 2 tomes, trad. J. Tricot, Vrin, Paris, 1974.

ARISTOTE, *Poétique*, Gallimard, Paris, 1990.

ARISTOTE, *Organon IV*, *Les seconds analytiques*, trad. J.Tricot, Vrin, Paris, 1987.

ASSOUN P.-L., *L'entendement freudien, Logos et Ananké*, Gallimard, Paris, 1984.

ASSOUN P.-L., *Freud et Nietzsche*, Presses universitaires de France, Paris, 1998.

DELEUZE G., *Nietzsche et la philosophie*, Presses Universitaires de France, Paris, 1977.

DESCARTES, *Œuvres philosophiques*, 3 volumes, Edition F. Alquié, Bordas, Paris, 1992.

DIXSAUT M., *Nietzsche, Par-delà les antinomies*, Vrin, Paris, 2012.

DIXSAUT M., *Platon – Nietzsche, L'autre manière de philosopher*, Fayard, Paris, 2015.

EDELMAN B., *Nietzsche, un continent perdu*, Presses universitaires de France, Paris, 1999.

FREUD S., L'avenir d'une illusion, trad. M. Bonaparte, Presses universitaire de France , Paris, 1975.

HAAR M., *Nietzsche et la métaphysique*, Gallimard, Paris, 1993.

HERACLITE, *Fragments*, texte établi par M.Conche, PUF, Paris, 1986.

HEGEL G.W.F., *Encyclopédie des sciences philosophiques*, I La science de la Logique, trad. B. Bourgeois, Vrin, Paris, 1970.

HEGEL G.W.F., *Encyclopédie des sciences philosophiques* II Philosophie de la nature, trad. B. Bourgeois, Vrin, Paris, 2004.

HEGEL G.W.F., *Esthétique*, trad. Ch. Bénars, Commentaires de B., Timmermans et P. Zacaria, Livre de Poche, Classiques de la philosophie, 1997.

HEIDEGGER M., *Nietzsche I et II*, trad. P. Kossowsky, Gallimard, Paris, 1971.

HEIDEGGER M., *Qu'appelle-t-on penser* ?, trad. A.Becker et G.Granel, Presses universitaires de France , Paris, 1967.

KANT, *Critique de la raison pure*, trad.A.Tremesaygues et B.Pacaud, Presses universitaires de France, Paris, 1968.

KANT, *Prolégomènes à toute métaphysique qui pourra se présenter comme science*, trad. J.Rivelaygue in Oeuvres II, Editions de la Pléiade, Gallimard, Paris, 1985.

KANT, *Critique de la raison pratique*, trad.F.Picavet, Presses universitaires de France, Paris, 1971.

KANT, *Critique de la faculté de juger*, trad.A.Philonenko, Vrin, Paris, 1968.

MACHIAVEL, *Œuvres complètes*, Bibliothèque de la Pléiade, Gallimard, Paris, 1952.

MEYER M., *Science et métaphysique chez Kant*, Presses universitaires de France, Paris, 1988.

ROSSET Cl., *La philosophie tragique*, Presses universitaires de France, Paris, 1991.

SPINOZA, *Ethique*, trad. Ch. Appuhn, Flammarion, Paris, 1995.

SPINOZA, *Tractatus theologico-politicus*, trad. J. Lagrée et P.-F. Moreau, Presses universitaires de France, Paris, 1999.

STIEGLER B., *Nietzsche et la critique de la chair, Dionysos, Ariane, le Christ*, Presses universitaires de France, Paris, 2005.

WOTLING P., *La philosophie de l'esprit libre*, Flammarion, Paris, 2008.

WOTLING P., *Nietzsche et le problème de la civilisation*, Presses universitaires de France,, Paris, 2012 .

Table des matières

Philosophie

aux éditions L'Harmattan

Dernières parutions

L'ENFANCE TERRIBLE DES ÉTATS (Tome 1)
Conscience humaine et violence de l'État dans quelques mythes et œuvres majeures de la littérature occidentale
Lamblé Pierre
Dans ce premier volume consacré aux rapports entre la conscience humaine et la violence de l'État, Pierre Lamblé étudie particulièrement quelques mythes de fondation de cité ainsi que les plus grands textes de la littérature grecque, de Sophocle à Platon, pour décortiquer la complexité des rapports conflictuels entre les exigences de la conscience individuelle et la toute-puissance d'un pouvoir arbitraire qui refuse par principe toute contraction.
(Coll. Ouverture Philosophique, 25.50 euros, 246 p.)
ISBN : 978-2-343-09540-0, ISBN EBOOK : 978-2-14-001369-0

L'OMBRE DE CÉSAR (Tome 2)
Conscience humaine et violence de l'État dans quelques mythes et œuvres majeures de la littérature occidentale
Lamblé Pierre
Dans ce deuxième volume de *Conscience humaine et violence de l'État*, Pierre Lamblé s'attache tout particulièrement à l'étude de la pensée et de l'action politiques de Jules César, et de son influence sur l'Europe de la Renaissance au XVIIIe siècles, en montrant comment la pensée de Machiavel a nourri toute la réflexion politique des XVIIe et XVIIIe siècle, de Corneille à Voltaire et Leibnitz, en passant par Shakespeare.
(Coll. Ouverture Philosophique, 26.00 euros, 250 p.) *ISBN : 978-2-336-30390-1, ISBN EBOOK : 978-2-14-001368-3*

ESPRIT ET DÉRAISON (Tome 3)
Conscience humaine et violence de l'État dans quelques mythes et œuvres majeures de la littérature occidentale
Lamblé Pierre
Dans ce troisième volume de *Conscience humaine et violence de l'État*, Pierre Lamblé étudie le développement du conflit entre les exigences de la liberté individuelle et la structure de plus en plus oppressive de l'appareil d'État, de la fin du XVIIIe siècle à l'aube du XXe, à travers *Le Contrat social* de Rousseau, la

philosophie de l'histoire de Hegel, *Lorenzaccio* de Musset, *Résurrection* de Tolstoï et *Le Procès* de Kafka.
(Coll. Ouverture Philosophique, 29.00 euros, 278 p.)
ISBN : 978-2-336-30391-8, ISBN EBOOK : 978-2-14-001367-6

LE TEMPS DES MONSTRES (Tome 4)
Conscience humaine et violence de l'État dans quelques mythes et œuvres majeures de la littérature occidentale
Lamblé Pierre
Dans ce quatrième et dernier volume de *Conscience humaine et violence de l'État*, Pierre Lamblé s'intéresse tout particulièrement à trois œuvres fondamentales traitant de la naissance et du développement de l'idéologie nazie à l'intérieur de consciences occidentales : *Sa Majesté des mouches*, écrit par William Golding ; *Rhinocéros*, de Ionesco ; et *Si c'est un homme*, de Primo Levi.
(Coll. Ouverture Philosophique, 24.50 euros, 232 p.)
ISBN : 978-2-336-30392-5, ISBN EBOOK : 978-2-14-001366-9

L'EXPÉRIENCE SCIENTIFIQUE
Exposé philosophique de son développement
Hiahemzizou Rafik
Cet essai retrace l'évolution de l'expérimentation scientifique depuis la simple observation des phénomènes physiques à l'âge classique jusqu'à l'expérimentation-ingénierie qui met en jeu la manipulation et l'intervention sur les entités physiques. Cette enquête a amené l'auteur à réhabiliter une vision empiriste de la science occultée par la philosophie néo-théorique et inductive en révélant que l'expérimentation moderne est devenue un champ d'investigation scientifique pratiquement autonome de la théorie grâce aux progrès spectaculaires de la technologie.
(Coll. Ouverture Philosophique, 23.50 euros, 228 p.)
ISBN : 978-2-343-09285-0, ISBN EBOOK : 978-2-14-001363-8

L'HOSPITALITÉ COSMOPOLITIQUE À L'ÉPREUVE DU TERRORISME
Boundja Claver
Pour surmonter le terrorisme comme obstacle à l'hospitalité cosmopolitique, il convient de promouvoir une éthique de l'hospitalité, basée sur la compréhension de l'existence humaine individuelle comme «être-accueilli-et-accueillant». L'occupant autochtone ou national est le premier à bénéficier de l'hospitalité offerte par sa propre terre. Il ne peut lutter contre le terrorisme qu'en offrant à son tour cette même hospitalité, de sorte que la paix cosmopolitique est le partage de l'hospitalité reçue, celle qui vient de la terre-mère.
(Coll. Croire et savoir en Afrique, 16.50 euros, 158 p.)
ISBN : 978-2-343-09674-2, ISBN EBOOK : 978-2-14-001510-6

INTRODUCTION À LA MÉTHODE HERMÉNEUTIQUE DE HANS-GEORG GADAMER
Une lecture suivie de *Vérité et Méthode*
Mpassi Alphée Clay Sorel
Le présent ouvrage se propose d'aller à la rencontre de l'herméneutique de Gadamer telle qu'elle s'articule dans *Vérité et Méthode*. Il s'attache, comme le

déclare l'auteur lui-même, à montrer que « la sécurité assurée par le recours à la méthodologie scientifique ne suffit pas à garantir la vérité ». En d'autres termes, la question centrale de cette analyse est de montrer les limites du concept de vérité et d'une herméneutique soumises à une norme ou à une méthode.
(11.50 euros, 82 p.)
ISBN : 978-2-343-09311-6, ISBN EBOOK : 978-2-14-001377-5

KARL RAIMUND POPPER UNE ÉPISTÉMOLOGIE SANS VISAGE ET SANS RIVAGE (Volume 1)
Critique(s), Controverse(s) et Confrontation(s) – Cahiers épistémo-logiques 4, 2016
Sous la direction de Marcel Nguimbi
Les contributeurs de cet ouvrage revisitent l'épistémologie sans sujet connaissant de Karl Raimund Popper. De nos jours, l'épistémologie de Popper est de plus en plus mésinterprétée. On lui donne plusieurs sens, même les plus contradictoires. L'épistémologie de Popper est finalement «sans visage», puisqu'elle parcourt la plupart des champs de la connaissance humaine, puis «sans rivage», car elle serait sans borne. La question qui se pose est celle de savoir si l'on peut aujourd'hui faire de l'épistémologie sans Karl Popper après Karl Popper.
(31.00 euros, 300 p.)
ISBN : 978-2-343-09485-4, ISBN EBOOK : 978-2-14-001331-7

NATURE ET POÉTIQUE EN MOUVEMENT
Italo Calvino lecteur de Lucrèce, de l'Arioste et Giordano Bruno
Di Benedetto Maddalena
Cet ouvrage est consacré à un rapport entre Antiquité, Renaissance et modernité. Plus précisément, il analyse la corrélation intime de la poésie avec l'univers, tout en partant du point de vue d'Italo Calvino.
(Coll. La philosophie en commun, 31.00 euros, 302 p.)
ISBN : 978-2-343-09619-3, ISBN EBOOK : 978-2-14-001526-7

LE SALUT OU L'ÉVANGILE SELON SPINOZA
Cauchepin Philippe
La bonne nouvelle (l'évangile), c'est que tous les hommes, sans distinction de culture ou de religion, sont en tant qu'êtres de la Nature dotés de raison et d'intuition et sont, de ce fait, capables d'acquérir une connaissance vraie de cette Nature dont ils font partie et donc de leur propre nature. Ils sont déterminés par cette Nature à être heureux. Cet ouvrage démontre comment Spinoza a conçu et la métaphysique de la Substance et l'éthique, en vue de nous introduire à cette connaissance du bonheur qui en découle.
(Coll. La philosophie en commun, 20.50 euros, 204 p.)
ISBN : 978-2-343-09427-4, ISBN EBOOK : 978-2-14-001341-6

PENSER L'ÉPISTÉMOLOGIE DE KARL RAIMUND POPPER
Deuxième édition revue, corrigée et augmentée de la *belief revision* et de la rhétorique de l'onto-logique
Nguimbi Marcel
Cette nouvelle version, augmentée d'une référence à la *belief revision* et de la rhétorique de l'onto-logique, respectivement prétexte pour dire «

poppériennement » la non-monotonicité de nos raisonnements argumentatifs et prétexte pour analyser les rapports d'interaction entre Aristote, Tarski et Popper, sur la question de la « vérité-correspondance », rappelle le questionnement déjà porté sur l'épistémologie poppérienne. Tout comme la version initiale, la présente version demeure une exigence d'élargissement du schéma poppérien de la croissance du savoir scientifique.
(23.50 euros, 232 p.)
ISBN : 978-2-343-09083-2, ISBN EBOOK : 978-2-14-001601-1

LES PROCESSUS DE RÉCEPTION ET DE CRÉATION DES ŒUVRES D'ART
Approches à la première et à la troisième personnes
Lambert Xavier, Couchot Edmond
Cet ouvrage est écrit à quatre mains et porte sur la relation entre création artistique et sciences de la cognition. L'ouvrage propose deux approches de l'expérience esthétique. Une approche en troisième personne mobilisant des modèles propres aux systèmes dits auto-organisateurs issus de la biologie dédiée à la réception des œuvres d'art et une approche en première personne rendant compte par auto-analyse d'une pratique artistique vécue qui s'appuie également sur de tels systèmes, systèmes eux-mêmes liés aux concepts d'émergence et de complexité.
(Coll. Ouverture Philosophique, série Esthétique, 20.00 euros, 192 p., Illustré en N&B)
ISBN : 978-2-343-08893-8, ISBN EBOOK : 978-2-14-001451-2

LA RÉVOLTE DE L'UNIVERSEL
Pour une autre vision de la mondialisation
Rabby Sy Hamdou
La Révolte de l'universel se propose d'explorer d'autres axes pour une mondialisation débarrassée de la toute-puissance de ceux qui prétendent détenir le pouvoir au grand mépris de l'intérêt des peuples. Il y est question de l'expérience de la pensée comme le signifiant primordial et prioritaire de l'agir responsable. *La Révolte de l'universel* signifie se redonner le temps et la disponibilité pour le loisir de la pensée, de la création. Elle entend se concevoir comme une éthique de la vérité, de la liberté et de la responsabilité. À travers elle, l'ouvrage explore et expose un autre visage de la mondialisation.
(Coll. Questions contemporaines, 27.00 euros, 270 p.)
ISBN : 978-2-343-09558-5, ISBN EBOOK : 978-2-14-001504-5

L'Harmattan Italia
Via Degli Artisti 15; 10124 Torino
harmattan.italia@gmail.com

L'Harmattan Hongrie
Könyvesbolt ; Kossuth L. u. 14-16
1053 Budapest

L'Harmattan Kinshasa
185, avenue Nyangwe
Commune de Lingwala
Kinshasa, R.D. Congo
(00243) 998697603 ou (00243) 999229662

L'Harmattan Congo
67, av. E. P. Lumumba
Bât. – Congo Pharmacie (Bib. Nat.)
BP2874 Brazzaville
harmattan.congo@yahoo.fr

L'Harmattan Guinée
Almamya Rue KA 028, en face
du restaurant Le Cèdre
OKB agency BP 3470 Conakry
(00224) 657 20 85 08 / 664 28 91 96
harmattanguinee@yahoo.fr

L'Harmattan Mali
Rue 73, Porte 536, Niamakoro,
Cité Unicef, Bamako
Tél. 00 (223) 20205724 / +(223) 76378082
poudiougopaul@yahoo.fr
pp.harmattan@gmail.com

L'Harmattan Cameroun
BP 11486
Face à la SNI, immeuble Don Bosco
Yaoundé
(00237) 99 76 61 66
harmattancam@yahoo.fr

L'Harmattan Côte d'Ivoire
Résidence Karl / cité des arts
Abidjan-Cocody 03 BP 1588 Abidjan 03
(00225) 05 77 87 31
etien_nda@yahoo.fr

L'Harmattan Burkina
Penou Achille Some
Ouagadougou
(+226) 70 26 88 27

L'Harmattan Sénégal
10 VDN en face Mermoz, après le pont de Fann
BP 45034 Dakar Fann
33 825 98 58 / 33 860 9858
senharmattan@gmail.com / senlibraire@gmail.com
www.harmattansenegal.com

L'Harmattan Bénin
ISOR-BENIN
01 BP 359 COTONOU-RP
Quartier Gbèdjromèdé,
Rue Agbélenco, Lot 1247 I
Tél : 00 229 21 32 53 79
christian_dablaka123@yahoo.fr

Achevé d'imprimer par Corlet Numérique - 14110 Condé-sur-Noireau
N° d'Imprimeur : 133873 - Dépôt légal : novembre 2016 - *Imprimé en France*